明清人物十五讲

阎崇年　著

中国出版集团　東方出版中心

图书在版编目（CIP）数据

明清人物十五讲 / 阎崇年著. -- 上海 : 东方出版中心, 2025. 7. -- ISBN 978-7-5473-2763-0

Ⅰ. K820.4

中国国家版本馆CIP数据核字第2025W83G15号

明清人物十五讲

著　　者　阎崇年
丛书策划　陈义望
责任编辑　荣玉洁
装帧设计　钟　颖

出 版 人　陈义望
出版发行　东方出版中心
地　　址　上海市仙霞路345号
邮政编码　200336
电　　话　021-62417400
印 刷 者　山东京沪印刷科技有限公司

开　　本　710mm × 1000mm　1/16
印　　张　20
字　　数　255千字
版　　次　2025年8月第1版
印　　次　2025年8月第1次印刷
定　　价　98.00元

目　录

上　篇

第一讲　朱棣：北迁国都定社稷　3
一、洪武开国　热议奠都　3
二、多维考量　顺应大势　8
三、营建北京　迁移九鼎　15
四、功胜于过　影响深巨　20

第二讲　努尔哈赤：天命大汗创基业　28
一、女真危机　雄主应运　29
二、统一各部　安定北疆　32
三、征抚并用　拓土四方　36
四、推行改革　成就霸业　39

第三讲　玄烨：千年一帝开盛世　46
一、功过论断　评价多元　46
二、文治武功　开创盛世　51
三、顺应天时　因势而起　59
四、千年一帝　冠绝中西　61

第四讲　胤禛：革除积弊强根基　65
一、皇位争夺　工于心计　65
二、勤于政事　改革积弊　72
三、崇佛重道　貌俭实奢　79
四、死亡之谜　众说纷纭　84

第五讲　奕詝：内忧外患守残局　87
一、瘸腿皇子　智巧登位　87
二、太平军兴　下诏罪己　91
三、联军入京　热河避难　94
四、宠幸慈禧　青年病死　98

第六讲　溥仪：末代帝王命堪嗟　105
一、三岁登极　不祥之兆　105
二、张勋进京　宣统复辟　117
三、北京政变　溥仪出宫　120
四、家庭生活　末帝身后　121

中　篇

第七讲　于谦：要留清白在人间　127
一、千锤万凿　始出深山　127
二、烈火焚烧　视若等闲　130
三、粉身碎骨　浑然不怕　134
四、清白品格　永留人间　139

第八讲 戚继光：抗倭御辱真国士 146
一、边患频发 磨砺将才 146
二、抗御倭寇 荡平海波 152
三、镇蓟守边 鞠躬尽瘁 158
四、撰著兵书 垂范后世 162

第九讲 袁崇焕：爱国将领志未酬 168
一、生逢乱世 矛盾丛生 168
二、镇守辽东 军功斐然 178
三、平台落狱 含恨屈死 186
四、权争祭品 丹心永存 193

第十讲 明珠：辅臣功高谤满身 196
一、百年恩怨 党争暗伏 197
二、出身旧家 面临新局 200
三、凤阁清才 辅君行政 201
四、廷争迭起 宦海浮沉 207

第十一讲 萨布素：将军勋绩冠熙朝 213
一、“出身微贱” 年轻有为 213
二、肩负重任 反击侵略 216
三、雅克萨城 两败俄军 220
四、巩固边防 建设北疆 223

下 篇

第十二讲 孙承泽：“贰臣”还山雄史坛 229

一、身世飘零　两度归降　229
二、潜心修史　著述宏富　235
三、详考典章　细述京华　239
四、崇实尚变　勤于治学　243

第十三讲　张吉午：勤政修志惠京华　249
一、顺天府尹　勤政爱民　249
二、今存志书　世间孤本　255
三、掌故尽载　尤重奏疏　262
四、史坛瑰宝　价值不朽　271

第十四讲　蒋良骐：修纂《东华》鉴兴衰　276
一、出身宦门　入选翰林　276
二、长于修史　敬业守常　278
三、精心熔裁　匠心独运　280
四、留名史志　懿德统芳　284

第十五讲　唐英：御窑千年第一人　287
一、身份之谜　众说不一　287
二、历仕三朝　旗分未变　296
三、革新瓷艺　重兴御窑　298
四、风尘学者　冠盖陶人　305

上　篇

第一讲
朱棣：北迁国都定社稷

中国自前燕至清朝奠都北京者多是塞北民族①，仅明例外。明永乐帝朱棣由南京迁都北京，是中国都城史的一个转折点。它承元大都而启清京师，北京由是历元、明、清三代，成为中国封建社会后期统一的多民族国家的政治中心，长达六个多世纪。兹据史籍所载，略加钩稽，将永乐帝迁都北京的历史渊源、错综原因、繁复过程和深巨影响，作如下述议。

一、洪武开国　热议奠都

京师是国家的政治中心。《公羊传》载："京师者何？天子之居也。京者何？大也。师者何？众也。"京师为帝王生活居住之所，实则是国家的政治重心。因此，建邦定鼎为一代盛事。如汤始居亳，作《帝诰》。武王克商，以思定都而夜不成寐。史载：

> 武王至于周，自夜不寐。周公旦即王所，曰："曷为不寐？"王曰："告女……自洛汭延于伊汭，居易毋固，其有夏之居。我南望三涂，北望岳鄙，顾詹有河，粤詹雒、伊，毋远天室。"②

① 此系指前燕、辽、金、元、明、清而言。
② 《史记》卷四《周本纪》。

周公赞成，后经相勘、得卜，遂营东都洛阳。

及明洪武帝朱元璋起兵，询取天下大计，冯国用对曰："金陵龙蟠虎踞，帝王之都，先拔之以为根本。"因俾居幕府。朱元璋于元至正十五年（1355）渡江克太平后，欲取金陵，当涂儒士陶安进言："金陵古帝王都，龙蟠虎踞，限以长江之险，若取而有之，据其形胜，以临四方，何向不克?"陶安所言合朱元璋意，因受礼遇甚厚。其后，海宁人叶兑献书论取天下之大纲言：

> 今之规模，宜北绝李察罕（察罕帖木儿），南并张九四（士诚），扶温、台，取闽、越，定都建康，拓地江、广，进则越两淮以北征，退则画长江而自守。夫金陵古称龙蟠虎踞，帝王之都，借其兵力、资财，以攻则克，以守则固。①

朱元璋纳叶兑之议，其时仅有半壁河山。元至正十六年（1356）三月，他夺取集庆（金陵）后，周览城郭，遍阅形胜，见钟阜龙盘，石城虎踞，对徐达等言：

> 金陵险固，古所谓长江天堑，真形胜地也。仓廪实，人民足，吾今有之，诸公又能同心协力，以相左右，何功不成！②

朱元璋命儒士赋钟山诗，邓伯言献诗云："鳌足立四极，钟山蟠一龙。"朱元璋拍案诵之，伯言误以为明太祖震怒，惊死墀下，扶出东华门始苏。

元至正十六年，朱元璋命"改集庆路为应天府"，准备奠都应天。至正二十六年（1366），又命改筑应天城。《明太祖实录》载：

---

① 《明史》卷一三五《叶兑传》。

② 《明太祖实录》卷四，丙申年（至正十六年）三月辛卯，台北"中研院"史语所校勘本，1962 年。

八月庚戌朔，拓建康城。初，建康旧城西北控大江，东进〔尽〕白下门外，距钟山既阔远，而旧内在城中，因元南台为宫，稍庳隘。上乃命刘基等卜地，定作新宫于钟山之阳，在旧城东白下门之外二〔三〕里许，故增筑新城，东北尽钟山之趾，延亘周回凡五十余里。规制雄壮，尽据山川之胜焉。

翌年八月，圜丘、社稷、宫殿建成。

洪武元年（1368）正月，朱元璋在金陵即皇帝位。三月，破汴梁。朱元璋到汴梁巡视，并部署向大都进军。时北方兵事频繁，为转输军饷，进兵朔漠，需要设置一个军事后方基地，以作策应，于是仿周、汉两京之制，下诏曰：

朕惟建邦基以成大业，兴王之根本为先；居中夏而治四方，立国之规模最重。……朕观中原土壤，四方朝贡，道里适均，父老之言，乃合朕志。然立国之规模固重，而兴王之根本不轻。其以金陵为南京，大梁为北京。①

明太祖朱元璋诏以金陵为南京，汴梁为北京，两京并称。

洪武二年（1369）九月，明除建南、北两京外，以临濠（凤阳）为帝乡，诏建中都，曰：“临濠则前江后淮，以险可恃，以水可漕，朕欲以为中都，何如?”群臣称善。于是命有司如南京之制，建置中都城池宫阙。洪武五年（1372）正月，“定中都城基址，周围四十五里”②。兴建之后，城周五十里，立九门，中为皇城，周九里，立四门。后诚意伯刘基乞归乡里，行前奏言：“凤阳虽帝乡，然非天子所都之地。虽已置中都，不宜居。”刘基之奏，受到朱元璋的重视。洪

① 《明太祖实录》卷三四，洪武元年八月己巳朔。
② 《明太祖实录》卷七一，洪武五年正月甲戌。

武八年（1375）四月，以营建中都劳费繁重，“罢营中都”①。

明初南、北、中三都，中都既罢，唯余两京。洪武十一年（1378）正月，诏“改南京为京师”②，正式以南京为国都。南京虽偎山环江，地富民殷，但不便控驭大漠，反易为朔北所制，已为六朝、南唐和两宋的历史所证明。洪武帝征于历史鉴戒和面临北元威胁，时有国都北迁之意，迁都地点在长安、洛阳、汴梁和北平四城之间筹虑。

长安被山带河，四塞为固。张良曾言：“夫关中左殽、函，右陇、蜀，沃野千里，南有巴蜀之饶，北有胡苑之利，阻三面而守，独以一面东制诸侯。诸侯安定，河、渭漕挽天下，西给京师；诸侯有变，顺流而下，足以委输。此所谓金城千里，天府之国也。”长安昔为强汉盛唐都城，自然为明臣献议迁都之所。早在洪武三年（1370），御史胡子祺上书“请都关中，帝称善”③。其理由略谓：

> 天下形胜地可都者四：河东地势高，控制西北，尧尝都之，然其地苦寒；汴梁襟带河、淮，宋尝都之，然其地平旷，无险可凭；洛阳周公卜之，周、汉迁之，然嵩、邙非有殽函、终南之阻，涧、瀍、伊、洛非有泾、渭、灞、浐之雄。夫据百二河山之胜，可以耸诸侯之望，举天下莫关中若也。④

朱元璋韪其言，遣皇太子朱标巡视陕西。后终以漕运不便等因而止。

洛阳周初为都邑，位于“涧水东，瀍水西”⑤。它东压江淮，西挟关陇，北依邙山，南望伊阙，曾为九朝之都。皇太子朱标欲迁都洛

① 《明史》卷二《太祖本纪二》。
② 《明史》卷四〇《地理志一》。
③ 《明史》卷一四七《胡广传》。
④ 《明史》卷一一五《兴宗孝康皇帝传》。
⑤ 《尚书·洛诰》，《十三经注疏附校勘记》，中华书局影印本，1980年。

阳。洪武二十四年（1391）十月，“皇太子还自陕西”①。朱标巡视关、洛之后，“志欲定都洛阳，归而献图”②。不久太子标死，迁都洛阳之议搁置。

汴梁地处中州平原，曾为七朝都会。它北临黄河，南襟平原，东有淮、颍，西扼函、崤，“华夷辐辏，水陆会通”③。汴梁为宋之旧京，朱元璋谕“若建都于彼，供给力役，悉资江南，重劳其民”④，遂罢。

北平之名始于洪武元年：“诏改大都路为北平府。”⑤ 北平昔为元都，宫室完备；又“右拥太行，左注沧海，抚中原，正南面，枕居庸，奠朔方”⑥，也为朱元璋议奠都之选。史载：

> 皇祖既克元都，置北平布政司，亲策问廷臣：“北平建都可以控制胡虏，比南京何如？”翰林修撰鲍频谓：“胡主起自沙漠，立国在燕，及是百年，地气已尽。南京兴王之地，不必改图。”遂都南京。⑦

洪武帝初欲建都北平之意，“以修撰鲍频力谏而止”⑧。

朱元璋虽不奠周、秦、汉、唐、宋、元之都——长安、洛阳、汴梁、北平，而定鼎金陵，但仍拟迁都：“本欲迁都，今朕年老，精力已倦；又天下新定，不欲劳民”⑨，且太子标已死，心志颓沮，遂致

---

① 《明太祖实录》卷二一四，洪武二十四年十一月庚戌。
② 姜清《姜氏秘史》卷二，《金陵全书》（乙编）本。
③ 《五代会要》卷二六，上海古籍出版社，1978 年。
④ 《明太祖实录》卷四五，洪武二年九月癸卯。
⑤ 《明太祖实录》卷三四，洪武元年八月壬午。
⑥ 陶宗仪《南村辍耕录》卷二一，中华书局，1959 年。
⑦ 蒋一葵《长安客话》卷一，北京古籍出版社，1980 年。
⑧ 孙承泽《春明梦余录》卷一，清乾隆内府刻本。
⑨ 顾炎武《天下郡国利病书》卷一三，北京图书馆藏本。

迁都之议寝疏。

二、多维考量　顺应大势

永乐帝发动“靖难之役”，攻占南京，夺取皇位后，“思继志之所先，惟都邑之为重”①，准备由南京迁都北平。他迁都北平并不完全是为着“继高皇之先志”，而是在运筹地理与历史、军事与民族、政治与社会等诸种因素之后，做出的一项重大决策。

永乐帝朱棣像

北京地理条件优越和建都历史悠久，是永乐帝迁都的一个原因。《析津志》载：“自古建邦立国，先取地理之形势。”北京气候温和，

① 杨荣《杨文敏集·皇都大一统赋》，《日下旧闻考》，北京古籍出版社，1981 年。

位于三角形华北大平原的顶点，地当华北平原与西北蒙古高原和东北松辽平原之间各条通道的枢纽。正如万历《顺天府志》所载：

> 燕环沧海以为池，拥太行以为险。枕居庸而居中以制外，襟河济而举重以驭轻。东西贡道，来万国之朝宗；西北诸关，壮九边之雉堞。万年强御，百世治安。

上述记载虽有张饰，但说明北京“内跨中原，外控朔漠”[①] 的地理位置宜于定都。

然而，北京优越的地理位置古已有之。当其自然条件与历史条件相结合时，便成为明朝建都的重要因素。在中国历史上，前燕以降，政治中心自西趋东转移，“慕容儁窃据平州，遂兼河北；唐代渔阳倡乱，藩镇之祸与李祚相终始；契丹既得燕、云，遂以残灭石晋；女真窃据河北，遂以侵凌建康；自元以后，知其地之险要，为国家命脉所系，相因建都”[②]。自慕容儁都蓟城肇其端，安禄山以范阳为燕京继其后，经辽南京、金中都，直至元大都，北京逐渐成为中国政治中心。朱元璋灭元之后定都金陵，为形势所趋，却有悖于大势。

北京所处战略地位和明初民族矛盾，是永乐帝迁都的另一原因。

洪武元年八月，明右丞相徐达率师攻克大都，元顺帝北走。据《蒙兀儿史记》载：“失我大都兮，冬无宁处。”故元势力不甘心于失败，仍欲重据北平，“元主北奔，命扩廓帖木儿复北平”[③]。

明初蒙古贵族势力的猖獗，同朱元璋对故元势力的下述政策不无关系。即徐达率师直捣大都，行前达奏曰：“元都克，而其主北走，将穷追之乎？”明太祖答以“元运衰矣，行自澌灭，不烦穷兵。出塞之后，固守封疆，防其侵轶可也”。明军夺得大都之后，元统虽亡而

① 孙承泽《天府广记》卷三七，清抄本，北京古籍出版社，1983年。
② 郑定谟《北京建都考》，《地学杂志》1916年第7卷第3期。
③ 《明太祖实录》卷三七，洪武元年十二月丁卯朔。

实力犹存，“引弓之士，不下百万众也”![1] 朱元璋未能利用时机，命将出塞，蹛林祭纛，三鼓而歼，是铸成“边境之祸，遂与明终始”[2]的一个症结。

明朝初年，北平“三面邻虏”[3]。明廷将主要兵力部署在以北平为中心的长城一线；政治中心在南京，而军事重心实际上在北平。从洪武金陵肇基，至永乐金台定鼎的半个世纪，北平在军事冲突与民族矛盾中，逐渐地由全国军事中心向政治中心过渡。

洪武年间，先后五次大规模地对蒙古用兵。洪武三年，徐达率军攻王保保，克应昌后，还师北平。洪武五年，蓝玉率师追击王保保，至土剌河。洪武七年（1374），蓝玉率军败脱因帖木儿，拔兴和。洪武十三年（1380），沐英督师攻脱火赤，至和林。洪武二十年（1387），冯胜率军二十万由北平出师，败故元太尉纳哈出。洪武时连年“西征敦煌，北伐沙漠”[4]，均以北平为军事基地。在同故元势力征战中建树功勋的魏国公徐达、曹国公李文忠、宋国公冯胜、卫国公邓愈、郑国公常茂、信国公汤和、颍川侯傅友德、永嘉侯朱亮祖、景川侯曹震、营阳侯杨景、永城侯薛显、淮安侯华云龙等，均先后镇守北平，“修理城池，练兵训将，以备边陲”[5]。

永乐帝朱棣，曾先后七征蒙古。洪武二十三年（1390），攻故元太尉乃儿不花。洪武二十九年（1396），擒元将孛林帖木儿。永乐八年（1410），征鞑靼本雅失里，至斡难河。永乐十二年（1414），征瓦剌马哈木。永乐二十年（1422）、二十一年（1423）、二十二年（1424），三征鞑靼阿鲁台。明初北征凡三路：东路出山海关，入辽

---

① 谷应泰《明史纪事本末》卷一〇，中华书局，1977年。

② 《明史》卷三二七《鞑靼传》。

③ 《明神宗实录》卷五七六，万历四十六年十一月乙卯，台北“中研院”史语所校勘本，1962年。

④ 《明史》卷二《太祖本纪二》。

⑤ 《明太祖实录》卷七八，洪武六年正月壬子。

东；中路出古北口，至土剌河；西路出居庸关，临弱水——均以北平为始终点。

北平在上述军事冲突与民族争局中，战略地位日趋重要。北平三面近塞，边防大重。东起鸭绿，西抵嘉峪，绵亘万里，分设九边——辽东、宣府、大同、延绥、宁夏、甘肃、蓟州、太原和固原。它以山海关和居庸关为东西门户，联结九边，抵御蒙古，北控朔漠，以固疆域。

燕京优越的地理位置和重要的战略地位，加强了燕王的政治力量和军事实力，为其“靖难之役”取胜提供了重要条件；而“靖难之役”的一个结果，则使北平成为明代的都城。

北京为燕王“龙兴之地”及其“逆取皇位”之地，是永乐帝迁都的又一个原因。

北平在洪武后期，实际上已在逐渐地向全国政治中心转化。早在洪武三年，朱棣被封为燕王。燕王左相华云龙即经画“建燕邸，增筑北平城”[①]。洪武十三年，燕王就国之后，北平地位更为重要。洪武二十三年（1390），朱棣败故元太尉乃儿不花后，洪武帝诏曰：“清沙漠者，燕王也。”两年之后，即洪武二十五年（1392）三月，皇太子朱标死后第三日，明太祖欲立燕王朱棣为皇太子。他在东角门谕廷臣，三修《明太祖实录》载：

> “朕第四子贤明仁厚，英武似朕。朕欲立为太子，何如？”翰林学士刘三吾进曰：“陛下言是，但置秦、晋二王于何地？”上不及对，因大哭而罢。

朱元璋纳刘三吾议，立“皇孙世嫡承统”[②]。

---

① 《明史》卷一三〇《华云龙传》。
② 《明史》卷一三七《刘三吾传》。

洪武二十六年（1393），命北平属卫将校悉听燕王节制，所有军务“一奏朝廷，一启王知，永著于令”[①]。时北方诸王中，包括秦王樉（治西安）、晋王㭎（治太原）、代王桂（治大同）、辽王植（治广宁）、谷王橞（治宣府）、宁王权（治大宁），但燕王棣权最大、位最重，似有分庭抗礼之势。至朱元璋晚年，太子标、次子秦王、三子晋王相继死去，其身后的政治权力重心已移向四子燕王朱棣。

洪武三十一年（1398）五月，朱元璋病重，敕都督杨文等曰：

> 朕子燕王在北平。北平〔乃〕中国之门户。今以尔为总兵，往北平参赞燕王。以北平都司、行都司并燕、谷、宁三府护卫，选拣精锐马步军士，随燕王往开平堤备。一切号令皆出自王，尔奉而行之。大小官军，悉听节制。[②]

上述“燕王总帅诸王防边”[③] 的敕谕，虽旨在防御蒙古贵族骑兵乘难南犯，却巩固了燕王的政治与军事的地位。半月之后，朱元璋病危。他在死前10天，颁诏曰：

> 朕之诸子，汝独才智克堪其任。秦、晋已薨，汝实为长，攘外安内，非汝而谁？已命杨文总北平都司、行都司等军，郭英总辽东都司并辽府护卫，悉听尔节制。尔其总率诸王，相机度势，用防边患，乂安黎民，以答上天之心，以副吾〔朕〕付托之意。[④]

---

① 《明太祖实录》卷二二六，洪武二十六年三月丙辰。
② 《明太祖实录》卷二五七，洪武三十一年五月戊午。
③ 谷应泰《明史纪事本末》卷一〇。
④ 《明太祖实录》卷二五七，洪武三十一年五月乙亥。

尽管上述史料对辽王是否亦在燕王节制中有着不同见解[①]，但其时“燕王居长，故令之率六王防边”[②]，似无异议。然而，后来的历史发展出乎朱元璋之所料，边境尚靖，祸起萧墙。上引诏书说明，燕王封国北平，不仅为明初的军事重心，而且在向着全国政治中心转移。这一转移的关键是燕王在“靖难之役”中攫取皇位。

洪武帝死后，南京与北平，在军事力量的对比上，北平居于优势。燕王朱棣抓住时机，由“（僧）道衍首赞密谋，发机决策”[③]，兴师问难。相传一日寒甚，道衍侍燕王宴。燕王命句云：“天寒地冻，水无一点不成冰。”道衍对曰：“国乱民愁，王不出头谁作主!”自是“靖难”之谋遂决。燕王朱棣率师南进，受到建文帝的顽强抵拒，历时4年，攻占南京，夺得皇位，改元永乐，是为明成祖。成祖即位，论功封爵者二公、十三侯，均为其“熊罴之宿将，帷幄之谋臣”[④]。他们多为北平都司属下将校，尤以燕山三护卫将校为主。朱棣坐稳皇位依靠的主要力量，是其做燕王时的文臣武将和北方籍的勋贵缙绅。这些谋臣宿将与勋贵缙绅，久居燕土，受赐庄田，恒定产业，随燕王起兵，功高爵显，愿意明都北迁。

---

① 夏燮《明通鉴》卷一一，洪武三十一年五月戊午：“诏都督杨文从燕王棣，武定侯郭英从辽王植，备御开平，均命听二王节制。”“考异”曰，《三编·发明》云：“考《明太祖实录》，是年四月乙酉，敕燕王防秋；五月甲寅，帝不豫；戊午，敕都督杨文、郭英；乙亥，再敕燕王节制诸军，此皆重修之《太祖实录》，不可尽信。”又云：“二十八年，秦王卒；是年三月，晋王卒。燕虽势居宠逼，然节制之命，岂足为易储之据哉!”据此，则防边之敕，出自《实录》之后改者。今考洪武二十三年，命晋、燕二王防边，令傅友德从燕王，王弼从晋王，俱听节制，是听晋、燕二王节制也，是年书法同，则谓杨文之从燕王，郭英之从辽王，亦是听燕、辽二王节制耳，非与辽王共听燕王节制也。今据《太祖实录》，出于四、五两月，而删去“燕王总制诸军”语。又见《明太祖实录校勘记》本卷。

② 夏燮《明通鉴》卷一一，洪武三十一年四月“考异”，中华书局，1959年。

③ 《明史》卷一四五《姚广孝传》。

④ 《明史》卷一〇五《功臣世表一》。

与此相反，“靖难之役”使江淮缙绅与建文朝勋贵受到沉重打击。先是，明初朱元璋对江淮豪富采取高压政策。但是，建文帝即位后，一反乃祖对江南地主的压抑政策，而修好同他们的关系，并取得他们的支持。然而，朱棣夺取皇位后，对江淮缙绅与北方缙绅，采取抑前扬后之政策，而对燕邸宿将与建文帝诸臣，则采取奖前戮后之举措。朱棣下令屠杀建文帝诸臣即为一例：

> 乃若受戮之最惨者，方孝孺之党，坐死者八百七十人；邹瑾之案，诛戮者四百四十人；练子宁之狱，弃市者一百五十人；陈迪之党，杖戍者一百八十人；司中之系，姻娅从死者八十余人。胡闰之狱，全家抄提者二百十七人；董镛之逮，姻族死戍者二百三十人；以及卓敬、黄观、齐泰、黄子澄、魏冕、王度、卢原质之徒，多者三族，少者一族也！①

但是，“一时忠义如林，蹈九死而不悔”②。如御史景清，早朝怀刃而入，欲为故主报仇，被诏磔于市，清骂不绝口而死。永乐帝昼寐梦清绕殿犯驾，以为其化为鬼厉，日夜惴恐不安。这促使其迁都至“龙兴之地”北平，以巩固“横贪天位”③ 后之统治。

前述永乐帝朱棣由南京迁都北京的地理、历史、军事、民族、政治与社会诸种因素，是既相联系又相区别的。北京的地理位置、明初的民族矛盾等，都是前已存在的客观条件。燕王以北平起兵夺取皇位，则是利用上述诸种条件，促成北京作为明代都城这一历史命运的直接动因。这种历史发展必然性和偶然性的统一，使永乐帝由南京迁都北京。

---

① 谷应泰《明史纪事本末》卷一八。

②《御制通鉴纲目三编》卷三，《四部丛刊》本。

③《明史纪事本末》卷一六。

三、营建北京　迁移九鼎

永乐帝由南京迁都北京，经过了十八年的曲折历史过程。

朱棣南都北迁，始自礼部尚书李至刚“首发建都北平议”[①]。永乐元年（1403）正月，李至刚等疏言：

> 自昔帝王或起布衣平定天下，或由外藩入承大统，而于肇迹之地，皆有升崇。切见北平布政司，实皇上承运兴王之地，宜遵太祖高皇帝中都之制，立为京都。制曰：“可，其以北平为北京。”[②]

北平改名为北京，并升北京为陪都。

为着营建北京，迁移九鼎，进行了大规模的工作：

第一，移民充实北京。北京在元末明初，屡经战乱，灾疫频仍，土地荒芜，百姓流移。如洪武二年，顺天府有一万四千九百七十四户，四万八千九百七十三口；民地七百八十顷余。加上宛平、大兴、昌平、良乡和怀柔五县，总计二万二千户，七万零五百一十三口，官民地一千零八十七顷余。朱棣登基，即先后多次颁诏北京地区免赋、赈灾、移民、垦田。如建文四年（1402）九月，命“徙山西民无田者实北平，赐之钞，复五年”[③]。永乐元年八月，定《罪囚北京为民种田例》；同年十一月，将罪人“悉发北京境内屯种”[④]；又命“徙

---

① 《明史》卷一五一《李至刚传》。

② 《明太宗实录》卷一六，永乐元年正月辛卯。

③ 《明通鉴》卷一三，建文四年九月乙未。

④ 《明太宗实录》卷二五，永乐元年十一月戊戌。

直隶、苏州等十郡，浙江等九省富民实之”①。

第二，治河通漕转输。先是北平转漕东南，水陆兼挽，仍元之旧，参用海道。及营建北京，疏通大运河，以治卫、闸、河、湖等于转输尤急。永乐元年，开卫河，“令河南车夫陆运入卫河，转输北京”②。永乐五年，发民丁二十万，疏修“自昌平县东南白浮村至西湖景东流水河口一百里”③淤塞河道，并增置闸门。永乐六年（1408），设德州至北京陆路递运所，除水路外增加陆路运输。永乐九年（1411），发民工三十万开闸河（即会通河），北至临清与卫河会，南出茶城与黄河合，二百天工成。永乐十三年（1415），凿清江浦，导湖水入淮，漕船直航于河。“自是漕运直达通州，而海、陆运俱废。”④至永乐十六年（1418），岁运北京粮四百六十四万余石，后多至五百万石并砖木瓦石。

第三，伐木采石备料。永乐四年（1406）闰七月，诏建北京宫殿，分遣大臣宋礼等采木于四川、湖广、江西、浙江、山西等处。如派师逵往湖湘，以“十万众入山辟道路”⑤，采木料；派古朴“采木江西”⑥；派刘观“采木浙江”⑦等。并凿石、烧灰、制砖、做瓦，运集京师。其时顺天、河南、山东、山西、陕西等水旱频仍，民至“剥树皮、掘草根以食”⑧，但备料转输、工程营建仍加紧进行。

第四，征发夫役工匠。自永乐五年，实始营建北京。其时兴工大

---

① 《御制通鉴纲目三编》卷四。又见《明太宗实录》永乐元年八月甲戌：“简直隶、苏州等十郡，浙江等九布政司富民实北京。”永乐二年九月丁卯：“徙山西太原、平阳、泽、潞、辽、沁、汾民一万户实北京。”

② 《明史》卷一五〇《郁新传》。

③ 《明太宗实录》卷六七，永乐五年五月丁卯。

④ 《明史》卷八五《河渠志三》。

⑤ 《明史》卷一五〇《师逵传》。

⑥ 《明史》卷一五〇《古朴传》。

⑦ 《明史》卷一五一《刘观传》。

⑧ 《明史》卷一六四《邹缉传》。

役，不减于洪武帝之创制南京宫阙城池。如永乐九年，谭广以大宁都指挥佥事“董建北京”[①]。永乐十五年（1417），薛禄以行在后军都督董理北京营造。是为军兵营建北京之两例。同年三月，因民夫、军兵力役不足，又诏“杂犯死罪及徒、流以下，悉纵还家，营路费，赴京轮役赎罪”。民夫、军兵、罪犯执役外，还有工匠。叶宗人为钱唐县令，是年“督工匠往营北京”[②]，是为工匠亦役及直省的例证。其时，营造北京，夫役巨万，劳作烦苦，多有病者，邝埜奉命稽省病者。在京巨万民夫、军兵、工匠、罪役，营造宫殿城池。

第五，营建宫殿城阙。永乐四年闰七月，诏建北京宫殿。永乐十二年八月，朱棣车驾至北京，“御奉天殿，文武群臣上表贺”[③]。永乐十三年三月，修北京城垣。永乐十四年（1416）十一月，复诏群臣议营建北京宫殿。其时，夫役征发，漕运通畅，砖木齐集，规划已定。于是，六部尚书等文职官吏上疏，请大规模兴建北京宫殿，略谓：

> 伏惟北京，圣上龙兴之地。北枕居庸，西峙太行，东连山海，南俯中原，沃壤千里，山川形胜，足以控四夷，制天下，诚帝王万世之都也。……伏乞早赐圣断，敕所司择日兴工，以成国家悠久之计，以副臣民之望。[④]

永乐帝允所奏。寻命“泰宁侯陈珪掌缮工事，安远侯柳升、成山侯王通副之”[⑤]，由吴中和阮安等规划计算。阮安，《明史》记载：“阮安有巧思，奉成祖命，营北京城池宫殿及百司府廨，目量意营，悉中

① 《明史》卷一五五《谭广传》。
② 《明史》卷二《叶宗人传》。
③ 《明太宗实录》卷一五四，永乐十二年八月辛丑朔。
④ 《明太宗实录》卷一八二，永乐十四年十一月壬寅。
⑤ 《明太宗实录》卷一八五，永乐十五年二月壬申。

规制，工部奉行而已。”由是，兴建北京宫殿工程全面铺开。

第六，北京宫殿告成。永乐十五年，建成北京西宫。永乐十七年（1419），“拓北京南城”[①]，即将原大都南城墙向南推展（至今东西长安街一线南）。但是，《明太宗实录》记载修北京城之事过于疏略，致引出康熙帝的议论：“朕遍览明代《实录》，未录实事，即如永乐修北京城之处，未记一字。”至永乐十八年十一月初四日，即公历1420年12月8日，北京宫殿告成。

据《明太宗实录》记载：

> 初，营建北京，凡庙社、郊祀、坛场、宫殿、门阙，规制悉如南京，而高敞壮丽过之。

明永乐帝以北京坛庙、宫殿建成，诏告天下。

太和殿（奉天殿）

永乐十九年（1421）正月初一日，明成祖朱棣御奉天殿受贺，并升北京为京师。北京各衙门取消“行在”二字；同时应天各衙门皆加“南京”二字，南京变为陪都。时明代政治中心在北京，而经

① 《明太宗实录》卷二一八，永乐十七年十一月甲子。

济中心在南京，两京并建，兼取其长：

盖天下财赋出于东南，而金陵为其会；戎马盛于西北，而金台为其枢。并建两京，用东南之财赋，会西北之戎马，无敌于天下矣！[①]

但是，永乐十九年四月初八日，即明成祖朱棣在北京奉天殿行京师宫殿告成礼后 97 天，奉天、华盖、谨身三大殿罹灾尽毁。诏求直言，廷臣多议迁都北京非便。翰林侍读学士李时勉“言营建之非”忤旨，疏被“抵之地”[②]，寻遭谗下狱，另一翰林侍读邹缉上疏言：

陛下肇建北京，焦劳圣虑，几二十年。工大费繁，调度甚广，冗官蚕食，耗费国储。工作之夫，动以百万，终岁供役，不得躬亲田亩以事力作。犹且征求无艺，至伐桑枣以供薪，剥桑皮以为楮。加之官吏横征，日甚一日。如前岁买办颜料，本非土产，动科千百。民相率敛钞，购之他所。大青一斤，价至万六千贯。及进纳，又多留难，往复展转，当须二万贯钞，而不足供一柱之用。……自营建以来，工匠小人假托威势，驱迫移徙，号令方施，庐舍已坏。孤儿寡妇哭泣叫号，仓皇暴露，莫知所适。迁移甫定，又复驱令他徙，至有三四徙不得息者。及其既去，而所空之地，经月逾时，工犹未及。此陛下所不知，而人民疾怨者也。[③]

时主事萧仪疏言尤为激切。永乐帝曰：“方迁都时，与大臣密议，久而后定，非轻举也！”寻以萧仪为书生之见，不“足以达英雄之

① 《图书编》,《日下旧闻考》卷五，北京古籍出版社，1981 年。
② 《明史》卷一六三《李时勉传》。
③ 《明史》卷一六四《邹缉传》。

略"①，怒而杀之。

永乐帝怒杀萧仪以钳制非议迁都者之口，却未能指明迁都北京之重大意义。

四、功胜于过　影响深巨

明都北迁的利弊之议，自三殿首次被灾②，至崇祯帝自缢，时断时续地争论了十四朝，凡二百余年。黄宗羲认为永乐帝迁都北京失算，其《明夷待访录》言：

> 或问：北都之亡忽焉，其故何也？曰：亡之道不一，而建都失算，所以不可救也。夫国祚中危，何代无之。安禄山之祸，玄宗幸蜀；吐蕃之难，代宗幸陕；朱泚之乱，德宗幸奉天。以汴京中原四达，就使有急，而形势无所阻。当李贼之围京城也，毅宗亦欲南下，而孤悬绝北，音尘不贯，一时既不能出，出亦不能必达，故不得已而身殉社稷。向非都燕，何遽不及三宗之事乎！
>
> 或曰：自永乐都燕，历十有四代，岂可以一代之失，遂议始谋之不善乎？曰：昔人之治天下也，以治天下为事，不以失天下为事者也。有明都燕不过二百年，而英宗狩于土木，武宗困于阳和，景泰初京城受围，嘉靖二十八年受围，四十三年边人阑入，崇祯间京城岁岁戒严。上下精神敝于寇至，日以失天下为事，而

① 《蠙衣生集》，《日下旧闻考》卷五，北京古籍出版社，1981年。

② 赵翼《廿二史札记》卷三二《明宫殿凡数次被灾》载，"统计明代北京三殿两宫，各四次被灾"：永乐十九年四月，奉天、华盖、谨身三殿灾。二十年，乾清宫亦毁。正统六年九月，乾清、坤宁二宫及三殿俱告成。正德九年正月，乾清宫灾。十六年十一月，乾清宫造成。嘉靖三十六年，三殿又灾。四十一年九月，三殿告成。万历二十四年，乾清、坤宁两宫灾。二十五年，三殿复灾。三十年，重建乾清、坤宁二宫。三十二年三月，乾清宫成。天启六年九月，皇极殿成。七年八月，中极、建极殿成。崇祯十七年四月，宫殿又灾。

礼乐政教犹足观乎？江南之民命，竭于输挽，大府之金钱，靡于河道，皆都燕之为害也。

或曰：有王者起，将复何都？曰：金陵。……今关中人物不及吴、会久矣，又经流寇之乱，烟火聚落，十无二三，生聚教训，故非一日之所能移也。而东南粟帛，灌输天下；天下之有吴、会，犹富室之有仓库匮（柜）箧也。今夫千金之子，其仓库匮箧必身亲守之，而门庭则以委之仆妾。舍金陵而勿都，而委仆妾以仓库匮箧；昔日之都燕，则身守夫门庭矣。曾谓治天下而智不千金之子若与！

黄宗羲论明亡于都失算，缺乏史据，断不可取。户枢自腐，而后生蠹。明廷专制腐朽，农民起义于西北，满洲崛兴于东北，二者撞击，明朝灭亡。至于黄宗羲论都燕之害有三，即竭于转漕、靡金河道、君守门庭，则有一二可取；但需补充一点，即北京缺水。

明都北京之一弊是水源缺乏。北京不濒临大江巨河，是其作为大都会的严重缺陷。如金开金口河失败，元凿通惠河后淤塞，有明一代京畿屡逢灾赈济，流民塞路，均足资证。

明都北京之二弊是粮食不足。北京不是农业资源丰富之区，粮食不能自给。其时中国经济重心在江南："天下财赋，大半取给东南。"① 明至成化年间，"河、淮以南，以四百万供京师；河、淮以北，八百万供边境"②。京师和边防所需大量粮食仰仗漕运。于是，漕运成为北京的经济命脉：

今国家燕都可谓百二山河，天府之国。但其间有少不便者，漕粟仰给东南耳，运河自江而淮，自淮而黄，自黄而汶，自汶而

① 孙承泽《山书》卷七，清抄本。
② 《明史纪事本末》卷二四。

卫，盈盈衣带，不绝如线。河流一涸，则西北之腹尽枵矣。元时亦输粟以供上都，其后兼之海运。然当群雄奸命之时，烽烟四起，运道梗绝，惟有束手就困耳。此京师之第一当虑者也。[①]

明代政治中心与经济中心相距过远，粮食转输，疏通漕运，需用财物，耗费甚巨。

明都北京之三弊是靡金治河。明以前治河即治河，永乐帝移鼎北京后，“治河即以治漕”[②]。因治河通运，“盖四百万之漕赖焉，固为国家之大计，社稷之重事”[③]。后至清代，康熙帝尝“以三藩及河务、漕运为三大事，书宫中柱上”[④]。河务不当，必误漕运。为漕挽转输，江、河、淮、运合汇，运道三千余里，此通而彼塞，尤以清口为甚。意在清口蓄清敌黄，然淮胜则运堤不保，淮弱则有黄流倒灌之虞，仅“淮安、清口一隅，施工之勤，糜帑之巨，人民、田庐之频岁受灾，未有甚于此者”[⑤]。有明一代，河患较前频仍，治河耗银尤巨。治河以通漕，与明相始终。至河事大坏，而明亡矣！

明都北京之四弊是离长城太近。北京“一墙之外，逼邻虏穴”[⑥]。这固有其利（后面论述），也有其弊。明初国盛兵强，对蒙古贵族骑兵采取攻势，建都北京便于进攻；后来国衰兵弱，蒙古、满洲骑兵多次破墙而入，包围京师，九门戒严，北京地理上的弱点暴露无遗。

但是，对明都北迁之非议，正统前重在漕粮转输，正统后则重在京城戒严。

---

① 谢肇淛《五杂俎》，燕京大学国学图书馆重刊本，1930 年。

② 王锡爵《王文肃公文集》卷八，《明经世文编》，中华书局影印本，1962 年。

③ 董份《泌园集》卷一一，《四库全书》本。

④ 《清史稿》卷二七九《靳辅传》，中华书局，1977 年。

⑤ 《清史稿》卷一二七《河渠志二》，中华书局，1977 年。

⑥ 《明神宗实录》卷四三〇，万历三十二年十一月癸未，台北“中研院”史语所校勘本，1962 年。

永乐帝死，洪熙帝立。精于经画而拙于远略的尚书夏原吉，疏奏"今江南民力，困于漕运，请还南京，以省供应"。洪熙元年(1425)，命"诸司在北京者悉加'行在'二字"①。北京又变作陪都。并命修南京皇城，于明春还都南京。但他两个月后死去，迁都之议束阁。

宣德帝继位后，行在礼部尚书胡濙力言漕运不便，奏请还都南京，曰："建都北京非便，请还南都，省南北转运供亿之烦。"宣德帝虽嘉赞其疏，但寻以北京既有五府六部衙门，便命将"其行府、行部宜革"②。

至英宗正统四年（1439），始命工部尚书吴中督工兴修奉天、华盖、谨身三殿和乾清、坤宁二宫。正统六年（1441）九月，三殿二宫告成。同年十一月初一日诏告中外，并命废北京各衙门署"行在"二字，南京各衙门仍增"行在"二字。重新确定北京为国都，南京为陪都，南、北二京并称。

自洪武至正统，历六帝七十五年，定都北京之争初得平息。不久正统帝被俘，其后正统、嘉靖、崇祯年间，仍有人以京城危急而请迁都南京。正统末徐珵以"天命已去，惟南迁可以纾难"③奏；于谦以"言南迁者，可斩"斥之。崇祯己巳（1629），廷臣有言南迁者；甲申（1644），又有"三李"（邦华、明睿、建泰）等迁都南京之议。但终明一代，定都北京，未再迁鼎。

北京作为明代十四朝都城，虽有四弊，但有六利，利大于弊，其影响至为深巨。

永乐帝迁都北京，加强了明廷对北方边疆的统治。顾祖禹言：

---

① 《明仁宗实录》卷八下，洪熙元年三月戊戌，台北"中研院"史语所校勘本，1962年。

② 《明宣宗实录》卷四六，宣德三年八月辛卯，台北"中研院"史语所校勘本，1962年。

③ 《明史》卷一七一《徐有贞传》。

> 太宗靖难之勋既集，切切焉为北顾之虑，建行都于燕。因而整戈秣马，四征弗庭，亦势所不得已也。銮舆巡幸，劳费实繁；易世而后，不复南幸。此建都所以在燕也。①

建都在燕，为“地气”东移所必然。赵翼说：自唐以后，“地气”将自西趋东北，即北方，特别是东北少数民族迭兴。而定都金陵，位置偏南，难于控制朔北。《五经要义》载：“王者受命，创始建国，立都必居中土”，以统制四方，控驭天下。其时明代疆域，南极海南，北至库页，北京约略居中，可以“兼制南北”②。永乐帝雄才大略，高瞻远瞩，力排众议，居中定鼎，将都城自南京北移近三千里，从而密切了同北方少数民族上层人物的联系，加强了对北疆和东北疆的统治。鲸海库页，西濛北漠，都置于明廷的统辖之下。

永乐帝迁都北京，加强了多民族国家的统一。朱棣戎马不息，出塞征战，其子孙也继续“天子守边”，这有利于巩固明初的统治自不待言。但是，正统以降，国力渐衰，塞北蒙古、东北满洲贵族不断驱骑南犯京师。正统十四年（1449）也先“土木之变”，嘉靖二十九年（1550）俺答“庚戌之变”，崇祯二年（1629）皇太极“己巳之变”，为京师困危之突出三例。明以“皇帝守门”，国都当敌，城坚池深，兵力雄厚，“天下勤王”之师迅集，均使之不能得其志，饱掠京畿后飏去。《帝京景物略》载：

> 中宅天下，不若虎视天下；虎视天下，不若挈天下为瓶，而身抵其口。雒不如关，关不如蓟，守雒以天下，守关以关，守天下必以蓟。文皇帝得天子自守边之略，于厥初封，都燕陵燕，前万世未破斯荒，后万世无穷斯利，捶勒九边，橐箧四海！

---

① 顾祖禹《读史方舆纪要》卷一〇，《万有文库》本，商务印书馆，1937年。

② 纳兰性德《通志堂集》卷一五，上海古籍出版社影印本，1979年。

刘侗论述了“天子守边”的意义。事实恰与黄宗羲所论相反，如果永乐帝当时不迁都北京，那么黄河以北似不可守，可能重演南北朝国家分裂的历史悲剧。而且朝鲜史籍也载述，明成祖迁都北京是一项“固国之策”[①]。

永乐帝迁都北京，促进了北京地区的经济开发。北京处于华北平原农业经济和塞北高原牧业经济的交接地区，其经济不甚发达。明定都北京后，赈灾、免税、垦田、移民，仅永乐二、三两年，即徙两万人户、约十万人实北京；又先后疏浚通济河、通惠河、昌平河、浑河等，均有利于北京地区农业的发展。北京郊区的种植、园艺、花卉等业都有了发展，蔬菜中有蔓青（萝卜）和菘菜（白菜）等，甚至“南方蔬菜，无一不有”[②]。同时，全国能工巧匠荟萃于京师，建筑、烧造、军器、织染、采矿、冶铸、特艺等业大兴，如武宗时造太素殿，“改作雕峻，用银至二千万余两”[③]，除其奢靡和夸饰需另论外，足见工艺之精绝。又如煤炭，丘濬载述“今京师军民百万之家，皆以石煤代薪”，可证九鼎北迁，加快了北京手工业发展的步伐。另外，北京为漕运终点和贡市之地，四方财货会聚京师，并在京设店铺、榻房和会同馆。永乐二十一年（1423），山东巡按陈济言：“今都北平，百货倍往时。”而后，京师商业更加繁荣，《皇都积胜图》中描绘正阳门外商业情景，恰是北京商业繁盛的写照。大明门前的棋盘街，“天下士民工贾，各以牒至，云集于斯，肩摩毂击，竟日喧嚣”[④]，即见一斑。总之，朱棣迁鼎燕京，于明代中国的南方与北方，综汇其所长，互补其所短。丘文庄公言：“天下财赋，出于东南，而金陵为其会；戎马盛于西北，而金台为其枢。并建两京，所以宅中图

① 《李朝宣祖实录》卷一〇八，三十二年正月丙戌，日本学习院东洋文化研究所，1959 年。

② 陆容《菽园杂记》卷六，中华书局，1985 年。

③ 《明史》卷七八《食货志二》。

④ 蒋一葵《长安客话》卷一，北京古籍出版社，1980 年。

治，足食足兵，据形势之要，而为四方之极者也。”是为识见者之言。

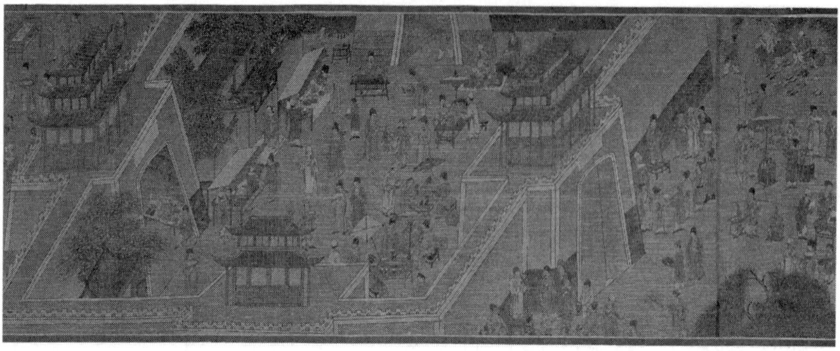

皇都积胜图（局部）

永乐帝迁都北京，使北京成为明代全国文化中心。明代京师设立钦天监、太医院、观象台等，会集一批科学家，促进科学技术的发展。大科学家李时珍曾供职于太医院，徐霞客曾旅居京城，宋应星赴京应试后著《天工开物》，徐光启则官至礼部尚书兼内阁大学士并著《农政全书》。明代京师设置国子监、翰林院，定期举行会试、殿试，儒士云集，畴人荟萃。自永乐十三年（1415）乙未科，至崇祯十六年（1643）癸未科，在京举行会试七十八科，有二万二千九百六十七人考中进士。每届会试，各地举子从四面八方会聚北京，把各地文化带到京师，而后又分散各地，传播京师文化到四域八方。还有许多外国留学生在北京肄业，后期耶稣会士来京，住留京师。徐光启、李之藻等向耶稣会士学习西方科学技术，北京成为其时中西文化交流的中心。此外，著名的文学家、书画家、戏剧家、工艺家等也汇聚京师，在北京广泛地进行文化交流。

永乐帝迁都北京，北京城成为中华文化的奇观。北京作为明代全国的政治心脏和文化大脑，在元大都殿阁园囿的基础上，兴建宫殿城池、坛庙衙署、文庙学宫、亭台园林，整座城市布局严整，层次分明，规模宏巨，建筑壮丽。北京城的核心紫禁城，其磅礴气势，其伟严格局，其瑰丽建筑，其稀世珍宝，价值之大，未可言喻。整座北京城则是一部木头、石头、砖头之书，它记录了明代的科学技术水平与文化艺术风格。明北京城不仅是中华五千年文明史上的鸿篇巨制，而且是全世界人类文明史上的伟丽奇观。

最后，永乐帝迁都北京，奠定了今天北京城的基本风貌。继明迁都北京之后，清朝又移鼎燕京。北京经过明、清两代五百年的经营，成为中华文明的重要象征。下面引述恩格斯《从巴黎到伯尔尼》中的一段话："只有法国才有巴黎，在这个城市里，欧洲的文明达到了登峰造极的地步。"恩格斯在这里讲的是巴黎，却启迪人们思考永乐帝迁都的北京。似可以说，只有中国才有北京，只有中国这样的伟大国家才能创造伟大的北京。在北京这座城市，中华民族五千年的精神文明和物质文明，达到了光辉灿烂、登峰造极的境地。北京已作为中国著名古都和历史文化名城而载入史册。

第二讲

努尔哈赤：天命大汗创基业

爱新觉罗·努尔哈赤是我国满族封建主阶级的杰出政治家。

重大的阶级斗争和民族斗争会造就重要的历史人物。努尔哈赤在阶级斗争和民族斗争推动下，在统一女真各部、促进满族由奴隶制向封建制转变和巩固祖国东北边疆的历史过程中，起了进步的历史作用。

天命汗努尔哈赤像

各个少数民族对中国的历史都做过贡献。努尔哈赤促进女真各部统一和社会制度转变的政治活动，顺应历史发展趋势，也符合各族人民意愿。它的实现，不仅以女真劳动人民的生产斗争和阶级斗争做前提，而且以女真劳动人民为动力。作为中华民族大家庭中光荣成员的满族及其杰出的民族英雄努尔哈赤，就为我们统一多民族国家的历史发展做出了贡献。

一、女真危机　雄主应运

列宁曾经指出："在分析任何一个社会问题时，马克思主义理论的绝对要求，就是要把问题提到一定的历史范围之内。"努尔哈赤作为满族封建主阶级的政治代表，在我国女真社会历史发展中起过进步作用，是有其历史条件的。

满族是我国一个历史悠久的民族。我国东北长白山一带和黑龙江流域是满族的故乡。满族的先世是肃慎，后称挹娄、勿吉或靺鞨，唐末以后又称女真。辽时为避兴宗耶律宗真名讳，改称女直。明时女真分成三大部：即居住在黑龙江两岸和乌苏里江流域的黑龙江女真（又叫"野人"女真），居住在松花江流域的海西女真，居住在牡丹江和图们江流域的建州女真。其中建州女真"居中雄长，地最要害"①。明廷为了加强对建州女真的统辖，永乐元年（1403），在开元设置建州卫军民指挥使司，以阿哈出为指挥使，"给与印信，自相统属"②。永乐三年（1405），在斡木河（图们江南岸，今朝鲜会宁）地方增置建州左卫，以努尔哈赤的先祖猛哥帖木儿为都指挥使，后升为都督佥事、右都督。正统七年（1442），又析置建州右卫。建州女真几经迁徙，于正统五年（1440）聚族定居在今辽宁省浑河支流苏

① 黄道周《博物典汇》卷二〇《四夷附奴酋》，清刻本。

② 《李朝太宗实录》卷七，四年四月甲戌，日本学习院东洋文化研究所，1959年。

子河流域一带后，加快了本部发展的步伐。

女真社会在16世纪末和17世纪前半叶，处于由奴隶制向封建制过渡的变革时期。建州女真移置浑河平原之后，农器“皆以铁为之”[①]，铁制农具普遍推广。“农人与牛，布散于野”[②]，牛耕广泛采用。生产力大为提高，旧生产关系成为生产力发展的桎梏。生产力与生产关系的冲突，主要表现为奴隶与奴隶主之间的阶级斗争。这便引发了大量的奴隶逃亡。如在一份朝鲜公文里，就列举了女真奴隶逃往朝鲜，经朝鲜收容后“转解”辽东的累计达1 003名。奴隶们的斗争使奴隶制的经济基础和上层建筑都趋于崩溃。阶级间的斗争更趋激烈，部族间的战争愈演愈繁。“各部蜂起，皆称王争长，互相战杀，甚且骨肉相残，强凌弱，众暴寡”[③]，就是这种女真社会大动荡局面的生动写照。历史提出了女真统一的任务。女真的各部统一与社会改革，是不可阻挡的历史趋势，也是女真人民的强烈愿望。努尔哈赤在顺应历史发展趋势，实现有明一代二百余年未能完成的女真统一大业时，明末的政治腐败，又为它的兴起提供了客观条件。

明初虽然设立奴儿干都司加强对女真等地区的管辖，但明朝后期土地集中，政治腐败，宦官擅权，武备废弛。明廷不但实行反动的阶级政策，血腥镇压农民起义；而且实行歧视女真的民族政策，妨碍女真的各部统一和社会改革。政治上，它实行民族分裂政策，使女真诸部既“不相统属”又“不相纠合”[④]，分而治之，影响其内部的统一与发展。经济上，明朝在贸易中勒索纳贿、多征税银，又禁止市易盐、布和铁制农器，影响女真正常经济生活，妨碍女真农业生产发

① 《李朝中宗实录》卷二七，十二年三月癸未，日本学习院东洋文化研究所，1959年。

② 《李朝世宗实录》卷七七，十九年六月己巳，日本学习院东洋文化研究所，1959年。

③ 《清太祖武皇帝实录》卷一，内府本，中国第一历史档案馆藏。

④ 《皇明经济文录》卷三四，清刻本，北京图书馆善本部藏。

展。军事上，明朝的文武边官“穷奢极丽”[1]，腐败无能，侵渔诸部，“袭杀过当”[2]。这就引起女真人的不满，激起女真人的反抗。而女真贵族借口反对明朝政府的压迫，不时出兵辽东地区“犯抢”，又给辽东人民带来灾难。但总的说来，明末的阶级矛盾、民族矛盾和统治集团内部矛盾极其复杂，极其尖锐，面临着“元气羸然，痘毒并发……病入膏肓，而无可救”[3] 的局面。明朝日趋没落腐朽，满族处于上升时期，这就是努尔哈赤崛起时的历史背景。

努尔哈赤（1559—1626），出身于建州左卫苏克素浒河部赫图阿拉一个没落奴隶主家庭。建州女真在女真三大部中实力最为强盛。努尔哈赤的先世受明册封，为建州左卫指挥使和都督等官爵。他家势中衰，早年丧母，继母寡恩，“年十九，俾分居，予产独薄”[4]。他得产微薄，不足养生，青年时曾参加劳动，采集人参、松子到抚顺关市出卖，以维持生活。他曾在明辽东总兵李成梁帐下做过仆从，对明朝的封建统治比较清楚。因父祖对明朝“有殉国忠”[5]，他于万历十七年（1589）被封为都督佥事，万历二十三年（1595）又被晋封为散阶正二品的龙虎将军。他会蒙古语，也会汉语，略识汉字，喜听《三国演义》，受汉文化的影响较深，并经常往来于建州、抚顺之间，曾多次到北京，对汉族地区较为熟悉。他还任用浙江绍兴儒生龚正陆“为师傅”[6]，掌管文书，参与机密。努尔哈赤的上述身世和丰富阅历，为女真各部首领所不及。

总之，客观的和主观的、一般的和特殊的历史条件，使努尔哈赤

---

① 王一元《辽左见闻录》（抄本），不分卷，谢国桢先生藏。

② 《清朝开国方略》卷一，清刻本。

③ 《明史》卷三〇九《流贼列传》，第 7948 页。

④ 《清太祖高皇帝实录》卷一，内府本，中国第一历史档案馆藏。

⑤ 苕上愚公《东夷考略·建州》，不分卷，抄本，北京图书馆善本部藏。

⑥ 《李朝宣祖实录》卷七〇，二十八年十二月癸卯，日本学习院东洋文化研究所，1959 年。

努尔哈赤入关前画像

“能大有为”①，具有杰出的政治和军事才能。因此，建州女真首领努尔哈赤，顺应历史发展趋势，利用人民群众力量，作为女真各部统一与社会改革的组织者和领导者，登上了历史政治舞台。

二、统一各部　安定北疆

努尔哈赤一面做明朝政府的官吏，一面做建州女真的首领，在阶级矛盾与民族矛盾中，通过44年的统一战争，实现了女真各部的统一，从而有着进步的历史作用。

努尔哈赤统一战争的弓矢首先指向建州女真。万历十一年

① 《辽筹》上册，北京图书馆善本部藏。

(1583)，努尔哈赤以父祖“遗甲十三副”起兵，打败尼堪外兰，攻克图伦城。他采取“顺者以德服，逆者以兵临”的两手策略，随后相继吞灭苏克素浒河部、哲陈部、浑河部、董鄂部和完颜（王甲）部，五年时间，统一了建州五部。同时他建佛阿拉城（今辽宁省新宾二道河子旧老城)，于万历十七年（1589）称王，建立王权。到万历二十一年(1593)，又先后夺取长白山三部，即讷殷部、朱舍里部和鸭绿江部。这样，明朝建州左卫指挥使、都督佥事努尔哈赤，十年之间就把蜂起称雄的环满洲诸部，“皆削平之”[1]，统一了整个建州女真。

统一必然遇到阻力，冲破阻力才能统一。努尔哈赤统一建州女真的胜利，引起了海西女真即扈伦四部——叶赫、哈达、辉发和乌拉贝勒的恐惧。万历二十一年（1593）九月，以叶赫为首，纠合九部，结成联盟，向苏克素浒河（苏子河）与浑河交汇处的古勒山[2]摇山震岳而来。侦骑报警，全军惊恐。夜间，敌军烧饭，火密如星。但是，努尔哈赤利用辽东明军主力援朝抗倭，叶赫失其所恃的有利条件，以逸待劳，以静制动，设险诱敌，重点奋击，以少胜多，大败敌军，斩杀叶赫贝勒布寨以下4000余人。这就是著名的古勒山之战。努尔哈赤自此“军威大震，远迩慑服”[3]。后又渐次吞并哈达（1601)、辉发(1607)、乌拉（1613)、叶赫（1619)，统一了整个海西女真。

努尔哈赤统一战争的矛头转而指向黑龙江女真诸部，接管明朝奴儿干都司的辖境而基本统一了黑龙江流域（后其子皇太极完成了对黑龙江女真的统一)。在黑龙江支流乌苏里江流域及其以东的滨海地

---

① 《清太祖高皇帝实录》卷二，戊子年（万历十六年)。

② 《盛京吉林黑龙江等处标注战迹舆图》，二排四上，和田清据大连满铁图书馆藏影印本，1935年。

③ 《清太祖高皇帝实录》卷二，癸巳年（万历二十一年）九月，中国第一历史档案馆藏。

区，居住着“满洲所属瓦尔喀”① 和渥集等部。攻取瓦尔喀部，从万历二十四年（1596）始，“初征瓦尔喀，取噶嘉路”②。万历三十五年（1607），努尔哈赤派兵在图们江畔进行了著名的乌碣岩之战，打开了通向乌苏里江和黑龙江下游流域的大门。这一地区出现了诸部女真“无不乐附于老酋（即努尔哈赤）”③ 的形势。于是，万历三十七年（1609），努尔哈赤派扈尔汉带兵“完全收取”④ 呼夜卫，即今俄罗斯滨海地区瑚叶河一带。万历三十八年（1610），命额亦都率兵千人，招抚那木都鲁、绥芬、宁古塔和尼马察四路，带回部民编户；额亦都回师又收取雅兰路，即今俄罗斯符拉迪沃斯托克（海参崴）东北的雅兰河一带。万历三十九年（1611），派阿巴泰等统兵击取乌尔古宸、穆棱二路，即今俄罗斯比金河与穆棱河流域。万历四十三年（1615），遣将征渥集部额赫库伦城。额赫库伦城部民“住在东海之北”⑤，即今俄罗斯乌苏里江以东滨海地区纳赫塔赫河地方。天命十年（1625），又“派兵二千征讨东海瓦尔喀”⑥，东北之滨极北诸部“莫不慑伏”⑦。努尔哈赤先后对瓦尔喀等部用兵12次，“太祖之兵，及于乌苏里江东方沿海”⑧。努尔哈赤在东起日本海，西迄松花江，南达摩洞崴湾，濒临图们江口，北抵鄂伦河这一广大疆域内，基本上统一了渥集、瓦尔喀等部，并取代明朝而实行统辖。后来皇太极又数次征抚，瓦尔喀等部岁岁入贡，完全臣服。

---

① 《图本档》，清国史馆档案，编号691，中国第一历史档案馆藏。

② 《清史列传》卷四《费英东传》，中华书局，1928年。

③ 《李朝宣祖实录》卷二〇九，四十年三月庚辰。

④ 广禄、李学智译注《清太祖朝老满文原档》第1册，台北“中研院”史语所，1970年，第13页。

⑤ 《满文老档·太祖》第4册，乙卯年（万历四十三年）十二月二十日。

⑥ 《满文老档·太祖》第65册，天命十年四月初二日。

⑦ 《李朝宣祖实录》卷一四二，三十四年十月壬辰。

⑧ 稻叶君山《清朝全史》上（一），商务印书馆，民国二年。

居住在精奇里江（结雅河）与黑龙江汇流处以下黑龙江中游区域的虎尔哈及其以北牛满河（布列亚河）流域的萨哈连部，努尔哈赤曾多次派兵征讨。天命元年（1616）七月，努尔哈赤命达尔汉侍卫扈尔汉、硕翁科罗巴图鲁安费扬古，带兵2 000人，乘船200只，水陆并进，取黑龙江南北两岸52屯寨，招抚了萨哈连部。随后牛满河地区的萨哈尔察部长也归附努尔哈赤，并成了后金的额驸。这表明后金开始统治黑龙江中游地区。此后各部相继服属。

居住在乌苏里江口以下黑龙江下游地区的赫哲、费雅喀等部，他们来往行猎用犬，所以叫使犬部。为招抚使犬部，万历三十五年（1607），努尔哈赤派兵“远入数千里之外”，直“至北海之滨，并为其所有”[①]。到天命元年（1616），再次“招服使犬路，嗣后全部内附”[②]。在统一各部女真时，努尔哈赤并没有忘记在黑龙江口和库页岛一带的吉烈迷、苦夷人。他们虽地处边陲，但有尧舜之风。《库页岛志略》载，努尔哈赤统一战争的“兵锋所及，直抵海中库页岛”。于是，后来库页内附，“每岁进貂皮，设姓长、乡长子、弟以统之”[③]。应当指出，努尔哈赤统一黑龙江女真，绝不是所谓“军事远征”云云，而是从明廷那里接管了对黑龙江流域的统治权，后在这一地区编丁入旗或编户管辖，征收贡赋，设防镇守。这样，努尔哈赤统一黑龙江女真的事实，证明齐赫文斯基在其著作中所发的黑龙江两岸“既无满洲人，更无中国人居住过”之言为历史臆断。

① 《李朝光海君日记》卷二三，元年十二月丙寅，日本学习院东洋文化研究所，1959年。

② 《清朝文献通考》卷二七一《舆地三》，内府本，故宫博物院明清档案部藏。

③ 《库页岛志略》卷一，荣城仙馆本，1935年。

三、征抚并用　拓土四方

努尔哈赤在统一建州女真、海西女真和黑龙江女真的过程中，又对蒙古诸部采取“征抚”策略。蒙古族当时已分为漠北喀尔喀蒙古、漠西厄鲁特蒙古和漠南蒙古三部分。努尔哈赤先专注于漠南蒙古的归附。漠南蒙古的察哈尔部与明朝缔结了抗御后金的盟约。努尔哈赤为了征服明朝，就要拆散这个联盟，解除后顾之忧，树翼于其同部。万历二十二年（1594），蒙古科尔沁部贝勒明安等“始遣使通好”[①]。天命四年（1619），努尔哈赤统兵大败喀尔喀部，生擒其贝勒介赛，同时又用朝贡、封爵、赏赐、联姻、宗教和会盟等笼络手段，巩固对漠南蒙古诸部的统治。万历三十四年（1606）以后，“蒙古各部，每岁来朝”[②]。后进“九白年贡”[③]，表示臣服。不久，我国蒙古族居住在斡难河（鄂嫩河）与尼布楚河一带的茂明安等部归附。此后，漠北蒙古和漠西蒙古也相继称臣。

努尔哈赤不仅要处理同蒙古族诸部的关系，而且要处理同明朝中央和地方政府的关系。努尔哈赤起兵之后，“忠于大明，心若金石”[④]。他在统一的女真、蒙古等族地方，忠顺看边，“保塞有功”，因而受到明朝的封官晋爵。但是，像一切事物总是要在一定条件下各向着其相反方向转化一样，明朝和后金、汉族和满族的中央与地方、统治与被统治的关系，也会在一定条件下发生转化。随着后金统一东北事业的发展和八旗军事力量的壮大，它就要冲破隶属关系的罗网，

① 《清太祖高皇帝实录》卷二，甲午年（万历二十二年），内府本，中国第一历史档案馆藏。

② 《清太祖实录》（稿本）丙种，第32页，史料整理处影印本。

③ 祁韵士《皇朝藩部要略》（筠渌山房本）卷三载：“贡白驼一，白马八，谓之九白年贡。”

④ 孟森《明清史论著集刊》上册，中华书局，1959年，第210页。

摆脱腐败明朝的控制，夺取中央政权；而明朝专制主义的中央集权政府，又要维护自己的统治地位，于是明廷与后金的矛盾便尖锐起来。

《满洲实录》卷四“太祖建元即帝位”

后金农奴主政权的建立，表明它有“射天之志”[①]，要取代明朝的统治。万历四十四年（1616），努尔哈赤在赫图阿拉（兴京）建立后金，自践汗位。随后，他发布“七大恨”誓师，进兵辽沈，势如破竹，克抚顺，下清河。败报传京，举朝震动。明于万历四十七年（1619），派经略杨镐统军10万余人，号称47万，兵分四路，犁庭扫穴，围攻后金政治中心赫图阿拉。满族杰出的军事家努尔哈赤采取“恁他几路来，我只一路去”[②] 的战略原则，集中6万八旗兵，先在萨尔浒（赫图阿拉西120里）与明军主力杜松部2万余人激战。明总兵杜松阵亡，全军覆没，尸横山野，血流成河。继而后金军逐路进

① 《李朝光海君日记》卷一三三，十年十月戊辰。
② 傅国《辽广实录》上卷，北京图书馆藏。

击。明军四路出师，两双败北。明军将士死亡46200余人。萨尔浒之战是明清兴衰史上的一个转折点。乾隆帝说：萨尔浒一战，使“明之国势益削，我之武烈益扬，遂乃克辽东，取沈阳，王基开，帝业定”①。这话虽然有些夸张，但说明它对后金的深远意义。自此以后，明朝采取守势，后金转为攻势。八旗军接着下铁岭，取开原，夺沈阳，破辽阳。后金遂移都东京（今辽宁辽阳），旋又迁都盛京（今辽宁沈阳）。天命十一年（1626），努尔哈赤在降民不服、汉民反抗的情势下，宁远一战，身负重伤，同年八月，病发死亡。其子皇太极承袭努尔哈赤的事业，于天聪九年（1635）改族名为满洲，次年改国号为清，并继续统一东北。崇德七年（1642），皇太极说：“予缵承皇考太祖皇帝之业，嗣位以来，蒙天眷佑，自东北海滨（指鄂霍次克海），迄西北海滨（指贝加尔湖），其间使犬、使鹿之邦，及产黑狐、黑貂之地，不事耕种、渔猎为生之俗，厄鲁特部落，以至斡难河源，远迩诸国（部），在在臣服。”这就表明，努尔哈赤及其子皇太极，不仅统一了女真诸部，而且接管了明朝东北地区的版图。

努尔哈赤进行的统一战争，有着重要的历史作用。列宁说：“历史上常常有这样的战争，它们虽然像一切战争一样不可避免地带来种种惨祸、暴行、灾难和痛苦，但是它们仍然是进步的战争，也就是说，它们促进了人类的发展，加速地破坏极端有害的和反动的制度。”努尔哈赤领导的统一女真诸部和统一祖国东北的战争，就是这样的进步战争。进步战争的根源在于人民。人民是历史的创造者。这场统一战争的基本力量是奴隶、农奴和部民、农民，是人民群众。这场统一战争的历史作用在于：第一，它使满族成为一个民族共同体，把原来处于社会发展不同水平的各部，在较高水平上统一起来，实现了元明三百多年来未能完成的女真统一大业。第二，它推动女真各部

① 《清高宗实录》卷九九六，乾隆四十年十一月癸未，中国第一历史档案馆藏。

的奴隶从奴隶制下挣脱出来，成为封建制下的农奴，促进了生产力的发展。第三，它有利于各族之间经济和文化的交流。第四，它奠下了清朝建立的根基。最后，它巩固了祖国东北边疆，为后来抵御外来侵略提供了重要条件。

四、推行改革　成就霸业

努尔哈赤统一女真诸部的进程之所以发展迅速，是因为女真各部统一的过程，就是它们封建化的过程。他利用奴隶们的力量和农奴主的势力，顺应社会发展趋势，在 44 年的统一战争中，初步完成了满族由奴隶制向封建制的转化，从而有着进步的历史作用。

女真奴隶制度陷于危机，封建因素已经出现，这是努尔哈赤统一女真各部、进行社会改革时社会经济形态方面的历史前提。女真奴隶制已有长久的历史。满族的直系祖先女真，在辽金时代已进入奴隶制。近年来黑龙江省逊克县金代铁器的考古发掘[①]和奴隶殉葬的文献记载[②]，都证明了这一点。元时又得到“牛畜田器”[③]，奴隶制更进一步发展。明朝初期，建州女真社会已经出现封建因素。“耕田纳租”[④]和“例置屯田”[⑤] 就是明证。建州女真迁居赫图阿拉以后，地处土壤肥沃的浑河及其支流苏克素浒河（苏子河）谷地，与抚顺毗邻，汉族高度发达的农耕经济的影响，汉人的大量流入，以及通过“贡市”和“马市”换回大量铁制农具和耕牛，使女真社会生产力迅速提高。万历十二年（1584）三月，女真在 17 次交易中，就买回铧子 4 388

① 《从出土文物看黑龙江地区的金代社会》，《文物》1977 年第 4 期。

② 徐梦莘《三朝北盟会编》卷三，明抄本，北京图书馆善本部藏。

③ 《元史》卷一六《世祖纪十三》，中华书局点校本，1976 年。

④ 《李朝太宗实录》卷二六，十三年十一月丁酉。

⑤ 申忠一《建州纪程图记》，图版十七，《兴京二道河子旧老城》，日文本，“建国大学”刊印，1939 年。

件。同年三月，女真在29次买牛贸易中，就买进耕牛430头。铁制农具和耕牛的大量输进，对女真社会生产力提高有很大意义。同时手工业和商业也有一定发展。然而，旧生产关系成为生产力发展的障碍。生产力和生产关系的矛盾，主要表现为奴隶与奴隶主之间的斗争，也表现为新兴封建主与没落奴隶主之间的斗争。这便爆发了接连不断的奴隶逃亡和奴隶暴动。奴隶斜往以斧击杀奴隶主豆里就是其中一例。此外，没落奴隶主也不能照样生活下去了。如依附明朝的叶赫部奴隶主“鬻妻子、奴仆、马牛”① 就说明这一点。这就使得统治阶级中如努尔哈赤的一部分人，脱离奴隶主阶级而归属于封建主阶级。封建主进行改革，抛弃破坏工具、怠工、逃亡和仇杀的奴隶，转而利用农奴生产。

努尔哈赤在统一建州女真时，社会改革的重要措施是“弃农幕”“置屯田”。“农幕”，满语称“拖克索”，是奴隶制庄田。万历二十四年（1596），申忠一从朝鲜到佛阿拉，沿途所经80余处居民点中，仅见6处农幕。这些农幕规模不大，日趋衰落。如努尔哈赤要把在大吉号里越边的童阿下农幕，“自今年永为荒弃”，他又“自今年欲置屯田”②。建州女真对屯田并不陌生。明朝在辽东实行“分屯所领，卫兵所耕”③ 的封建军事屯田制。建州女真的屯田与明朝辽东的屯田有着承袭关系。女真族和汉族在政治上和经济上有统一不可分割的联系。明朝地方官员努尔哈赤在建州女真地区“置屯田”，同明朝辽东的屯田一样，都是封建生产关系。“置屯田”“弃农幕”，这是奴隶斗争的结果。在努尔哈赤起兵统一建州女真的前后10余年间，据《明世宗实录》记载，女真逃亡奴隶仅被辽东“招还”的就达8 157人。奴隶逃

① 《清太祖高皇帝实录》卷三，辛丑年（万历二十九年），内府本，中国第一历史档案馆藏。

② 申忠一《建州纪程图记》，图版十七，《兴京二道河子旧老城》，日文本。

③ 《辽筹》上册，北京图书馆善本部藏。

亡，农幕荒弃。统治阶级不得不改变剥削方法，废弃农幕，实行屯田。

统一战争推动社会改革，社会改革促进女真统一。努尔哈赤在统一海西女真和黑龙江女真时，对许多归附的部众采取不同策略："收取藩胡，留屯作农"①；"设姓长、乡长，分户管辖"②；"编入户籍，迁之以归"③；"选其壮丁，入旗披甲"④。这就是说，无论是自愿归附者还是战争降顺者，都同样编为民户或编入八旗，不作奴隶看待，从而推动了女真诸部的封建化。如对新招抚的各路部长"授官有差"，还对其部众给以"牛马、田庐、衣服、器具，无室者并给以妻"⑤。同时，他在统一的女真地区，劝谕农民"宜勤耕织"⑥，又提倡"种棉以织布匹"⑦，发展男耕女织的封建自然经济，以巩固农奴主的统治。总之，努尔哈赤这种"招徕安集、收为羽翼"的政策，同顽固奴隶主"欲攻杀伐、俘掠家产"的政策，形成鲜明对照。那些奴隶主统治下的部民望风争附努尔哈赤，使得"老酋新附之众，日益繁满"⑧。这就表明，它符合女真社会发展的趋势，加速了女真各部的统一，促进了封建生产关系的发展。

在女真封建生产关系发展过程中，万历四十一年（1613），又在原有封建军事屯田的基础上，实行牛录屯田。"每牛录出男丁十名，牛四只，以充公差。命其于空旷的地方垦田耕种粮食，以增收获，储于粮库。"⑨ 这里的"男丁"，就是农奴；而奴隶，满语则叫"aha"

---

① 《李朝宣祖实录》卷四一，四十年二月甲午。

② 《清朝文献通考》卷二七一，内府本，故宫博物院明清档案部藏。

③ 《清太祖高皇帝实录》卷三，己亥年（万历二十七年）九月，内府本，中国第一历史档案馆藏。

④ 何秋涛《朔方备乘》卷一，宝善书局石印本，光绪七年。

⑤ 《清太祖高皇帝实录》卷五，天命三年二月，内府本，中国第一历史档案馆藏。

⑥ 《满洲秘档》，金梁自刊本，民国十八年，第 44 页。

⑦ 同上书，第 22 页。

⑧ 《李朝光海君日记》卷五〇，四年二月癸酉。

⑨ 《清太祖朝老满文原档》第 1 册，第 51 页。

（阿哈），二者的身份是根本不同的。牛录屯田是清代旗田的雏形。每牛录300男丁中出10名男丁，耕田种粮，粮交官仓。这种“三十税一”的封建徭役经济的普遍实行，标志着八旗封建土地所有制的确立。随着八旗封建生产关系的发展，万历四十三年（1615），创建“出则为兵，入则为民”的八旗制度。八旗制是政治、经济、军事、行政合一的制度。它规定：“凡有杂物收合之用，战斗力役之事，奴酋令于八将，八将令于所属柳累将，柳累将令于所属军卒。”这显然加强了对劳动人民兵役、赋税和徭役的征发。因此，八旗制度是用封建军事等级的方法，加强农奴主的统治。此外，他还主持创立无圈点的老满文，用来记载政事，翻译汉籍，交流思想，传播文化，并汲取明朝封建统治术。到万历四十四年（1616），后金“天地间气化之一变”①，这就是带有浓厚奴隶制残余的后金封建主政权的建立。后金汗努尔哈赤登极建元，黄衣称朕，设立一整套官职，公文署印“后金天命皇帝”。后金的建立，是我国满族社会由奴隶制转化为封建制的重要标志。

后金政权建立之后，加快了封建化的进程。天命三年（1618），下抚顺后，将降民编户，“并全给以田庐、牛马、衣粮、畜产、器皿，仍依明制，设大小官属，令李永芳统辖”②。同时，朝鲜也有后金得辽后，降民“尽剃头发，如前农作”③ 的记载。后金统治者同这些降民保持着封建的生产关系。特别是在天命六年（1621）进入辽沈地区后，就在“例置屯田”和“牛录屯田”的基础上，参酌明朝辽东封建军事屯田办法，对住在那里的满族兵丁（对汉人也一样）实行“计丁授田”制度。规定：

---

① 《李朝宣祖实录》卷七一，二十九年正月丁酉。

② 《清太祖高皇帝实录》卷五，天命三年四月乙卯，内府本，中国第一历史档案馆藏。

③ 李肯翊《燃藜室记述》（朝文本）卷二一，朝鲜古书刊行会本，大正元年，第662页。

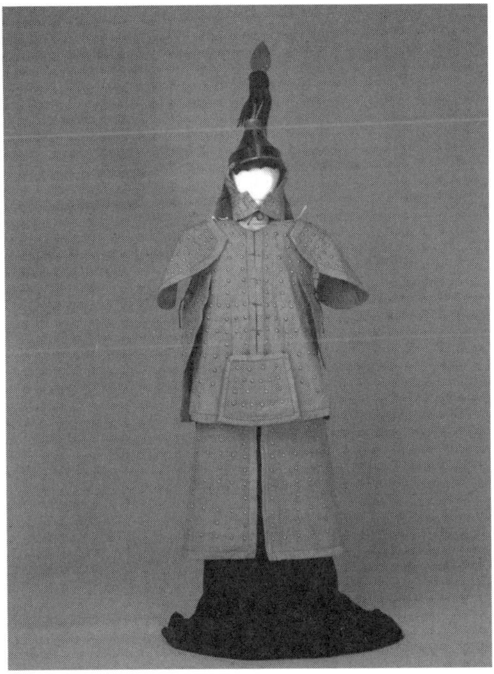

八旗盔甲

每一男丁，给地六日，以五日种粮，一日种棉，按口均分。……其纳赋之法，每三名男丁，种官田一日。每二十名男丁中，征一丁当兵，以一丁应公差。①

这个“计丁授田”制度，从法律上确立了封建土地所有制在经济基础中的统治地位，表明我国东北地区满族社会封建所有制代替了奴隶所有制。封建生产关系的基础是封建土地所有制。封建主对土地的所有权决定了农奴对封建主的人身依附关系，并决定了封建主以徭役和地租的形态，无偿地占有农奴的剩余价值。“计丁授田”的民

① 《满文老档·太祖》第24册，天命六年七月十四日。

户，“每丁给田五日，一家衣食，凡百差徭，皆从此出”[①]。这就清楚地表明了土地所有制、人与人的相互关系和分配方式都是封建生产关系，而其基础则是满洲八旗封建土地所有制。

努尔哈赤在辽沈地区，主要实行授田制，但也搞了一些庄田制（拖克索）。对庄田制奴仆的身份需要进行阶级的和历史的分析。劳动者的身份是区别奴隶制和封建制的一个重要标尺。奴隶制生产关系的基础是奴隶主不仅完全占有生产资料，并占有可以任意买卖和屠杀的奴隶；而封建生产关系的基础是封建主占有生产资料和不完全占有剥削对象农奴。辽沈的庄田，天命十年（1625）十月，后金汗在《庄田谕》中规定：“每庄十三男丁，七牛，田百日，其中二十日交纳官粮，八十日自己食用。”这就可以看出，庄田制的壮丁，有自己的经济，其身份显然不是可以任意买卖或杀害的奴隶，而是附着在土地上为封建主纳租税、服徭役的农奴。庄田制是在满、汉劳动人民斗争推动下，由“农幕”蜕变而来的。它对女真奴隶制来说，是个进步，对高度封建化的汉族来说，又是个倒退。这就必然引起汉族人民的激烈反抗。如辽东夹山河村田庄 20 户，80 口人，只种七日田，无法生活，集体逃亡。在《满文老档》中，这类记载，比比皆是。但是，随着统一战争的进程，由于奴隶、农奴和汉民不断斗争的推动，努尔哈赤在满族奴隶制向封建制转换中所起的进步历史作用，是应当加以肯定的。

毛主席说过：“历史上奴隶主阶级、封建地主阶级和资产阶级，在它们取得统治权力以前和取得统治权力以后的一段时间内，它们是生气勃勃的，是革命者，是先进者，是真老虎。”在当时的历史条件下，以努尔哈赤为首的满洲军事封建贵族，就其本民族历史发展阶段来说，毕竟还是一个新兴的阶级，因此就带有满族封建制初期封建主

① 《天聪朝臣工奏议》上卷，罗振玉编《史料丛刊初编》，东方学会印本，1924 年。

阶级的这些特点。这就是努尔哈赤利用人民群众的力量，战胜女真奴隶制、迅速统一女真各部的基本原因。

但是，努尔哈赤毕竟是满族剥削阶级的政治代表。努尔哈赤及其所代表的封建主阶级利益决定了他从事的社会改革是不彻底的。他没有也不可能消除女真内部的阶级对立和东北地区各民族之间的不平等，而是用一种新的阶级剥削代替另一种阶级剥削，用一种新的民族压迫代替另一种民族压迫。如他对女真的奴隶（阿哈），采用异常残酷的刑罚。他的妻子死了，将“四婢殉之”[①]。这种奴隶殉葬，正说明奴隶制残余的存在。他给挣脱奴隶枷锁的女真奴隶戴上农奴桎梏虽说是个历史的进步，但把大量汉民降作奴仆、编入庄田又是一次历史的回旋。他代表的农奴主阶级每前进一步，都是靠剥削和压迫奴隶与农奴来进行的。特别是他在辽沈地区对汉人反抗斗争进行了残酷的镇压。如天命八年（1623）六月二十六日，发生复州 11 000 人逃亡惨遭镇压的严重事件。这些都反映出后金汗努尔哈赤的历史、阶级与民族的局限性。前面说的社会制度转变，主要指建州女真，因为女真各地区、各部族的经济文化发展是不平衡的。就是建州女真，也还有些女真人沉睡在奴隶状态中。

我们通过评价我国满族封建主阶级政治家努尔哈赤，顺应历史发展趋势，利用女真人民力量，统一女真诸部，进行女真社会改革，巩固祖国东北边疆的进步历史作用，不仅要肯定满族杰出领袖努尔哈赤对中国历史发展所做的贡献，而且要肯定满族等少数民族对中国历史发展做过的贡献。

---

① 《满洲实录》卷三，癸卯年（万历三十一年）九月，辽宁通志馆影印本，1930 年。

第三讲
玄烨：千年一帝开盛世

一、功过论断　评价多元

康熙帝的历史评价，古今中外，众说纷纭。概括说来，主要有十：

第一种观点，对康熙帝历史功过、对康熙朝历史地位，清朝人的评价是赞扬的。清朝皇廷对康熙帝的评价，集中反映在其谥号、庙号上："圣祖合天弘运文武睿哲恭俭宽裕孝敬诚信中和功德大成仁皇帝"[①]，共27个字[②]。这是对康熙皇帝的最高评价。康熙帝于康熙六十一年（1722）十一月十三日宾天后，雍正帝二十日在大行皇帝梓宫前即皇帝位；当日，命礼部议"尊谥"。二十四日，雍正帝谕曰："我皇考大行皇帝，缵继大统，旧典本应称宗，但经云'祖有功而宗有德'，我皇考鸿猷骏烈，冠古铄今，拓宇开疆，极于无外。且六十余年，手定太平，德洋恩溥，万国来王。论继统则为守成，论勋业实为开创。朕意宜崇祖号，方副丰功。"因命诸王大臣等，会同九卿詹事科道、文六品以上、武四品以上，详考旧章，从公确议。二十八

① 《清高宗实录》卷一四，乾隆元年三月乙巳，中华书局影印本，1985年。

② 《清史稿·圣祖纪一》开宗文曰"圣祖合天弘运文武睿哲恭俭宽裕孝敬诚信功德大成仁皇帝"，在"诚信"之下脱"中和"二字。

康熙帝玄烨像

日，众议：谥号突出“仁”，庙号突出“圣祖”。其仁，《礼记》云：“为人君，止于仁。”同心合词，恭上尊称，庙号为“仁皇帝”。其圣祖，古有三祖之例，谥义帝王功业隆盛得称祖，因谓：“惟圣字，可以赞扬大行皇帝之峻德；惟祖号，可以显彰大行皇帝之隆功。”所以，尊谥仁皇帝，庙号曰圣祖。雍正帝持针刺中指出血，将奏内“圣祖”二字圈出，康熙帝的尊谥和庙号遂定。

第二种观点，清史馆纂修者的评价。《清史稿·圣祖纪三》论曰：“圣祖仁孝性成，智勇天锡。早承大业，勤政爱民。经文纬武，寰宇一统。虽曰守成，实同开创焉。圣学高深，崇儒重道。几暇格物，豁贯天人，尤为古今所未覯。而久道化成，风移俗易，天下和乐，克致太平。其雍熙景象，使后世想望流连，至于今不能已。《传》曰：‘为人君，止于仁。’又曰：‘道盛德至善，民之不能忘。’

於戏，何其盛欤！”这比雍正朝对康熙帝的评价略低一些，如没有“合天弘运”“文武睿哲”“诚信中和”“功德大成”等字样。

第三种观点，康熙帝自我评价。他晚年自我评价说：“朕自幼强健，筋力颇佳，能挽十五力弓，发十三握箭，用兵临戎之事，皆所优为。然平生未尝妄杀一人，平定三藩，扫清漠北，皆出一心运筹。户部帑金，非用师赈饥，未敢妄费，谓此皆小民脂膏故也。所有巡狩行宫，不施彩缋，每处所费，不过一二万金，较之河工岁费三百余万，尚不及百分之一。幼龄读书，即知酒色之可戒，小人之宜防，所以至老无恙。”又说：“朕之生也，并无灵异；及其长也，亦无非常。八龄践祚，迄今五十七年，从不许人言祯符瑞应……惟日用平常，以实心行实政而已。”① 康熙帝的行为，换而言之，没有功劳，也有苦劳。这种评价与清人不乏溢美之词的赞语相比，既更为谦逊，也更为中肯。

第四种观点，辛亥反满派学者的观点，对康熙帝、对康熙朝的历史是否定的，主要的论点说康熙朝是“封建专制”。封建君主专制从秦始皇起，到宣统帝止，共历 2 132 年，三百多位君主，不可一概而论，不可不加分析。历史上的“文景之治”“贞观之治”“洪宣之治”等，也都是“封建专制”。因此，以“封建专制”而全面否定康熙帝功绩、否定康熙盛世历史的观点是值得商榷的。

第五种观点，康熙朝是专制黑暗的时代。20 世纪 90 年代初，香港回归之前，香港大学要做一个历史研究课题：论黄金时代——康乾盛世。时拟成立一个由香港、北京两方面学者合作的课题组。但课题组主持人说：这个课题要立项，需要经过一个专家委员会审议通过。结果没有被通过，其理由是：康乾时代不是历史的盛世，而是专制黑暗时代。这就启发人们思考一个严肃的课题：康熙朝的历史地位怎样

---

① 《清圣祖实录》卷二七五，康熙五十六年十一月辛未，中华书局影印本，1985 年。

评价？

第六种观点，论者虽认同康熙朝是“辉煌”的，却是“落日的辉煌”。这个提法有道理，但值得深究。所谓日升日落，虽可用来喻指兴盛衰亡，但应当有明确的本体。如将讨论限定于清朝，康熙时期将清朝推向了盛世，恰如旭日向中天攀升，显然不能算“落日”。而如将讨论扩展到两千多年的皇朝史，那么所谓“落日”，就是喻指皇朝社会走向没落的历史大势。清朝处于中国皇朝序列的末端，宏观上当然带有皇朝社会衰落的色彩。但是，中国皇朝社会的衰落，并不自清朝始，更非自康熙始；中国与世界差距的迅速拉大，更不全是且主要不是康熙帝的历史责任。

第七种观点，耶稣会士的评价。法国耶稣会士白晋在给其国王路易十四题名为《康熙帝传》的报告中说：“他是自古以来，统治天下的帝王当中最为圣明的君主。”又说：康熙帝不仅在“国内享有绝对的尊严，而且以其具有高尚而贤明的品德、丰富的阅历以及非凡的见地和诚意，受到邻近各国国民的尊敬和颂扬，他在亚洲的所有地方是赫赫有名的”[①]。

第八种观点，康熙五十二年（1713）三月三十日，朝鲜谢恩兼冬至使金昌集、尹趾仁向其国王报告时，评价康熙帝说：“清皇节俭惜财，取民有制，不事土木，民皆按堵，自无愁怨。”[②]

第九种观点，“文化大革命”时期造反派观点，认为康熙皇帝是封建地主阶级的总代表，是封建社会最大的剥削者、寄生虫，是人民的罪人、民族的罪人。对康熙帝、康熙朝的历史予以全面否定。

第十种观点，赞成《清史稿·圣祖纪三》“论曰”中的部分论断：“早承大业，勤政爱民。经文纬武，寰宇一统。虽曰守成，实同

① 白晋著《康熙皇帝》，赵晨译，黑龙江人民出版社，1981 年，第 2、63 页。

② 《李朝肃宗实录》卷五三，三十九年（康熙五十二年）三月丁未三十日，日本学习院东洋文化研究所，1959 年。

开创焉。”这25字的评价，还是比较符合历史的。康熙帝及其子雍正帝、孙乾隆帝时期的版图，东濒大海，南及曾母暗沙，西接葱岭，西北到巴尔喀什湖，北达贝加尔湖以东、外兴安岭以南，东北至库页岛（今萨哈林岛），总面积约1 400万平方公里，是当时世界上幅员最为辽阔、人口最为众多、军事最为强盛、实力最为雄厚的大帝国。康熙大帝吸收了中华多民族的、西方多国家的、悠久而又新近、博大而又深厚的文化营养，具有其时最高的文化素养。这为他展现雄才大略、帝王才气，实现国家一统、宏图大业，陶冶了性情，开阔了视野，蓄聚了智慧，奠定了基础。康熙大帝奠下了清朝兴盛的根基，开创出康熙盛世的大局面。

说康熙帝是中国皇朝史上的千年一帝，不仅指其历史功业，而且含其个人品格。康熙皇帝的个人品格，在中国封建社会后段一千年九十位君主中，内圣外王，修养品格，严于律己，可谓仅见；天性好学，手不释卷，性情仁孝，兼具智勇，为政勤慎，敬天恤民，崇儒重道，博学精深，几暇格物，学贯中西，八拒尊号，知行知止。一个以满洲语为母语的皇帝，其汉文书法，其汉文诗篇（1147首诗），便是康熙帝人格与学养的一个例证。

目前学术界对康熙帝、康熙朝历史的评价，主要有三种观点：康熙朝是中国皇朝社会中一个黑暗的时期；康熙朝是中国皇朝社会中一个兴盛的时期；康熙朝是中国皇朝史上一个落日辉煌的时期。

古今中外的伟大人物，都有其杰出的过人之处，也都有其突出的历史贡献。康熙帝以其才华与天赋，智慧与胆识，勤政与谦虚，好学与著述，顽强与坚韧，宽容与简约，在人生旅途中，克服诸多艰难，完成重大使命。康熙帝的文治与武功，学养与行事，都令人称道，也都有特殊贡献。他幼年登极，以智取胜，亲掌朝纲；他崇儒重道，治理中国；他奖励农桑，蠲免田赋；他重视治河，兴修水利；他重视士人，协合满汉；他提倡学术，编纂群书；他勤奋好学，工于诗书；他平定三藩，巩固中原；他重用施琅，统一台湾；他悉心筹划，打败俄军；他善抚蒙古，安定北边；他进兵安藏，加强管理——这是两千年帝王文治武功所罕见的。

我个人观点，不提“雍正盛世”，因为雍正朝十三年，时间太短；也不提“乾隆盛世”，因其“持盈保泰”①，无视西方进步，不做社会改革，在国内外争议较大；而认为康熙帝是中国皇朝史上的千年一帝，康熙朝是中国皇朝史上的“康熙盛世”。

我的论点的主要依据，是康熙帝的历史贡献。

二、文治武功　开创盛世

康熙帝（1654—1722），姓爱新觉罗，名玄烨，是清朝自努尔哈赤起第四代君主、清入关后第二任君主。他八岁继位，在位六十一年。其间，曾经先后智擒权臣、平定三藩、收复台湾、打败帝俄，还有绥服蒙古、抚安西藏，武功盛极一时，前朝无人可比。他重视个人修养，好学习武，敬孝仁爱，手不释卷，克己修身。他又能重视学术、弘扬文化、编纂图书、奖励学者，文治上的成就也很高。

康熙帝六十一年的君主生涯，对中国历史和世界文明的发展，做出重大贡献。就其贡献而言，概括说来，主要有五——中华版图奠定、民族关系稳定、中华文化承续、经济恢复发展、社会秩序安定。

第一，中华版图奠定。打开中国地图和东亚地图，看看康熙时的清朝疆域。

在东南，征抚台湾，金瓯一统。明天启四年（1624），荷兰人侵

① 《清高宗实录》卷一二二三，乾隆五十年正月丙寅。

占台湾。顺治十八年十二月十三日（1662 年 2 月 1 日）①，郑成功从荷兰人手中收复台湾。郑成功死后，儿子郑经奉南明正朔。康熙二十二年（1683），康熙帝抓住郑经死后，其子郑克塽年幼、部属内讧、政局不稳的时机，以施琅为福建水师提督，文武兼施，征抚并用，率军收复了台湾。设台湾府，隶属于福建。台湾府下设三县——台湾县

康熙帝戎装像

① 《辞海》（上海辞书出版社，2010 年）“郑成功”条释文：“康熙元年（1662）二月一日，荷兰总督揆一投降，台湾重回祖国怀抱。”这种说法有欠缺：其一，二月一日应是阳历，而不是阴历；其二，1662 年 2 月 1 日，实际上是顺治十八年十二月十三日。康熙元年正月初一日应是 1662 年 2 月 18 日。事情虽发生在 1662 年 2 月 1 日，却是顺治十八年十二月十三日，本月末为二十九日，这时距康熙元年元日还有 16 天。因此，从帝王纪年方面，说郑成功收复台湾在顺治十八年（1661）可以，说郑成功收复台湾在康熙元年（1662）不可以；从公元纪年方面，说郑成功收复台湾在 1662 年可以，说郑成功收复台湾在 1661 年不可以。

（今台南）、凤山县（今高雄）、诸罗县（今嘉义）。派总兵官一员，率官兵八千，驻防台湾。从而加强了清廷对台湾的管辖，并促进了台湾经济文化的发展。

在东北，抵御外侵，缔结和约。黑龙江地域在努尔哈赤和皇太极时已经逐渐归属清朝。清军入关后，沙俄东进侵入中国黑龙江流域地区，占领雅克萨（今阿尔巴津）、尼布楚（今涅尔琴斯克）、呼玛尔（今呼玛）等城。康熙帝统一台湾后，调派军队进行两次雅克萨自卫反击战，取得胜利。康熙二十八年（1689），同俄国在尼布楚签订中俄《尼布楚条约》，规定：格尔毕齐河、额尔古纳河以东至海，外兴安岭以南，整个黑龙江流域、乌苏里江以东到海地域（包括库页岛）土地，归中国所有。康熙帝设立黑龙江将军衙门、吉林乌喇将军衙门，加强了对黑龙江地区和乌苏里江地区的管辖，初步奠定后来黑龙江和吉林等行省的规模。

在正北，会盟多伦，善治蒙古。努尔哈赤和皇太极解决了漠南蒙古问题，康熙帝则进一步解决漠北蒙古、初步解决漠西蒙古问题（后雍正和乾隆解决漠西蒙古问题）。从秦汉匈奴到明朝蒙古，两千年古代社会史上的北疆难题，到康熙帝时才算真正得解。康熙帝说："昔秦兴土石之工，修筑长城。我朝施恩于喀尔喀，使之防备朔方，较长城更为坚固。"[①] 秦汉以来，长城是中原农耕民族用来防御北方南进势力的屏障；康熙之后，蒙古是中华各民族防御沙俄南进的长城。

在西北，三次亲征，败噶尔丹。康熙帝先后三次亲征，遏制噶尔丹势力东犯，不仅稳定了漠北喀尔喀蒙古的局面，也稳定了漠南内蒙古社会，更有利于中原地区的社会安定。

在西南，进兵高原，安定西藏。清初，顺治帝册封达赖喇嘛，康熙帝又册封班禅额尔德尼，西藏已经完全归属于清朝。康熙帝派兵平

① 《清圣祖实录》卷一五一，康熙三十年五月壬辰。

定西部蒙古势力对西藏的扰犯，维护西藏的社会安定。

康雍乾盛清时的版图，东濒大海，东南包括台湾，南及曾母暗沙，西南到喜马拉雅山脉，西接葱岭，西北到巴尔喀什湖，北达贝加尔湖、外兴安岭，东北至库页岛（今萨哈林岛），后乾隆帝底定新疆，总面积约1400万平方公里。特别是对满、蒙、疆、藏、台地区，完全置于清廷长期、全面、有效、稳固的管辖之下。清康熙朝是当时世界上幅员最为辽阔的大帝国。

康熙朝国家一统，国力强盛，周边国家没有出现威胁，也没有出现动荡，仅有的俄国侵犯亦被击退。这既是康熙帝治国的功绩，也是康熙盛世的表现。

第二，民族关系稳定。清代民族关系，从康熙朝开始，是中国皇朝史上最好的时期。在东北，打败俄国的侵略，解决了自辽河到黑龙江流域各民族的问题，并巩固了这一成果。东北的达斡尔、索伦（鄂温克）、鄂伦春、赫哲、锡伯等，前代所谓的“边徼”之野，在清朝则成为“龙兴之地”。在北方，中国自秦、汉以来，匈奴一直是中央王朝北部的边患。明代的蒙古问题，始终未获彻底解决，“边境之祸，遂与明终始云”[①]。己巳与庚戌，蒙古军队两次攻打京师，明英宗皇帝甚至成了蒙古瓦剌部的俘虏。清朝兴起后，对蒙古采取了既完全不同于中原汉族皇帝，也不同于金代女真皇帝的做法，先后绥服了漠南蒙古、漠北喀尔喀蒙古、漠西厄鲁特蒙古。清朝对蒙古的绥服，“抚驭宾贡，夐越汉唐”[②]。在西北，对南、北疆维吾尔族、哈萨克族、蒙古族等统一。在西南，进兵安藏，加强了对西藏的统治。后雍正设驻藏大臣，在西藏驻军，册封达赖喇嘛和班禅额尔德尼，设立金奔巴瓶制度；西南云、贵、川的苗、瑶、彝等，改土归流，加强了对这个地区民族的管理。清朝实现了中国皇朝史上多民族国家新的协合。

---

① 《明史》卷三二七《鞑靼传》，中华书局点校本，1974年。

② 《清史稿》卷五一八《藩部列传一》，中华书局标点本，1977年。

康熙朝国家一统、国力强盛，多民族协合在一个中华民族大家庭中，没有出现大的民族动荡、大的民族分裂。这既是康熙帝治国的功绩，也是康熙盛世的表现。

第三，中华文化承续。清朝帝王为了钳制知识分子的思想、镇压异端、打击政敌，实行文字狱。清代文字狱始于顺治、康熙，发展于雍正，大行于乾隆，约计百起。康熙帝亲政后，重大文字狱主要有一起，即《南山集》案。这是应当批评的。在文化方面，康熙帝主要做了几件事情：其一，兴文重教，编纂典籍。他重视文化教育，主持纂修了《康熙字典》《古今图书集成》《佩文韵府》《律历渊源》《全唐诗》《清文鉴》《皇舆全览图》等，总计六十余种，二万余卷。特别值得一提的是，康熙帝下令在熙春园设“古今图书集成馆”，用铜活字印刷了一万卷、一亿六千余万字的《古今图书集成》，于雍正初，最后完成。其二，移天缩地，兴建园林。康熙帝先后兴建畅春园、避暑山庄、木兰围场等，雍正、乾隆又兴修或扩修“三山五园”——香山静宜园、玉泉山静明园、万寿山清漪园（后改名颐和

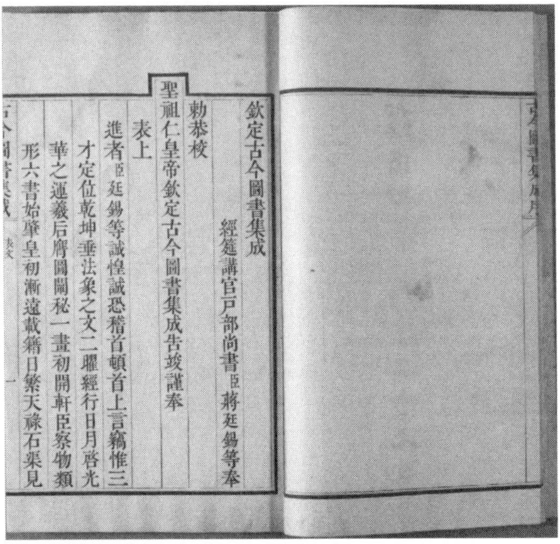
欽定古今圖書集成
經筵講官戶部尚書臣蔣廷錫等奉
勅恭校
聖祖仁皇帝欽定古今圖書集成告竣謹奉
表上
進者臣廷錫等誠惶誠恐稽首頓首上言竊惟三
才定位乾坤垂法象之文二曜經行日月啓光
華之運羲后膺圖闢秘一畫初開軒臣察物類
形六書始肇皇初漸遠載籍日繁天祿石渠見

《钦定古今图书集成》

园）、畅春园和圆明园等，将中国古典园林艺术推向高峰。其三，引进西学，学习科技，设立被誉为皇家科学院的蒙养斋等。李约瑟博士称康熙帝为“科学的皇帝”。康熙帝同法王路易十四、俄皇彼得大帝等，都有文化往来与交流。

世界四大文明古国——古埃及、古巴比伦、古印度和古中国，其中古埃及、古巴比伦、古印度的文明都中断了，中华文明在清朝不仅得到薪火传承，而且延续活力。

康熙朝国家一统、国力强盛，中华文化在交融中传承、在曲折中发展。这既是康熙帝治国的功绩，也是康熙盛世的表现。

第四，经济恢复发展。清军入关后，最大的弊政，莫过于圈占土地，也就是跑马占田，任意圈夺。康熙帝颁令，停止圈地，招徕垦荒，重视耕织，恢复生产。治理黄河、淮河、运河、永定河，并兴修水利。培育新的稻种，取得很大成绩。康熙四十八年（1709）十一月，户部库存银五千万两，“时当承平，无军旅之费，又无土木工程，朕每年经费，极其节省，此存库银两，并无别用。去年蠲免钱粮至八百余万两，而所存尚多”云云[①]。上年十二月，征银 27 804 553 两，加上课银 2 950 728 两，共征银 30 755 281 两。康熙帝既使户部库储充盈，又强调藏富于民——减免天下钱粮共达 545 次之多，其中普免全国钱粮 3 次，计银一亿五千万两。

康熙朝国家一统、国力强盛，社会经济在经过战乱、灾荒后，有所恢复，也有所发展。这既是康熙帝治国的功绩，也是康熙盛世的表现。

第五，社会秩序安定。康熙朝社会安定，主要是指康熙二十二年（1683）统一台湾之后，虽然社会矛盾也有，民族纠纷也有，但没有大的、严重的社会动荡。康熙帝很幸运，他生命的后四十年，中国社会处于由乱到治、由弱到强、由分到合、由动到静的历史时期。原有

① 《清圣祖实录》卷二四〇，康熙四十八年十一月丙子。

的社会冲突、原有的动乱能量已经释放殆尽，新的社会冲突、新的民族动乱能量还没有积聚起来。康熙朝的社会安定，兹举三例：

（1）从康熙二十一年（1682）到六十一年（1722），中原地区四十年间，没有大的厮杀争战，没有大的社会动荡，也没有大的社会危机。在中国两千多年皇朝史上，统一王朝在位四十年以上的皇帝，只有六位：汉武帝在位五十四年，但有天汉民变；唐玄宗在位四十四年，但有安史之乱；明世宗嘉靖帝在位四十五年，但有庚戌之变；明神宗万历帝在位四十八年，但有萨尔浒大战；清高宗乾隆帝在位六十年，但有王伦起义；但清圣祖康熙帝在位六十一年，中原地区无大乱。所以，自秦始皇到宣统帝，在位期间中原地区连续四十年无战争的，只有康熙帝一朝。

（2）秋决死刑人数比较少。秋决死刑的案件，康熙十二年（1673），“死犯共有八十余名”[①]。后来“决一年之罪犯，减至二三十人”[②]。康熙十六年（1677），终岁断狱死刑，“不过十数人焉”[③]！当时的全国人口，当在一万万以上。当时全国设 18 个省，包括直隶、江苏、安徽、山东、山西、河南、陕西、甘肃、福建、浙江、江西、湖广、偏沅、四川、广东、广西、云南、贵州（以康熙六十年为例）。平均每省每年获死刑者不到一人。对于一个上亿人口大国来说，一年十余人死刑，数字算是很少。这就说明：当时社会，相当安定。

（3）康熙帝多次四方出巡。他三次东巡、六次南巡、五次西巡、三次北征、四十八次去木兰秋狝、五十三次到避暑山庄。试想：如果社会动荡，康熙帝四方出巡，则是不可能的。如康熙帝第五次南巡途经山东，民众扶老携幼，随舟拥道：“夹岸黄童白叟，欢呼载道，感

---

① 《清代起居注册·康熙朝》，康熙十二年三月十一日辛巳，中华书局影印本，2009 年。

② 《清代起居注册·康熙朝》，康熙四十五年十二月三十日甲寅。

③ 《清代起居注册·康熙朝》，康熙十六年十二月三十日壬申。

恩叩谢者，日有数十万。”① 又如到江南，史书载：自古帝王不惮跋涉之劳、为民阅视河道，现场指示，亘古未有；缙绅士民，数十万人，欢声雷动，夹岸跪迎②。以上两则史料，难免有官员组织民众夹道欢呼以博得圣上喜欢，也难免有官方夸大舆情的现象③，但可以透露当时社会比较安定。

康熙南巡图（局部）

（清）王翚、杨晋等绘

康熙朝国家一统、国力强盛、民族协合、文化发展，社会秩序比

---

① 《清圣祖实录》卷二一九，康熙四十四年三月己亥。

② 《清圣祖实录》卷二一九，康熙四十四年三月己未和庚子。

③ 李斗《扬州画舫录》记载：乾隆帝南巡到扬州时，“两岸支港汊河，桥头村口，各安卡兵，禁民舟出入。纤道每里安设围站兵丁三名。令村镇民妇，跪伏瞻仰。于应回避时，令男子退出村内，不禁妇女”。这说明：“舟车所经”是要戒严的，“桥头村口”是有警跸的，“夹道跪迎”是有组织的。

较安定。这既是康熙治国的功绩，也是康熙盛世的表现。

“盛世”的“盛”是强盛、繁盛、兴盛的意思。康熙朝的后四十年，在中国皇朝史上，确是一个相对兴盛、强盛、繁盛的局面——“兴”，当时是东亚兴隆的帝国；“强”，当时是世界上强大的帝国；“繁”，当时是比欧洲国家繁荣的帝国。

概括地说，康熙帝超越前人的重大贡献是，在中华两千多年皇朝史上，实现了中原农耕文化、西北草原文化、东北森林文化和西部高原文化的空前大融合。

但是，康熙大帝有缺憾也有缺失，有疏误也有错误。这主要表现在五个问题上：于皇位传承，立之过早，立而废，废而立，立而再废，晚年失之于当断未断；于八旗制度，也想改革，改而停，停而改，改而再停，晚年失之于当改未改；于满汉关系，企望合协，亲满洲，疏汉人，合而未协，晚年失之于当协未协；于吏制管理，向往仁善，扬清官，惩贪官，惩而不严，晚年失之于当严未严；于海洋文化，预见外患，严海禁，闭而开，开而再闭，晚年失之于当开未开。这更加导致其儿孙们主宰的大清帝国，以“天朝大国”自诩，持盈保泰，故步自封，逐渐走向衰落。

总上，康熙帝虽有缺失与过失，康熙朝虽有矛盾与危机，但总体而言，康熙帝确是中国皇朝史上的千年一帝。

三、顺应天时　因势而起

康熙帝能够成为千年一帝，是因为遇到了一个大“天时”。小天时决利钝，大天时出明君。

在国内，康熙帝遇到的“天时”，有四个特点：

第一，金瓯需要一统。从明万历十一年（1583）努尔哈赤起兵，到康熙二十二年（1683），南明最后的象征——台湾郑氏延平郡王郑克塽——归清，整整百年。这一百年间，中华大地一直处于战争和分裂状态，人民最重要的历史期待是什么？作为帝王，最重要的历史使命又是什么？答案都是重新实现金瓯一统。

第二，民众需要富裕。战争的破坏，社会的动荡，灾害的降临，给人民生命财产造成了巨大损失：在北方，“一望极目，田地荒凉”；在中原，“满目榛荒，人丁稀少”；在江南，“荒凉景象，残苦难言”；在湖广，“弥望千里，绝无人烟”；在四川，“民人死亡，十室九空”。就全国而言，国库空虚，民生凋敝，田土抛荒，路暴白骨，村无炊烟，户无鸡鸣。民要富，家要兴，族要盛，国要强。

第三，文化需要融合。自努尔哈赤以“七大恨”告天，打着反抗民族压迫旗帜对抗明朝，到康熙帝即位，再到吴三桂反叛，满汉之间，文化差异，异常凸显，冲突不断。满洲统治者在统一中国的过程中，曾经实行镇压和屠杀的政策。流传到现在的“扬州十日”“嘉定三屠”“江阴抗清”等故事，就反映了这种暴政和由此引发的汉族军民的强烈反抗。特别是多尔衮摄政以后，在中原地区普遍推行剃发、易服、圈地、占房、投充、捕逃“六大弊政”，更激化了族群矛盾和文化冲突。

第四，天下需要太平。一百年间，地不分南北，族不分夷夏，人不分老幼，民不分贫富，都蒙受着战乱、屠杀、大旱、水患、瘟疫、地震等灾难。黎民百姓，背井离乡，饥寒交迫，奔波流离，历尽苦难，饱经沧桑，他们最渴望天下太平。而实现金瓯一统、民众富裕、文化融合、天下太平的民众百年梦想，既是康熙大帝的责任，也是康熙大帝的荣光。

同时，从中国历史规律来看，大乱之后往往有大治，短命天子之后往往有长寿皇帝。明末清初，数十年战乱，给康熙大帝提供了一个做明君的历史机遇；从满洲贵族集团来看，康熙帝正好处在从“打江山”到“坐江山”的转变——满洲虽占有中原大地，却没有坐稳江山，如果不能恰当处理满汉民族关系，而使族群矛盾激化，有可能会重蹈元朝最后被赶回漠北的历史悲剧。如能缓和各种矛盾，成功实现“转型”，而其“守成”之功，实同“开创”之业。

这些就是康熙皇帝成为一代“大帝”的重要“天时”条件。康熙帝利用了有利条件，做出历史功绩。那么，怎样评价康熙帝的历史地位呢？

四、千年一帝　冠绝中西

中国有确切文字记载的历史有三千多年。秦王嬴政二十六年（前221），嬴政自以为“德高三皇、功过五帝”，自称始皇帝，从此中国开始有了皇帝；到清宣统三年（1911），辛亥革命推翻清朝，帝制被废除。这段历史有一个特点，就是有皇帝。我将这段历史称作中国皇朝历史。中国皇朝历史，总算为2 132年。

这2 132年的皇朝历史，有多少位皇帝呢？有人统计共349位皇帝；康熙帝让他的大臣统计，奏报说211位皇帝，再加上自康熙到宣统九位，共220位。其统计数字之差异，主要缘于标准不同，这可以不管。我们重在思考这2 132年皇朝的历史。

中国两千多年皇朝历史，大体可以分作前后两段。前一段一千年，中国的政治中心主要是在西安。其间政治中心经常东西摆动——秦在咸阳，西汉在长安，东汉在洛阳，唐在长安等，但摆动中心在西安。这一时期先后出现文景之治（文帝在位二十三年，景帝在位十六年）、贞观之治（唐太宗在位二十三年）。《旧唐书·太宗纪下》史臣曰：“千载可称，一人而已。”后一段一千年，中国的政治中心主要是在北京。其间政治中心经常南北摆动——辽上京在临潢（今内蒙古巴林左旗），金都先在上京（今黑龙江哈尔滨阿城区）后在中都（今北京），明都先在金陵（今江苏南京）后在北京，清都先在盛京（今辽宁沈阳）后在北京；就是从今哈尔滨往南，经沈阳、北京、开封、南京，到杭州，但摆动中心在北京。从上述可以看出一个有意思的历史现象：中国两千多年帝国历史政治中心的摆动，先是东西摆动，后是南北摆动，从而呈现出大“十”字形变动的特点。

就其后一千年来说，辽、北宋、金、南宋、西夏、元、明、清八朝，共九十帝，一个重要的特点是国内的民族纷争与融合。辽—契丹、金—女真、西夏—党项、元—蒙古、清—满洲，八朝中有五朝是少数民族建立的。明朝虽然是汉族人建立的，但朱元璋以“驱逐胡虏、恢复中华”为号召，结果又被“胡虏”所替代。

这里有一个很有意思的历史现象。辽、北宋、金、南宋、元、明、清七朝，共有皇帝八十位。这七朝都有一个民族融合的问题。辽朝与北宋对峙，金朝与南宋对峙，元朝取代金朝，都是民族问题。朱元璋是汉人，他的口号是“驱逐胡虏、恢复中华”，带有浓厚的民族色彩。满洲以“七大恨告天”的民族旗号起兵，取代了明朝；民国孙中山先生又以“驱除鞑虏、恢复中华”为纲领而推翻满洲人建立的清朝。

从辽太祖耶律阿保机神册元年（916），到清宣统三年（1911），总算一千年。折腾来，折腾去，都离不开“民族”二字。

现在回到本题——对康熙帝的评价问题。

先从纵向比较。中国自辽金以降，千年以来，有九十帝。辽九帝、金十帝与北宋九帝、南宋九帝，半壁山河，西夏十帝偏隅一方，凡四十七帝，均不足论。元朝十五帝，太祖成吉思汗，一代天骄，打下基业，武功卓越，略输文采，并未一统，更无盛世。元世祖忽必烈，在位三十四年，定鼎大都，武功赫赫，文治稍逊，也无盛世。其他诸帝，均不足论。明朝十六帝，太祖朱元璋，推翻元朝，一统天下，功绩很大；但是，冤案烦苛，史多讥评。明成祖朱棣，雄才大略，迁都北京，派郑和下西洋，派亦失哈下奴儿干，设奴儿干都司，然“靖难”之举，史称之为“篡”；蒙古难题，六次北征，死于道途，抱恨归天。所谓“洪宣”之治，洪熙在位一年，宣德在位十年，都没有形成盛世的局面。至于清朝，共十二帝，可以提及的是“三祖三宗”——清太祖努尔哈赤、世祖顺治、圣祖康熙，太宗皇太极、世宗雍正、高宗乾隆。“三宗”自然位在“三祖”之下。仅以“三祖”而论，清太祖努尔哈赤奠基清朝，未入主中原。顺治帝虽迁都燕京，但后期荒唐，英年早逝。算来算去，自辽以降，约一千年，康熙帝的前述五大贡献及其个人品格，迈越古人，千年以来，谁能与比？千年一帝，首推康熙！

再从横向比较。其时，清朝与四邻国家，比较和睦。东面的朝鲜，皇太极时已经向清朝纳贡称臣，其国王受清帝册封。西面的哈萨克、阿富汗都比清朝经济落后，更没有形成气候。南面的越南、泰国、缅甸、马来亚、菲律宾、爪哇等，都比清朝落后、弱小。西南的印度，处于莫卧儿帝国时期，受喜马拉雅山脉阻隔，也没有同清朝发生纠纷与摩擦。清朝北面和东面后来的两大强敌——俄国和日本，在康熙时期都还没有崛起，俄国废除农奴制是在 1861 年（清咸丰十一年），日本明治维新则在 1868 年（清同治七年），都是在康熙朝以后。虽然俄国有些小的动作，但都被击败，没有形成大的威胁。

此时的“西方”，经济方面，工业革命还远没有开始（1765 年哈格里夫斯发明珍妮纺纱机，被公认为工业革命的先声，已是康熙帝的孙子弘历乾隆三十年的事）；文艺复兴以来的欧洲新科技，在明末已经传入一些，康熙帝本人也比较重视学习，但对生产影响重大的科技突破（如蒸汽机的改良等）都发生在康熙朝之后；政治方面，其时欧洲处于民族国家形成时期，主要大国都实行君主制，只有英国在 1688 年（康熙二十七年）“光荣革命”后确立了君主立宪制。但那时英国的力量还基本赶不上中国，也没有其他国家效仿英国政体，大英帝国的海上霸主之梦更是迟至 19 世纪才实现。至于美利坚合众国，则是康熙帝死了半个多世纪以后才建立的。所以说，给康熙帝扣上“丧失学习西方、富国强兵机遇”的帽子，是不太公平的。

康熙时代，英国尚未进行工业革命。法国大革命和美利坚独立，都是乾隆朝的事。俄国和日本的崛起，都在 19 世纪中叶。俄国的彼得大帝，法国的路易十四，与康熙同时代，他们都是当时世界上的伟大君主。但是，康熙时的清帝国是当时世界上幅员最为辽阔、人口最为众多、经济最为雄厚、文化最为昌盛、军力最为强大的大帝国。康熙大帝不仅是中国历史上的千年一帝，而且是世界历史上一位伟大的君主。

但是，清帝国有内在矛盾吗？有。有潜存危机吗？也有。康熙帝晚年谕曰："海外如西洋等国，千百年后，中国恐受其累。此朕逆料之言。"① 虽康熙帝的预见可贵，但他没有在政策上、制度上做出安排。康熙帝留下的缺憾，致使其儿孙们主宰的大清帝国，和西方列强的差距愈拉愈大。

综上，无论就中国历史做纵向比较，或就世界历史做横向比较，都可以说康熙大帝是中国皇朝史上的千年一帝，也是世界历史上的千年名君。他同俄国彼得大帝、法国太阳王路易十四，同列世界伟大的君主。

---

① 《清圣祖实录》卷二七〇，康熙五十五年十月壬子。

第四讲

胤禛：革除积弊强根基

雍正帝是清朝“康乾盛世”时代，上承康熙，下启乾隆，具有承上启下历史地位的人物。他盛年登极，年富力强，学识广博，阅历丰富，刚毅果决，颇有作为。康熙政尚宽仁，雍正继以严明。其对兄弟处置，舆情颇有微词。

一、皇位争夺　工于心计

康熙四十七年（1708）九月，皇太子允礽被废。这是一件震动朝野的政治大事，也是一件震惊庙社的大事。胤禛时年 31 岁，此后 15 年间，历史对他进行烈火般的考验，也为他登上皇位提供难得的机遇。

胤禛看到皇父在避暑山庄声泪俱下地宣布废太子的情景，思想受到巨大的震动。此后，诸皇子间争夺储位的斗争异常复杂而激烈。胤禛共有同父同母或同父异母兄弟 35 人，其中不序齿而早殇者 11 人，序齿而早殇者 4 人，实际长成人者 20 人，到第一次废太子允礽时，20 岁以上的兄弟只有 12 人。他们是：大阿哥允禔 37 岁、二阿哥允礽 35 岁、三阿哥允祉 32 岁、四阿哥胤禛 31 岁、五阿哥允祺 30 岁、七阿哥允祐 29 岁、八阿哥允禩 28 岁、九阿哥允禟和十阿哥允䄉均 26 岁、十二阿哥允祹 24 岁、十三阿哥允祥 23 岁、十四阿哥允禵 21 岁。胤禛面对复杂的君臣父子、兄弟手足的关系，他给自己定下新的生活准则：诚孝皇父、友爱兄弟、勤勉敬业、戒急用忍。

康熙帝废太子后，皇长子允禔首先谋取皇位。他的有利条件是：一则居长，二则原大学士明珠是其外叔祖父，三则得到皇父的宠爱。允禔见太子被废，急欲谋得储位。他奏称：“如诛允礽，不必出皇父手。”康熙帝听后大怒。他又用喇嘛施魔术，魇废太子。允禔谋太子的地位过急、过显，被夺爵、幽于第。此时，胤禛非但没有落井下石，而是给以关照。允礽初废后被幽禁在上驷院旁所设的毡帷里，派允禔和胤禛看守。允礽对皇父所斥“弑逆”一事，自己觉得实无其事，请求皇兄代为奏明。允禔不答应；胤禛却说：“你不奏，我就奏。”允禔只好代奏。康熙帝听了允禔的陈奏后说奏得对，命将允礽身上的锁链去掉。

允禩在皇兄允禔谋求皇储失败后，更增强了谋取皇位的信心。他在家族内，同九阿哥允禟、十阿哥允䄉、十四阿哥允禵；他在朝臣中，同辅政大臣遏必隆子、镶黄旗满洲都统、领侍卫内大臣、理藩院尚书阿灵阿，镶黄旗汉军都统、领侍卫内大臣、佟国纲之子鄂伦岱，大学士明珠子、日讲起居注官、翰林院掌院学士揆叙，康熙十二年（1673）殿试榜眼、日讲起居注官、《明史》总裁、左都御史、工部尚书王鸿绪等结党。康熙帝对皇子结成党羽，内外勾结，上下串联，蓄谋大位深恶痛绝。他说：“诸皇子有钻营为皇太子者，即国之贼，法所不容。”他痛斥允禩道：“允禩柔奸性成，妄蓄大志，党羽相结，谋害允礽。今其事败露，即锁系，交议政处审理。”允禟告诉允禵，允禵进入，营救允禩。康熙帝大怒，拔出佩刀，将诛允禵。允祺上前，跪抱劝止，这时康熙帝愤怒少解。此次宫廷斗争，闹得乌烟瘴气。康熙帝忧伤地说：“日后朕躬考终，必至将朕躬置乾清宫内，尔等束甲相争耳！”这个典故，说的是春秋五霸之一的齐桓公晚年时，5个儿子树党争立，桓公刚死，诸子相攻，箭射在尸体上，其尸体在床上67日未入殓，以至蛆虫爬出窗外的悲剧故事。康熙四十七年（1708）冬，命诸大臣在皇子中荐举太子，左都御史、理藩院尚书、户部尚书、议政大臣、武英殿大学士马齐等推举皇八子允禩。康熙四十八年（1709）正月，康熙帝责查倡举允禩为皇太子的诸大臣。三月，康熙帝复立允礽为皇太子。允礽自己不争气，诸弟愈加争皇储。五十一年（1712），再废皇太子允礽。在这个过程中，胤禛的态度是，既不结党，也不钻营，而是工于心计，八面玲珑。如允禟、允䄉、允禵等封为贝子时，他启奏说，愿意降低自己的爵位，以提高弟弟们的世爵。胤禛这样乖巧的做法，既讨得皇父的欢欣，也博得兄弟的好感。

允禵在允禩谋求皇储受挫之后，积极活动，谋取储位。允禵虽为胤禛的同母胞弟，但同八阿哥允禩拉得很近。在几位阿哥谋求皇储接连受挫后，允禵也希冀大位。他讨好大臣，礼贤下士。朝臣中流传"十四阿哥虚贤下士"，说明他也在谋取皇储。历史给他提供了一个或吉或凶的机遇。康熙五十七年（1718），康熙帝命允禵为抚远大将军，征讨策旺阿拉布坦。行前，康熙帝亲往堂子行祭告礼；命将，康熙帝亲御太和殿授印；出师，允禵乘马出天安门，诸王、二品以上文武官员都到德胜门外军营送行。允禵称"大将军王"，用正黄旗纛。允禟对允禵说："早成大功，得立为皇太子。"可见允禵、允禟等将这次出征立功，视为争取皇储的机会。但是，康熙帝病故时，允禵恰巧不在宫廷，胞兄胤禛得以继位。所以允禵挂大将军印出征，给他命运带来的不是吉兆，而是凶讯。

胤禛尽管四方讨好、八面玲珑，在同兄弟争夺皇储的过程中，也碰到过麻烦。《皇清通志纲要》记载，在第一次废太子后，皇三子允祉、皇四子胤禛、皇五子允祺、皇八子允禩等同被圈禁。这里可能的原因是，康熙帝宣布废太子允礽后，身体不佳，情绪极坏，将他们暂时收禁起来，以防不测，不久开释。此后，胤禛为着谋取皇位，韬光养晦，费尽心机。他的心腹戴铎，在康熙五十二年（1713）为他出谋划策道：

> 当此君臣利害之关，终身荣辱之际，奴才虽一言而死，亦可少报知遇于万一也。仅据奴才之见，为我主陈之："皇上有天纵之资，诚为不世出之主；诸王当未定之日，各有不并立之心。论者谓处庸众之父子易，处英明之父子难；处孤寡之手足易，处众多之手足难。何也？处英明之父子也，不露其长，恐其见弃，过露其长，恐其见疑，此其所以为难。处众多之手足也，此有好竽，彼有好瑟，此有所争，彼有所胜，此其所以为难。而不知孝以事之，诚以格之，和以结之，忍以容之，而父子兄弟之间，无不相得者。我主子天性仁孝，皇上前毫无所疵，其诸王阿哥之中，俱当以大度包容，使有才者不为忌，无才者以为靠。"

戴铎的书启，首先分析了当时形势：太子被废，诸王并立，争夺储位，策略从事。接着提出应对谋略——诚孝事上：适露所长，掩饰所短，避免过露所长，引起皇父疑惑；友爱兄弟：对待诸位阿哥，大度包容，和睦相待；平和忍让：能和则和，能结则结，能忍则忍，能容则容；善待百官：有才者不嫉妒，无才者相依靠。雍正帝基本上按照上述策略，一步一步地绕过争夺皇位航程中的险滩暗礁，终于登上皇帝的宝座。

在这里有几个问题需要回答。

雍正是否夺嫡而立？清朝的皇位继承，没有实行嫡长制。在清太祖、太宗时，皇位继承人采用满洲贵族会议推选制。清世祖福临首用遗嘱制，即在临终前指定皇三子玄烨为皇位继承人，就是康熙皇帝。康熙帝的皇位继承，先是指定允礽为皇太子，继而废，废而立，又再废。作为中国自秦始皇以来第一英君、明君、仁君的康熙帝，一生中最大的悲苦就是皇位继承人的反复无常。既然清朝没有实行"嫡长制"，雍正登极之前康熙帝并未"立嫡"，雍正有何嫡之可夺？所以不能说雍正继位是"夺嫡"。

雍正是否篡位而立？既然康熙晚年没有"立储"，雍正登极之前

雍正帝胤禛像

康熙帝没立“储位”，雍正有何位之可篡？唐太宗李世民通过“玄武门之变”夺了长兄李建成的储位，明成祖朱棣通过“靖难之役”夺了侄子建文帝的皇位，所以他们都可谓是“篡位”。到目前为止，没有一条可信的史料证明康熙帝生前已经立储，因而不能说雍正继位是“篡位”。

雍正是否夺位而立？康熙身后，储位未定，诸子争夺，雍正参与了兄弟间夺位之争。所以，雍正只是“夺位”，既不存在“篡位”，也不存在“夺嫡”。因此，所谓《清世宗夺嫡考实》，命题欠妥，设计不周。

雍正是否伪造遗诏？《清圣祖仁皇帝实录》记载康熙帝临死前留下《遗诏》，今中国第一历史档案馆存有一份《康熙遗诏》档案。经过清史专家研究，这份《康熙遗诏》是参照康熙五十四年（1715）十一月二十一日的谕旨加以修改而成的。康熙帝说：“此谕已备十年，若有遗诏，无非此言。”因此，有的学者认为“康熙遗诏漏洞百出”，有的学者认为康熙临死之前没有留下让雍亲王继位的遗诏。

康熙六十一年十一月十三日（1722 年 12 月 20 日），康熙病重。《清圣祖仁皇帝实录》记载：

> 寅刻，召皇三子诚亲王允祉、皇七子淳郡王允祐、皇八子贝勒允禩、皇九子贝子允禟、皇十子敦郡王允䄉、皇十二子贝子允祹、皇十三子允祥、理藩院尚书隆科多，至御榻前，谕曰：“皇四子胤禛，人品贵重，深肖朕躬，必能克承大统。著继朕登基，即皇帝位。”皇四子胤禛闻召驰至。巳刻，趋进寝宫。上告以病势日臻之故。是日，皇四子胤禛三次进见问安。戌刻，上崩于寝宫。

上述记载，有 3 种不同的诠释：第一种说，《清圣祖仁皇帝实录》明确记载康熙向 7 位皇子和 1 位尚书宣谕由胤禛继承皇位，言之凿凿，可以相信。第二种说，既然将继位大事告诉 7 位兄弟和隆科多，为什么不告诉当事人胤禛？且《遗诏》为什么在康熙帝死后 3 天即十六日才公布？可见这段记载是伪造的。第三种说，既不能证明《遗诏》之真，也不能证明《遗诏》之伪，《康熙遗诏》仍是一个历史之谜。

雍正是否篡改遗嘱？康熙帝刚死，就传出雍正党人将康熙遗嘱“传位十四子”，篡改作“传位于四子”或“传位皇四子”。此属传闻，不为史实。因为如果康熙帝真有“传位于四子”的遗嘱，那么——其一，当时繁体字“于”写作“於”，“十”字很难改成“於”字；其二，当时行文的习惯是“皇某子”，“于”与“四”之间隔了一个“皇”字，行文就会变成“传位皇于四子”，显然不通；其三，况且当时如此重要的遗嘱，应同时以满、汉两种文字书写，满文又岂能改“十”为“于”？以上 3 点表明，此说不能确信。

雍正是否毒死皇父？一种说法是：康熙帝是喝了胤禛（雍正）送的人参汤被毒死的。康熙帝生前深通医药学，也很会保健。他对人参补养身体有一定看法，他周围的人和子女们应是知道的。胤禛不会，也不可能违背其皇父的意愿而进人参汤。上面的话从伦理、法理、情理讲，既悖于伦理，也悖于情理，更悖法理，是不合理的。总之，从当时的具体环境、周围条件分析，既违背史实，也绝无可能。

雍正是否逼死母亲？雍正的生母乌雅氏，雍正元年（1723）五月二十三日死。她先后生下 3 个儿子，即皇四子胤禛、皇六子允祚（5 岁死）、皇十四子允禵，以及 3 个女儿：皇七女（生二月而殇）、皇九女、皇十二女（12 岁死）。传说：雍正继位后，将允禵调回北京关押起来，他母亲想见允禵，雍正不准，太后一气之下，撞死在铁柱子上。《大义觉迷录》说："逆书加朕以逼母之名。"看来当时雍正"逼母"说流传很广。乌雅氏眼看亲生儿子允禵被囚禁，作为皇太后能不生气吗？时人将雍正母亲的死同他囚禁胞弟相联系是很自然的事情。

雍正是否更改名字？学界对雍正改名有两种看法：第一种看法是，康熙帝遗嘱传位"胤祯"（皇十四子），因"胤祯"与"胤禛"字形、字音相近，胤禛遂取而代之。后将《玉牒》中的名字做了挖改。雍正又命胤祯改名为胤禵。这就是"玉牒易名"说。第二种看法是，本来皇四子就叫胤禛（zhēn），皇十四子就叫胤祯（zhēn），雍正做了皇帝，因"禛"与"祯"的字形和字音相近，便命皇十四弟胤祯改名为允禵。

总之，雍正帝的皇位，是正取，还是逆取？从胤禛登极至今 280 多年来，既是学术界激烈争议的问题，也是演艺界火爆炒作的题目。雍正继位是否逆取？历史没有留下记载。历史是胜利者的记录，正史不会也不可能会对雍正逆取皇位做出记载。康熙生前未立皇位继承的遗诏，也不会留下一鳞半爪暗示皇位继承的文献。但是，康熙帝宾天，雍正帝继统，即有皇位出自篡夺的传闻异说。雍正为此亲撰上谕驳斥，编纂为《大义觉迷录》一书，就“谋父”“逼母”“弑兄”“屠弟”“贪财”“好杀”“酗酒”“淫色”“好谀”“任佞”等10项“大罪”，逐一驳斥，进行自辩，雕梓刊印，颁行天下。然而，事与愿违，弄巧成拙，欲盖弥彰，愈描愈黑，留下生动而曲折的历史故事。

二、勤于政事　改革积弊

雍正在位13年，锐利拓新，改革积弊，使他在康、雍、乾三朝，承前启后，名垂史册。

雍正帝的改革积弊措施，主要有以下几点：

设军机处　清朝辅佐皇帝的最高军政决策机构，主要为王大臣会议和内阁。雍正朝增设军机处，作为辅助皇帝决策的机构。军机处设立的时间，清史界看法歧疑，有雍正四年、七年、八年、十年诸说。雍正七年（1729），用兵西北，设军机房，八年始正式设立办理军机处，简称军机处。地点在紫禁城隆宗门内北侧，由亲王、大学士、尚书、侍郎中特召简选，任军机大臣。起初有允祥、张廷玉、蒋廷锡3人，无定员，雍正朝多为3人。其僚属称军机章京，掌缮写谕旨，记载档案等。军机处“掌军国大政，以赞机务；常日侍直，应对献替，巡幸亦如之”。具体地说，主要职掌：每日晋见皇帝，商承处理军政要务，以面奉谕旨名义，对各部门、各地方发布指示；面奉谕旨，起草公文，由朝廷直接寄发，称为“廷寄”，封函标明“某处某官开拆”字样，由兵部捷报处发送；誊录保存公文，就是将皇帝批阅的奏折，誊录副本，称为“录副奏折”，这项制度使大量档案得以保存。在清初，重要的军政机构有3个：一是议政处，二是内阁，三是军机处。议政处源自关外，主要由王公贵族组成，称议政大臣，参画机要。后设内三院，即后来的内阁。军务归议政处，政务归内阁。议政处的权力逐渐减弱，到乾隆朝撤销。内阁，仿明朝制度，逐渐排斥议政处于机务之外。而军机处建立后，军政要务归军机处，一般政务归内阁，军机处权力远在内阁之上，大学士的权力为军机大臣所分，逐渐排斥内阁于机务之外。内阁宰相，名存实亡。军机处的建立，标志着皇权专制走向极端。明代的内阁，对皇权有一定的约束，如诏令由内阁草拟、经内阁下发，阁臣对诏令有权封驳。但是军机处成立之后，参与最高军国机密者，排除了王公贵族，也排除了内阁大臣。军机处公文，以廷寄形式，直达官员本人。军机处设立后，只会有庸臣，不会有权臣。有人指出："军机处虽为政府，其权属君；若内阁，则权属于臣。"所以，军机处的设立，清朝皇帝，乾纲独断——既不容皇帝大权旁落，也不许臣下阻挠国是。雍正为强化君权专制，更完善密折制度。

密折制度　清朝臣下给皇帝的报告，主要有 3 种形式，即题本、奏本和奏折。题本和奏本都经过通政司转内阁呈奏。它要做"摘要"，即"贴黄"，录备副本，内阁审核，送呈御览。皇帝朱批，再行下达。清朝在顺治时，已经出现"密封奏折"，但只是因人、因事，尚未形成制度，至今也未见到实物。康熙朝先有满文奏折（满文朱批），后有汉文奏折（汉文朱批），现存满文奏折 5 000 余件、汉文奏折 4 000 余件，它是皇帝同臣工联系的一条重要渠道。什么是密折呢？密就是机密，有些奏折与朱批不便或不宜公开，在当时属于机密（有的并不保密）；折就是奏折，奏文的载体为折片，奏文多写在无格白折纸上，像扇面能折叠，外面加上封套。康熙曾就一份满文奏折朱批道："以后奏折，尔亲手写来，即字不好有错亦不妨，但不可令人知道。况且在尔等折内，皆朕随手草写，再无一人知道，亦无底稿。"雍正朝的密折，现存汉文奏折 35 000 余件、满文奏折 6 600 余件，共有 41 600 余件，是研究雍正朝历史的重要档案。不是所有的官员都可以向皇帝上奏折，而是经过皇帝特许者才有资格。有学者统计，康熙朝有具折奏事的官员 100 多人，雍正朝增加到 1 200 多人。密折传递程序是，在京官员奏折直送奏事处，外省官员奏折由驿递或专送汇到奏事处，再交奏事太监呈送皇帝拆阅。皇帝批发的奏折，按原程序发还原奏者遵行。奏折人知道谕旨后，再将朱批奏折缴回存档。康熙朝的奏折由本人收藏。雍正继位后，怕有的奏折和朱批于己不利，下令全国通统收缴奏折："朕之皇考朱批旨意，俱著敬谨查收，送到朕处。若抄写存留、隐匿、焚弃，日后败露，断不宽恕，定行从重治罪。"这样做得到一个意想不到的结果，就是将大量朱批奏折保存下来，成为珍贵的历史档案。雍正还建立录副制度，就是将朱批奏折抄录副本，称为录副奏折，这就补充了原折的缺失。因为奏折由官员个人直接向皇帝奏报，中间没有任何人知道，这条渠道就成为暗箱。臣工奏折的内容，几乎无所不包，诸如刮风下雨、社会舆情、官场隐私、家庭私事等等。皇帝通过奏折，直接了解和掌握下面的实际情况。奏折运转处理程序，因"阁臣不得与闻"，而避开阁臣干预，特别是官员之间互相告密、互相监督，而强化了皇帝的专制权力。后来乾隆废止使用奏本，光绪又废止自明以来的题本，奏折成为臣工上奏政务文书的唯一管道。所以，密折制度更加强化了清朝的君主专制。

秘密建储　清朝皇帝的继承人问题，康熙以前没有制度化。清太祖死后，因皇位继承演出大妃生殉的悲剧，害得多尔衮从小失去母亲。清太宗死后，尚未入殓，几乎演出兵戎相见的惨剧。清世祖死后，仓促让一位 8 岁的孩童继位，大清幸运地出现一位英明的君主。清圣祖死前未留继位遗诏，演出了雍正兄弟骨肉相残的闹剧。大清皇朝，是家天下。用什么办法在家族内确立接班人，是清朝建立 100 多年所没有解决的问题。用嫡长制？虽可以避免兄弟之争，但不能保证选优。明亡教训，前车之鉴。用太子制？康熙帝失败的教训，雍正已经亲历切肤之痛。怎么办？雍正想出一条办法，既预立皇位继承人，又不公开宣布，这就是秘密建储。雍正元年（1723）八月十七日，雍正帝在乾清宫西暖阁，召见总理事务王大臣，满、汉文武大臣及九卿等面谕：

> 今躬膺圣祖付托神器之重，安可怠忽，不为长久之虑乎？当日圣祖因二阿哥之事，身心忧悴，不可殚述。今朕诸子尚幼，建储一事，必须详慎，此时安可举行。然圣祖既将大事付托于朕，朕身为宗社之主，不得不预为之计。今朕特将此事，亲写密封，藏于匣内，置之乾清宫正中，世祖章皇帝御书“正大光明”匾额之后，乃宫中最高之处，以备不虞。诸王大臣，咸宜知之。或收藏数十年，亦未可定。

诸臣退后，留总理事务王大臣允祥，将密封锦匣收藏于乾清宫“正大光明”匾后。这是建储制度的一项重大创革。其积极的方面是，既有利于在皇子中选优，又避免诸皇子争夺储位，相对地保证皇位继承的平稳过渡。其消极方面是，皇位的继承盖然排除满洲贵胄和朝廷大臣的意见，完全由皇帝一人决定，从而在皇位继承问题上独断专行。

改革八旗　八旗制度作为清朝最根本的军政制度，自清太祖创立到雍正帝即位，已经100余年。它的弊病，与日俱增。雍正对八旗制度只做一些小的调整，主要表现：一是增强皇帝对八旗的控制，削弱旗主的权力。二是限制王公对属下勒索，减轻旗人的负担。三是兴办旗学，为宗室贵族设立宗学，为觉罗贵族设立觉罗学，还为八旗优秀子弟设立咸安宫官学、景山官学等。让这些八旗子弟，学习满文、汉文，练习骑射，受到教育，鼓舞上进，好善恶恶，崇俭远奢，学习生计，严戒游惰。四是解决旗人生计。清定鼎北京近百年，八旗属下，人口日繁，不事生产，生计困难。雍正采取许多办法，如增加兵额——终究兵源有限；实行优恤——毕竟杯水车薪；设立井田——纯属于乌托邦；关外移民——拖家带口迁也难。应当说，八旗制度设立，清朝崛兴；八旗制度发展，清朝强盛；八旗制度衰落，清朝覆亡。雍正没有，也不可能有办法，去解决八旗制度的根本问题。但是他通过调整八旗的一些问题，使皇权得到加强。

从以上 4 例可以看出，雍正即位之初，大刀阔斧，雷厉风行，既改革了康熙的一些积弊，也强化了皇帝的专制独裁。雍正将中国皇权主义进一步推向峰巅。

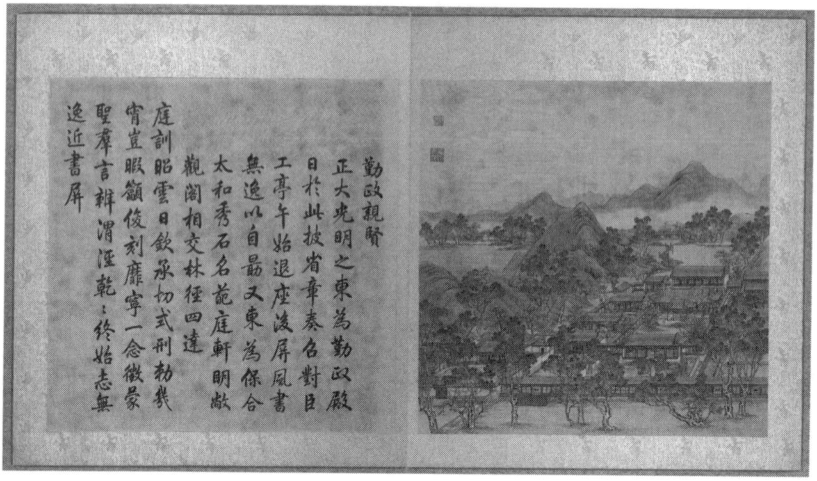

圆明园四十景图咏（勤政亲贤）

（清）唐岱绘

雍正在位 13 年，不管他的朋友还是他的敌人，都一致肯定他是中国历史上一位勤政的皇帝，也是一位改革积弊的皇帝。这主要是：整顿吏治、摊丁入地、改土归流、废除贱籍。

整顿吏治　康熙晚年，身患中风，精力不够，标榜宽仁，吏治松弛，贪污腐败，已然成风。雍正在长年皇子生活中，对皇父晚年政弊，看得较为清楚。雍正元年（1723）正月，他颁布 11 道谕旨，训谕总督、巡抚、督学、提督、总兵、布政司、按察司、道员、副将参将游击、知府、知州知县，文官到县令，武官到游击。训谕总督：今或以逢迎意旨为能，以沽名市誉为贤，甚至暗通贿赂，私受请托；训谕巡抚：库钱亏空，近来或多至数十万；训谕督学：勿私纳苞苴，勿瞻徇情面；训谕提督：虚名冒饷、侵渔扣克，将国家恤兵养士之饷，作将吏肥家之计；训谕总兵：给粮而克扣则师旅有枵腹之忧，却兵而不补则营伍有空虚之患；训谕布政使：各省库项亏空，动辄千万，是侵是挪，总无完补，耗蠹公帑，视为泛常，尤为不法，应严革前弊，永杜侵挪；训谕按察司：今法吏纳贿财货，出入人罪，戕人之罪，破人之家，以求得名（官爵）实（钱财）兼收；训谕道员：粮道克扣运费、营私烦扰，河道冒支帑金、馈遗纳贿，盐道上亏国课、高抬盐价、下累小民，驿道多方勒索、病官病民；训谕副将等：营伍废弛，将弁贪利，纵兵肆虐，诱赌放债；训谕知府：近闻州县火耗，任意加增，以民之脂膏，饱吏之贪壑；训谕知县：或恣意贪婪，或朘削肥家，或滥行逞虐，或恃才多事，或谄媚上司，或纵吏扰民等。严诫：如因循不改，朕必置重典。二月，命将亏空钱粮各官即行革职追赃，不得留任。三月，命各省督、抚将幕客姓名报部。四月，训饬大学士、领侍卫内大臣、文武大臣三道。六月，敕八旗人员有被本旗都统、本旗王公刁难苛索者，许其控诉。七月，禁止出差官员纵容属下需索地方，并禁止州、县借故私派。

后以户部库存亏空银250余万两，令历任堂司官员赔补。同年设立会考府，整顿收支。他对怡亲王说："尔若不能清查，朕必另遣大臣；若大臣再不能清查，朕必亲自查出。"他的铮铮决心，收到切切成效。《清史稿·食货志》说："雍正初，整理度支，收入颇增。"史学家章学诚评价雍正整顿吏治成绩说："澄清吏治，裁革陋规，整饬官方，惩治贪墨，实为千载一时。彼时居官，大法小廉，殆成风俗，贪冒之徒，莫不望风革面。"这个评论有张饰之词，但也说明雍正整顿吏治的功效。

摊丁入地　中国过去土地和人丁分开纳税。康熙五十年后，实行"盛世滋生人丁，永不加赋"，但此前出生的人丁还要缴纳赋银。康熙时曾议论将丁赋摊入地银里。雍正元年（1723）九月，先允直隶巡抚李维钧所请，将丁银摊入地亩，随后大部省份相继推行。这项赋役制度的重大改革，从法律上取消了人头税，减轻了贫穷无地者的负担。就这一点来说，摊丁入地制度有一定的积极意义。但是，自“盛世滋生人丁，永不纳赋”之后，特别是实行“摊丁入地”制度之后，社会人口，急剧增长。道光年间，人口之数，突破4亿。

改土归流　在中国西南少数民族地区，主要由土司进行管辖。土司世袭，长久不变，愚昧落后，百姓痛苦：“汉民被其摧残，夷人受其荼毒。”明朝部分实行派遣并轮流调换官员的策略进行管辖。因这种官员，经常流换，习称流官。雍正即位后，在西南少数民族地区，全面实行“改土归流”制度。就是在云南、贵州、广东、广西、四川、湖南、湖北等省原土司管辖的地区，革除土司制度；清廷在上述地区分别设立府、厅、州、县，委派有任期的、非世袭的官员进行管理。这种管理体制，同内地大体一样。显然，这项制度必然招致怀有守旧观念的、享有世袭特权的土司的不满和反抗。雍正命鄂尔泰为云贵总督，排除土司阻力，推行改土归流。鄂尔泰以招抚和镇压两手，使雍正帝这项改革措施得以实行。雍正帝的改土归流，打击了土司的世袭特权和利益，减轻了西南少数民族的负担和灾难，促进了这一地区社会经济与文化的进步。

废除贱籍　贱籍就是不属士、农、工、商的民籍，世代相传，不得改变。他们不能读书科举，也不能做官。在清以前，这种贱籍主要有陕西乐籍、浙江丐籍、广东疍民等。山西、陕西的乐户，起源于明朝永乐年间。明燕王朱棣起兵推翻其侄子建文帝的政权后，将当时坚决拥护建文帝之官员的妻女，罚入教坊司，充当官妓，使其身陷火坑，备受蹂躏，世代相传，久习贱业。年羹尧之子年熙，请求开豁她们的贱籍。雍正帝让大臣议奏，大臣认为：“压良为贱，前朝弊政。我国家化民成俗，以礼义廉耻为先，似此有伤风化之事，亟宜革除。”雍正皇帝批准，革除乐民贱籍。随之，也革除京中教坊司的乐户，成为良人的职业。浙江绍兴宋罪俘后人成为惰民丐籍，他们男的做捕蛙、卖汤、抬轿等营生，女的做媒婆、卖珠、接生等活计。这些人，“丑秽不堪，辱贱已极”，人群之中，人皆贱之。雍正帝同意他们脱离丐籍，转为民户。尔后，安徽的伴当、世仆，其地位比乐户、惰民更为悲惨。如果村里有两姓，此姓全都是彼姓的伴当、世仆，有如奴隶，稍有不合，人人都可加以捶楚。雍正帝下令，将他们豁免为良。还有，广东沿海、沿江一带，有疍户，以船为家，捕鱼为业，生活漂泊不定，不得上岸居住。雍正帝令其可以在陆地上建造房屋，登岸居住，缴纳鱼课，编为齐民。江苏苏州府有丐户，也为贱民。雍正帝也同意将他们编入正户，免除丐籍。雍正帝对历史上遗留下来的乐户、丐户、世仆、伴当、疍户等，命令除籍，开豁为民，这充分表现他敢于革除旧弊、推动社会进步的精神。

以上 4 例表明，雍正帝在位期间，革除社会积弊，推动历史发展，做了一些有益于百姓的事情。

三、崇佛重道　貌俭实奢

雍正帝的宗教信仰是：不仅崇佛，而且重道。雍正的先祖太祖、太宗、世祖、圣祖都崇奉佛教，所以雍正信佛自在情理之中。但是，雍正重道、痴道，却大大地超越了他的先祖。

中国历代皇帝，登上最高权力宝座，享尽人间荣华富贵。他们主要不是追求来世人生，也不是憧憬蓬莱仙境，而是向往长生不老。所谓长生，就是万寿无疆；所谓不老，就是青春常在。他们认为，要达到人生这一最高境界，就得修道。秦始皇为求长生不老，派五百童男童女，到蓬莱三岛——蓬莱、瀛洲、方丈去寻长生不老药，结果只活了 49 周岁；汉武帝为求长生不老，崇道求仙，也只活了 69 周岁。至于唐朝皇帝尊道，据说是因为老子姓李，和当朝皇帝同姓，借助道教来提升皇帝的地位。随后宋朝皇帝多信道教，也是为了长生不老。明朝皇帝中信道教最虔诚的，要算明世宗嘉靖皇帝。他崇道修玄，为着求嗣、长生、不老、成仙。他 15 岁结婚后，到 25 岁还没有儿子。他尊奉真人邵元节，在皇宫御花园的钦天殿，建祈嗣醮坛，曾亲自行礼，大醮7昼夜。又在宫外建大高玄殿，行安神大礼。他在夜中遭逢火灾，在宫中遭宫女之变，两次受惊，大难不死，对待道教，更加笃信。后干脆移居西宫，专意玄修。邵元节死后，真人陶仲文来到他的身边，传授丹铅灵药，长生不老。嘉靖帝信以为真，命采幼女经血炼丹，仅3次就选760名8至14岁少女入宫备用。他又广泛搜求房中秘术和长生不老药。一名叫顾可学的落魄文人，声言用童男童女尿水可以配制壮阳不老药。此人被封为礼部尚书、太子太保。时人嘲笑说："千场万场尿，换得一尚书。"嘉靖每天不理朝政，不见大臣，烧香修道，又吞丹药。嘉靖皇帝崇道求仙，态度之虔诚、用功之勤奋、炼丹之考究、手段之怪离，可以说是亘古罕见，但也只活了59周岁。这些著名的崇奉道教、祈求长生的皇帝，没有一个是长生不死的。

雍正帝不接受历史的经验，仍迷信长生不老。雍正原本信奉佛教，在位7年时患过一场大病，1年多才痊愈。病好之后，他信奉道教。他在宫中养道士，一面治病强身，一面祈求长生。道士所用的方法，有丹药、有按摩、有念咒等。真人有贾士方、娄近垣、张太虚、王定乾等。雍正早在雍邸时就对道教产生兴趣，曾作《烧丹诗》：

铅砂和药物，松柏绕云坛。
炉运阴阳火，功兼内外丹。
光芒冲斗耀，灵异卫龙蟠。
自觉仙胎熟，天符降紫鸾。

雍正推崇紫阳真人，赞赏他"发明金丹之要"，说明他对道家丹药灵石有着兴趣。雍正登上宝座后，常吃丹药，还把丹药赐给近臣鄂尔泰、田文镜等。他在给田文镜的朱批中说道："此丹修合精工，奏效殊异，放胆服之，莫稍怀疑，乃有益无损良药也。朕知之甚确。"这说明雍正不仅懂得药理，而且经常服用。

雍正帝行乐图（道装像）

雍正在宫中养道士，主要为的是长生不老。他密令各地总督、巡抚推荐“修炼养生”的道家方士，赐住圆明园，为他炼制长生不死之药，教他长生不老之术。雍正经常吃丹铅之药，久之必会中毒。雍正58岁，值盛年而暴死，学者认为死因或与丹铅中毒有关。还有一例可做佐证，就是他死后第3天，新君乾隆皇帝下令驱逐圆明园中的道士。乾隆上谕说：

皇考万几余暇，闻外间有炉火修炼之说。圣心深知其非，聊欲试观其术，以为游戏消闲之具。因将张太虚、王定乾等数人，置于西苑空闲之地，圣心视之，如俳优人等耳，未曾听其一言，未曾用其一药。且深知其为市井无赖之徒，最好造言生事，皇考向朕与和亲王面谕者屡矣。今朕将伊等驱出，各回本籍。令莽鹄立传旨宣谕：伊等平时，不安本分，狂妄乖张，惑世欺民，有干法纪，久为皇考之所洞鉴。兹从宽驱逐，乃再造之恩；若伊等因内廷行走数年，捏称在大行皇帝御前一言一字，以及在外招摇煽惑，断无不败露之理，一经访闻，定严行拿究，立即正法，决不宽贷。

以上说明，乾隆帝想掩饰其父笃信道教、服用丹药的事实。然而，他登极3天，就急不可待地将道士张太虚、王定乾等驱逐出圆明园。告诫他们：不许泄漏内廷一言一字，否则立即正法。这证明雍正帝之暴死，同服用丹药有直接的关系。

雍正帝的生活，是俭朴还是奢华？从雍正的学术传记到演艺形象，创作者的看法雷同，都是俭朴。

依据新挖掘的档案史料，我们便可以看到雍正奢华的生活形象。

关于雍正的私人生活，他自我标榜为秉性不喜华靡，强调撙节美德，禁止臣工进献华丽、精巧之物。他说："外间所进香囊、宫扇中，有装饰华丽、雕刻精工者，此皆开风俗奢侈之端，朕所深恶而不取也。"廷臣也顺着和主颜色，如宠臣张廷玉说："世宗宪皇帝时，廷玉日值内廷。上进膳，常承命侍食，见上于饭颗、饼屑，未尝废置纤毫。每见臣工，必以珍惜五谷、暴殄天物为戒。"礼亲王昭梿在《啸亭杂录》中，美评雍正皇帝说："在位十三年，日夜忧勤，毫无土木、声色之娱。"总之，清代官书、宠臣、宗室、文人，对雍正皇帝的私人生活，多为谀辞赞语。当代学者文士，也对雍正皇帝私人生活蹈袭前臼，倍加赞辞：雍正皇帝"看到其父俭朴如此，十分感动，谕令王公大臣，要崇俭禁侈，他自己也是这么做的"。前述雍正《上谕》、昭梿载记、廷臣目击等等，平心而论，都有其事，都是真实的一面。然而，雍正皇帝是多重性格，有多张面孔。研究历史人物的难点和重点在于，揭示其多重性格与典型性格，展示其多重面目与真实面目，特别是要揭开其隐秘面纱与揭露其隐秘性格。

下面我们就依据内务府造办处《各作成做活计清档》，撩开雍正帝私人生活的面纱：雍正不但不节俭，而且私生活的奢靡，已达到顶峰。这里仅举数例：

狗衣：雍正帝命给狗做麒麟衣、狻猊马衣、硬虎皮衣、软虎皮衣、猪皮衣、豹皮衣、良鼠皮衣、白绫面蓝纺丝衬棉花里麒麟衣，给狗做纺丝软里麒麟套头、棉花软衬套头、月白绉绸里套头，以及各色的狗笼、狗窝、狗被、狗褥等等，还要郎世宁为名叫“者尔得”的狗画写生画。

象牙席：雍正帝一面禁止进贡象牙席，一面又颁旨制作象牙席。如雍正三年（1725）年希尧进象牙 4 根，重 290 斤，后下旨做象牙席、象牙床边、象牙靠背等。

灯饰：“不要铜铸异兽，不要狮子，不要下托杆子。要（在）二十四节气灯上，安璎珞、宝盔。其灯片着蒋廷锡画花卉、翎毛。”

器物：洋漆书桌，“此桌面甚好，但桌腿不好。可将桌面取下，另做紫檀木桌腿”。此外雍正还下旨制作三色玛瑙牌、白玉葫芦式花插、珐琅钟、象牙马、嵌玻璃镜黑珠皮匣、黑晶牛镇纸、碧玉鹿、琥珀扇器等。

其他：雍正帝喜爱眼镜，一次外进 100 副；喜爱鼻烟壶，一次进 100 个，仅《活计档》就记载 2 219 个；又喜爱钟表，诸如轿内左、右、前都安钟表；还喜爱骨牌、围棋、玩具、假发、喜鹊、鹦鹉、盆景等，命一次定做楠木床 18 张，还做紫檀银钿丝边玻璃靠背床等。

雍正皇帝的性格，具有两面性：说是一套做是一套、明处一套暗里一套、外朝一套内廷一套。他的两重性格，有其历史渊源。胤禛之所以能登上皇位，主要不是因为他比其他兄弟聪明，而是因为他的性格具有两面性。康熙末年太子允礽被废后，皇三子允祉既有学识，又受皇父眷顾，但终与皇位无缘。究其原因，当然是不如胤禛工于心计与会耍两面。胤禛以诚孝奉君与无意大位来包装自己：写诗“太平无一事，常愿奉君王”——表示诚孝事父；“生平耽静僻，每爱住深山”——流露无意君位。胤禛在做皇子的时候，能够“掩短显长”；其长，诚孝皇父、友爱兄弟、勤勉敬业；其短，残忍苛刻、猜忌多疑、虚伪急躁——虚伪造作将“残忍苛刻、猜忌多疑”的性格掩盖，特别把自己贪禄天位的想法隐藏起来。雍正性格急躁，常以皇父训诫自律。他说：“皇考每训朕，诸事当戒急用忍。”即位后制作“戒急用忍”牌为座右铭。所以，在众兄弟角逐皇位时，诸兄弟失败，而胤禛独胜。雍正的两面性格是他取得皇位的秘诀，也是他巩固皇位的法宝。他在做皇帝时，极力表现出节俭、爱民，隐藏其奢靡、残忍。近年以来，关于雍正皇帝的学术论著与艺术形象，只突出、显现其节俭的一面，而忽视、隐藏其奢靡的另一面。这就给读者、观众以误导。

四、死亡之谜　众说纷纭

胤禛于雍正十三年（1735）八月二十三日子时，在圆明园猝然去世。据《清世宗实录》和《张廷玉年谱》记载：雍正十三年八月二十日，胤禛偶感违和，仍照常听政，并召见臣工。二十一日，病情加重，照常理政。大学士张廷玉，每日进见，未尝间断。皇四子宝亲王弘历、皇五子和亲王弘昼等，御榻之侧，朝夕奉侍。二十二日，病情恶化，太医抢救。二十三日子时，进药无效，龙驭上宾。前后3天，可算急症。胤禛突然而死，官书不载原因。于是，胤禛死亡之谜，朝野众说纷纭。

一说，胤禛是被吕四娘谋刺死的。稗官野史如《清宫十三朝》《清宫遗闻》等书，都有雍正遇刺死亡之文。传说吕四娘是吕留良的女儿，也有人说是吕留良的孙女。当年，吕留良因文字狱，死后被戮尸，吕氏一门，或被处死，或被遣戍。但吕四娘携母及一仆逃出，隐姓埋名，潜藏民间。吕四娘拜师习武，勤学苦练，尤长剑术，技艺高超。后来，吕四娘乔装打扮，混入深宫，一日乘机，砍掉雍正脑袋。或说，吕四娘的师傅，原是雍正的剑客，后离去，培养了女徒吕四娘。这个民间传说，流传 200 多年。到 1980 年，曾发掘雍正泰陵地宫，未打开，即作罢。但民间传言雍正棺材已经打开，雍正的遗体有尸身而无首。想以此证明胤禛之头是被吕四娘砍掉的。这些传说，都是无中生有，纯属野史逸闻。学者认为，吕留良之案，吕氏一门，男女老幼，俱已严禁，不能逃逸。就连吕留良父子坟墓，都加以监视，吕女不可能逃脱。所以，吕四娘行刺雍正说，实属子虚乌有，绝不可信。

二说，胤禛是被宫女等缢死的。柴萼《梵天庐丛录》记载：传说雍正九年（1731），宫女伙同太监吴首义、霍成，伺胤禛睡熟，用绳缢杀。胤禛气将绝，被救活。这个逸闻源自明世宗嘉靖皇帝的真实故事。明嘉靖二十一年（1542），宫女杨金英等“伺帝熟寝，以组缢帝项，误为死结，得不绝”。同伙张宫女害怕，跑去报告方皇后。皇后赶到，解帛组，帝气绝。命召太医许绅急救。《明史·许绅传》记载：绅“急调峻药下之，辰时下药，未时忽作声，去紫血数升，遂能言，又数剂而愈”，事后将杨金英等磔于市。显然，雍正帝与嘉靖帝的庙号都是“世宗”，这个清世宗雍正被宫女缢杀的故事，完全是明世宗嘉靖被宫女勒缢故事的翻版。所以，宫女缢勒雍正说，实属移花接木，张冠李戴。

三说，据说《红楼梦》的作者曹雪芹，有个恋人叫竺香玉，是林黛玉的原型。这竺香玉后来被雍正霸占，成为皇后。曹雪芹想念恋人，就找了一个差事混入宫中，与竺香玉合谋，用丹药将雍正毒死。这是编造的故事，纯属于无稽之谈。

四说，胤禛是服丹药中毒而死的。胤禛在雍正七年（1729），得了一场大病。大臣说“皇上下颏偶有些微疙瘩”，是什么病，说不清楚。胤禛向心腹密臣发出谕旨，要他们推荐好医生、道士：“可留心访问，有内外科好医生与深达修养性命之人，或道士，或讲道之儒士、俗家。……一面奏闻，一面着人优待送至京城，朕有用处。”后来李卫密荐道士贾士芳，到北京为胤禛看病。后将贾道士处死。胤禛对道士、对丹药感兴趣，特为紫阳道人重建道院。胤禛还曾延请道士张太虚、王定乾等，到圆明园炼丹，以求吞服灵丹妙药，长生不老。

胤禛死后 3 天，他的儿子、新君乾隆帝下令驱逐张太虚等道士，并严谕他们不许透露宫中只言片语。乾隆帝对圆明园中道士的严厉态度，可能同乃父食道士烧炼的丹药致死有关。近人金梁（息侯）在《清帝外纪·世宗崩》中说：“惟世宗之崩，相传修炼丹饵所致，或出有因。”杨启樵教授认为雍正是“服饵丹药中毒而亡的”。有学者则认为：“此说颇有合于情理处，然而究属推论，未可成为定谳。”或谓：“这类宫闱秘事，要确证论定，难得过硬资料。”

五说，胤禛是患中风而死的。郑天挺先生认为，雍正“是中风死去的”。这个重要论断，需要史料证明。

雍正皇帝死因，是个历史之谜。

雍正皇帝一生，继位与死因两个谜，既给读者留下想象的空间，也给学者留下研究的课题。

第五讲

奕詝：内忧外患守残局

咸丰帝是清朝最后一位由秘密建储继位的皇帝。清朝太祖努尔哈赤、太宗皇太极，能登上大位，可谓天下之选。尔后，都是在宗室内部，选择皇位继位者。其英才选拔，已大受局限。道光皇帝遗诏奕詝继承大位，显然不是在诸子中选优。像咸丰帝奕詝这样无远略、无胆识、无才能、无作为的青年天子，去应付国内“阳九之运”，去应对国际“明夷之变”，他不是对手，结果只有失败。

下面列出 4 目，可见奕詝无能。

一、瘸腿皇子　智巧登位

奕詝是道光帝旻宁的第四子，生母为孝全成皇后钮祜禄氏，二等侍卫颐龄之女。奕詝少运不好，10 岁丧母。奕詝有一位亲妹，早殇，他就成为钮祜禄氏皇后的独苗。奕詝上有 3 位阿哥：大阿哥奕纬，长得落落大气，深受皇父喜爱，但他长到 23 岁时，在奕詝出生前两个月病死。二阿哥奕纲、三阿哥奕继，均幼年而殇。奕詝的 3 位哥哥都死了，他虽排行老四，却成为实际上的皇长子。

孝全成皇后钮祜禄氏生于嘉庆十三年（1808），父亲颐龄仅是个二等侍卫，家境寒素。入宫之初，仅为全嫔。但她聪慧靓丽，妩媚动人，很讨道光皇帝的喜欢。道光三年（1823），晋为全妃。两年后，晋封为全贵妃。道光十一年六月初九日（1831 年 7 月 17 日），她在

咸丰帝奕詝像

紫禁城承乾宫生下奕詝，这年她24岁，正是花样的年华。全贵妃钮祜禄氏为皇帝生子两年后，皇后佟佳氏病死。她时来运转，晋为皇贵妃，统摄六宫事。十四年（1834）册为皇后。然而，月盈则亏，宠极则衰。钮祜禄氏虽身为皇后，但因为色衰，不常受幸，抑郁寡欢，得了大病，道光二十年（1840）正月病死，年33岁。奕詝10岁丧母，是人生中的一大不幸。他母亲皇后钮祜禄氏，对他影响最大的可能有两点：一是性格遗传，聪明伶俐，轻佻动情；二是生母早亡，失去母爱，其性格有所异化，更多地依偎“母爱”。这两种因素，对后来的奕詝迷恋声色有一定的影响。

奕詝在生母过世后，受静贵妃抚育。静贵妃，博尔济吉特氏，刑部员外郎花郎阿之女。她事道光，初为静贵人，后晋静妃，再晋静贵妃。静贵妃博尔济吉特氏生有3子：皇二子奕纲、皇三子奕继和皇六子奕䜣。奕纲生两岁殇，奕继生两个月后殇，静贵妃博尔济吉特氏膝下只有皇六子奕䜣和一女。奕䜣生于道光十二年十一月二十一日（1833 年 1 月 11 日），比奕詝小 1 岁半。于是静贵妃博尔济吉特氏便将失去生母的奕詝也收在膝下抚育。奕詝视静贵妃为生母，视奕䜣为胞弟。奕詝生母 33 岁死时，时静贵妃 29 岁。她正是受道光帝宠爱的年华，接连生下三子一女就是明证。静贵妃的“情敌”孝全皇后先已败退，现又亡故，她就不计前嫌，而担负着其遗子奕圹的鞠养之责。

奕詝的诸弟，皇五弟奕誴，道光将他过继给自己的弟弟惇亲王绵恺为嗣。皇七弟奕𫍽（小他 10 岁）、皇八弟奕詥、皇九弟奕譓都是贵妃乌雅氏所生。看来静贵妃色衰之后，道光帝又移情于乌雅氏。乌雅氏进宫后，先为常在，继为贵人，再晋贵妃。但这 3 位皇弟对奕詝来说，因他们一则庶出，二则年龄很小，都没有资格同自己争夺皇储。而同咸丰争夺皇储最为有力者，就是皇六弟奕䜣。

奕䜣比奕詝小 1 岁半，都受静贵妃抚养。道光帝在连丧 3 位皇后——穆皇后、慎皇后、成皇后的悲伤之余，没有再册立皇后。静贵妃虽册为皇贵妃，却统摄六宫事。奕詝与奕䜣小兄弟俩，都在上书房读书学习，年龄相近，并无嫌猜。不过，奕詝读书比奕䜣早一年。奕䜣 6 岁开始读书，师傅为杜受田。受田，山东滨州人。父堮，嘉庆进士，官至礼部侍郎。受田，道光三年（1823）进士，会试第一，选庶吉士，授为编修。十五年（1835），直上书房，教奕詝读书，后升为上书房总师傅。杜受田师傅教导奕詝，尽心尽力，倾注心血。史载：“受田朝夕纳诲，必以正道，历十余年。”奕䜣也在上书房读书，但较奕詝聪明机敏，史书说：奕䜣“与文宗同在书房，肄武事”，“集花枪法二十八势，曰棣华协力；刀法十八势，曰宝锷宣威”。道光帝并以“白虹刀”宝刀，赐给奕䜣。奕詝为皇子时，从猎南苑，驰逐群兽，坠马伤股。经上驷院正骨治之，故行动不便。奕䜣则身体很好，头脑聪明，武功也好，还有所发明和创造。随着他们年龄渐大，皇储争夺，暗藏机关。

道光帝晚年，立储之大事，徘徊思索，犹豫不定：皇四子奕詝，为嫡子，年龄最长，又很贤德；皇六子奕䜣，虽为庶出，然家法传嗣，不分嫡庶，且聪明灵慧。据野史记载：道光帝晚年，身体衰病。一日，召皇四子与皇六子入对，将借以决定储位。两位皇子各请教于自己的师傅。奕䜣师傅卓秉恬教导说，皇父如有垂询，当知无不言，言无不尽。杜受田对奕詝则说：阿哥如条陈时政，知识不敌六爷。惟有一策，皇上若自言老病，将不久于此位，阿哥惟伏地流涕，以表孺慕之诚而已。他们两兄弟都照着自己师傅说的做了。结果，道光听了皇四子奕詝的话很高兴，谓皇四子仁孝，储位遂定。《清史稿·杜受田传》也记载了同上面类似的故事：

> 至宣宗晚年，以文宗长且贤，欲付大业，犹未决。会校猎南苑，诸皇子皆从，恭亲王奕䜣获禽最多，文宗未发一矢。问之，对曰："时方春，鸟兽孳育，不忍伤生，以干天和。"宣宗大悦，曰："此真帝者之言！"立储遂密定，受田辅导之力也。

上文中的宣宗是道光帝，文宗是奕詝即后来的咸丰帝。道光帝下决心立奕詝为皇太子。道光二十六年（1846）六月，道光帝密立储位，缄皇四子奕詝名于鐍匣，这年奕詝 16 岁。第二年，奕詝 17 岁，道光帝谕旨：册太常寺少卿富泰之女萨克达氏，为奕詝的嫡福晋。

道光二十九年（1849）春，道光帝病倒。三十年（1850）正月十四日，道光帝病危，他急召宗人府宗令载铨，御前大臣载垣、端华、僧格林沁，军机大臣穆彰阿、赛冲阿、何如霖、陈孚恩、季芝昌，总管内务府大臣文庆，公启鐍匣，宣示建储朱谕：

> 皇四子奕詝，著立为皇太子。尔王大臣等，何待朕言，其同心赞辅，总以国计民生为重，无恤其他。特谕。

宣谕：立皇四子奕詝为皇太子。午时，道光皇帝崩于圆明园慎德堂苫次。奕詝即位，改明年为咸丰元年，时年为20岁。奕詝做了皇帝，其御名要避讳。道光二十六年（1846）三月，谕旨："以二名不偏讳，将来继体承绪者，上一字仍旧，毋庸改避，亦毋庸缺笔；其下一字应如何缺笔之处，临时酌定，以是著为令典。"于是，命"将御名上一字仍旧书写，毋庸改避，下一字著缺写末一笔"，其奉旨以前所刻书籍，俱无庸议。

二、太平军兴　下诏罪己

咸丰帝登位之后，面临内忧与外患两大难题，被困扰11年，无一日之安。咸丰帝对内碰到的最大难题，是太平天国的烽火。

太平军兴　咸丰即位，开元不利。先是，太平天国的首领洪秀全，广东花县人，读过私塾，教过乡馆，多次科考，屡试不中。道光十六年（1836），洪秀全赴广州乡试，未中落第，得到小册子《劝世良言》。这年奕詝6岁，刚开始在上书房读书。后洪秀全几次应试落第，同冯云山到广西活动。道光二十三年（1843），洪秀全和冯云山创立"拜上帝会"，广泛宣传，发展会众，扩大组织，已达万人，并吸收杨秀清、萧朝贵、韦昌辉、石达开等组成领导集团，秘密准备暴动起事。道光三十年（1850）正月，奕詝告祭天地，即皇帝位。十二月，便点燃太平天国烽火。洪秀全在38岁生日这一天，即十二月十日（1851年11月11日），于广西桂平金田村发动起事，建号"太平天国"。咸丰帝闻报，诏广西巡抚郑祖琛前往平息。咸丰帝启用林则徐为钦差大臣，命他驰赴广西，督理军务，署广西巡抚。林则徐在途中病故，郑祖琛以"养痈贻患"罪，最后遣戍伊犁。道光帝又改派两江总督李星沅为钦差大臣，办理广西军务。时义军蜂起，势力扩大。李星沅病死于军中。咸丰帝再派协办大学士、军机大臣赛尚阿为钦差大臣，并调万余军队，拨银千万两，速往广西，平定义军。咸丰皇帝为钦差大臣赛尚阿送行，亲授清初名将遏必隆的“神锋握胜刀”，为其壮行，寓意握胜刀、显神锋，务期克敌制胜，速传红旗捷报。洪秀全自起事后，“蓄发易服”，入武宣，战象州。同年，洪秀全据永安（今蒙山），分封杨秀清为东王、萧朝贵为西王、冯云山为南王、韦昌辉为北王、石达开为翼王，并初建太平天国政权体制。清军以精锐之师，集中之力，将太平军围困于永安。

咸丰二年（1852），太平军从永安突破官军的严密包围，清军长瑞、长寿、董光甲、邵鹤龄四总兵战死，太平军死200余人。太平军突围后，攻桂林不克，转破全州。咸丰帝急调两广总督徐广缙带兵赴桂，协助赛尚阿，围堵太平军，分兵合力，阻其北上。太平军破全州后，乘胜入湖南。五月，清知州江忠源率团练设伏，败太平军于蓑衣渡，南王冯云山败死。太平军经道州、郴州，进军长沙。咸丰帝急调赛尚阿尾追太平军，并调川、赣兵入湘增援，调陕、豫兵入鄂防堵。又严命参将以下官员，贻误军机者，“一面奏闻，一面军前正法”。太平军围攻长沙不下，转取岳州（今岳阳）、汉阳、汉口。赛尚阿以“视师无功，贻误封疆”罪，褫职逮问，籍没家产，后论斩。先是，杜受田疏奏“整军威、募精勇、劝乡团、察地形四事”，咸丰帝鉴于岳州之陷与蓑衣渡之胜，命各省绅士办理团练。十二月，曾国藩以侍郎身份到湖南办团练。太平军克武昌，然后沿长江东下。咸丰三年（1853）正月，清军连失九江、安庆。二月，太平军攻克江宁（南京），定为都城，命名为“天京”，后颁布《天朝田亩制度》。咸丰帝命建江南大营、江北大营，形成对江宁（天京）的包围。

下诏罪己　咸丰三年（1853）正月初八日，咸丰帝下诏罪己，略谓：

> 朕为天下生民主，不能察吏安民，致令盗贼肆行，闾阎惊扰。兴言及此，寝馈难安。每念生民涂炭，抚育无方，即再三引咎自责，亦属空文。惟有恐惧修省，叩吁昊苍，宥予之辜，拯我

穷黎。

咸丰帝承认自己“不能察吏安民”，也“抚育无方”，表示要“引咎自责”“恐惧修省”，请求苍天“宥予之辜”！对于太平天国这样重大的事件，咸丰帝总算做了一点自我批评。接着，咸丰帝提出几条对策：

第一，坚壁清野。咸丰帝吸取嘉庆年间扫平白莲教的经验，广泛实行坚壁清野。“因思嘉庆年间，川、楚教匪，蔓延数载，嗣行坚壁清野之法……旋就荡平”。

第二，办理团练。咸丰帝还借鉴嘉庆年间“令民团练保卫”的经验，就是当时广西、湖南“多有团勇保护乡里，贼不敢逼”。这种地方武装，由绅耆筹措经费，也由绅耆董理其事。

第三，调兵遣将。咸丰帝统筹全国官兵，“复钦派大臣，三路会剿”。加以调遣，分进合击，集中会攻。

第四，分化瓦解。咸丰帝宣布政策：被裹挟来归者，赦其罪；立功者，予重赏。他还命各直、省大吏，将其谕旨，“刊刻誊黄，宣示中外”。

咸丰帝想以上述谕旨，振奋官兵士气，瓦解义军斗志，并动员举朝上下，共同攻围太平军。但是，皇帝的一纸诏书，岂能挡住太平军？四月，太平军开始北伐和西征。

北伐一路太平军，过安徽、河南，咸丰帝派内阁学士胜保等往援，死力防堵。太平军入山西、进直隶，军报传来，京师震惊。咸丰帝命惠亲王绵愉为奉命大将军，保卫京畿。官兵集中各路军队，将孤军深入的太平军击败。

西征一路太平军，势力凶猛，连下安庆、九江、武昌等重镇。各地天地会和捻党先后响应，并配合太平军作战。

但是，咸丰六年（1856），太平天国发生“天京变乱”——北王韦昌辉杀死东王杨秀清及所属2万多人；石达开责难韦昌辉，韦又要杀之，石达开缒城逃走，其家属全被杀害；洪秀全再杀韦昌辉；后石达开分军出走。太平天国五王中的西王萧朝贵、南王冯云山先已战死，东王杨秀清、北王韦昌辉因内讧而被杀，翼王石达开被逼出走，天王洪秀全又腐败堕落，这表明太平天国气数已尽。太平天国的内乱自残，为咸丰帝提供了很好机会。后来，虽然洪秀全任用陈玉成、李秀成，不过是强弩之末或回光返照。太平军力量再度振兴，但清军收复武昌、镇江、九江，进围天京。后在上海作战，太平军失利。清军于同治元年（1862），在上海之役中获胜，并下苏州，翌年下杭州。同治三年（1864），清军攻陷天京。太平军余部奋争两年多失败。

此次战火，燃及 14 省之广，历时 14 年之久，清朝统治受到根本动摇，咸丰皇帝为此精疲力尽。回顾清朝统一华夏后，在中原地区有 3 次重大的战争：第一次是康熙朝的吴三桂之动乱，第二次是嘉庆朝的白莲教之民变，第三次则是咸、同朝的太平天国之烽火。清军平息太平天国的烽火，其时间之长、地区之广、规模之大、耗银之多、死人之众、影响之深，可谓清代历次战争之最。

咸丰帝在应付太平天国的同时，又遇到西方列强的侵略。

三、联军入京　热河避难

咸丰帝对外碰到的最大难题，是英法联军攻入北京。

联军入侵　先是，咸丰四年（1854），英、美、法 3 国在上海扩大租界和把持海关后，向清政府提出修改《南京条约》等要求。他们企图扩大权益，遭到清廷严辞拒绝。咸丰六年（1856），英国以“亚罗号”事件为借口，进犯广州，被击退。咸丰七年（1857）十一月，英国又联合法国，组成联军，攻陷广州，是为第二次鸦片战争开始。两广总督叶名琛兵败，后被俘，解送印度加尔各答，死于囚禁。咸丰八年（1858）三月，英法联军及英、法、俄、美 4 国公使，抵达天津大沽口外，要求“修约”。咸丰帝令直隶总督谭廷襄“以夷制夷”：对俄表示和好，对美设法羁縻，对法进行诱劝，对英严辞责问。廷襄奉旨行事，结果没有成功。四月，英法舰队在俄、美支持下，攻陷大沽炮台，逼近天津，清军 8 000 余人溃败。咸丰帝不得已派大学士桂良、吏部尚书花沙纳为钦差大臣，赴天津谈判。五月，时咸丰帝想起当年同英国签订《南京条约》的耆英，派耆英前往同英、法代表谈判，但英、法拒绝同耆英见面。钦差大臣桂良、花沙纳分别与俄、美、英、法等国代表，签订中英、中法、中俄、中美《天津条约》。条约样本送到京奏上，咸丰帝虽然愤怒，却不得不批准。他在盛怒之下，令耆英自尽，算是找了一只替罪羊。随后又在上海签订中英、中法通商章程。以天津失守，命直隶总督谭廷襄解任、提督张殿元遣戍。此期，沙俄西伯利亚总督穆拉维约夫趁火打劫，兵逼瑷珲（今爱辉），约黑龙江将军奕山谈判界务问题。俄国用武力迫使奕山签订中俄《瑷珲条约》，割去黑龙江以北、外兴安岭以南中国领土 60 万平方公里，并将乌苏里江以东至海的 40 万平方公里中国领土划为中俄“共管”。

避难热河 咸丰九年（1859）五月，英、法借口换约，又派军舰到大沽口。英法舰队，犯大沽炮台，毁海口防具。清提督史荣椿下令开炮还击，重创英、法舰队，击沉 4 艘、击伤 6 艘，死伤 400 余人，重伤英舰队司令贺布，史荣椿则中炮死。英法联军失利，敌舰引退而去。咸丰帝见大沽获胜，尽毁《天津条约》。尔后，英、法两国都在调兵遣将，准备发动新的侵略。咸丰十年（1860）五月，先是，英军 18 000 余人，法军 7 000 余人，陆续开赴中国。尔后北犯，占舟山、攻烟台。六月，英法联军再向大沽进攻。御前大臣、正黄旗领侍卫内大臣、镶蓝旗蒙古都统僧格林沁兵守大沽，而疏防于北塘。僧格林沁上奏，要在大沽同英法联军决战。咸丰帝手谕：“天下根本在京师，不在海口。当迅守津郡，万不可寄身命于炮台。若不念大局，只了一身之计，有负朕心。”最后称“握管凄怆，汝其勉遵”！七月，僧格林沁遵旨，与英法联军迎战失利。英法联军由北塘登陆后，攻新河、军粮城，僧格林沁率4000骑兵抗击，几乎全部阵亡。英法联军攻陷塘沽后，又陷大沽，提督乐善战死。英法联军进占天津。咸丰帝派大学士桂良、直隶总督恒福为钦差大臣，赴天津谈判。英、法提出天津开埠，赔款各800万两等。桂良拟接受条款奏报，咸丰帝谕先退兵、后定约。英法联军以谈判不成，向通州（今北京市通州区）进军。八月，咸丰帝派怡亲王载垣、兵部尚书穆荫为钦差大臣，往通州议和。载垣接受英、法要求，但英、法又提出向皇帝亲递国书，被载垣等拒绝。载垣、穆荫拘囚英使巴夏礼等，解送到北京。英法联军继续进攻，大战于通州张家湾。僧格林沁战败，退到通州八里桥。英法联军6000余人犯八里桥，僧格林沁、胜保兵再败绩。当时尚有“京师八旗营兵十五万之多”！咸丰帝让皇六弟奕䜣为钦差大臣，便宜行事，办理和局。咸丰帝心里惧敌，却又装着强势：“朕今亲统六军，直抵通州，以申天讨，而大张挞伐。”当然大臣不会同意。他又生一计：暗示大臣奏请“秋狝木兰”。主上示意，臣奴附和。初八日，咸丰帝以“秋狝木兰”为名，从圆明园启程奔往热河。英法联军进至北京安定门外，尚书瑞麟又败于安定门。英法联军进犯北京，沿德胜门外西逼。二十二日（10月6日），攻占圆明园，常嫔、内务府大臣文丰等死之。奕䜣奏请放还巴夏礼等。九月初五日（10月18日），英法联军焚毁圆明园，大火冲天，数日不熄。十一日，钦差大臣奕䜣先后与英、法签订《北京条约》。同时，俄国趁火打劫，也签订中俄《北京条约》，该条约承认《瑷珲条约》，又将乌苏里江以东40万平方公里土地划归俄国。

英、法代表同奕䜣签订条约后，于十一、十二两日陆续退兵。三十日，恭亲王奕䜣奏：“洋兵全数退至天津”，吁请回銮。十月初一日，咸丰帝就《恭亲王奕䜣等合词吁请回銮折》事谕：

> 谕军机大臣等，本日据恭亲王奕䜣等合词吁请回銮一折，此次洋人称兵犯顺，恭亲王等与之议抚。虽已换约，此系万不得

> 已，允其所请。然退兵后，而各国洋员，尚有驻京者。且亲递国书一节，既未与该使言明，难保不因朕回銮再来饶舌。诸事既未妥协，设使朕率尔回銮，洋人又来挟制，朕必将去而复返。频数往来，于事体殊多不协。且恐京师人心震动，更有甚于八月初八日之举。该王大臣等奏请回銮，因系为镇定人心起见，然反复筹思，只顾目前之虚名，而贻无穷之后患。且木兰巡幸，系循祖宗旧典。其地距京师尚不甚远，与在京无异，足资控制。朕意本年暂缓回銮，俟洋务大定后，再将回銮一切事宜办理。

这真是一篇奇文。不仅抬出祖宗、拉出民心为自己逃避责任辩解，还托词“天气渐届严寒，朕拟暂缓回銮”。咸丰帝仍在避暑山庄，拒不回京履行天职，过着花天酒地、日夜歌舞的生活。咸丰帝在避暑山庄期间，圆明三园，惨遭焚劫。

英法侵略者焚劫圆明园的暴行，遭到世界文明舆论的谴责。1861年11月25日，法国大文学家雨果在谈到圆明园时说：“我们教堂的所有财富加起来也无法和这一东方巨大的且又漂亮的博物馆相比较。”他又说：“有一天，两个强盗闯进了圆明园。一个强盗大肆掠劫，另一个强盗纵火焚烧。”他痛斥道：“一个胜利者装满了他的口袋，另一个看见了就塞满了他的箱子。然后，他们手挽着手，哈哈大笑着回到了欧洲。这就是这两个强盗的历史。”

圆明园惨遭焚劫，是自北宋千年以来，中华文化遭受的最为严重的空前的浩劫。它不仅是中华文明的一场劫难，而且是世界文明的一场劫难。

第一，圆明园惨遭焚毁，使清朝精心经营151年，耗费举国人力、财力、物力、智慧的盖世无双的皇家园林，化为一片灰烬。

第二，圆明园惨遭劫掠，使中华5 000年积累的文物——书法、绘画、典籍、珍宝、古玩、金银、瓷器、珍珠、绸缎、钟鼎被抢掠一空。

圆明园文物青铜“虎鋬”

第三，清廷受到沉重打击，震撼朝野，大伤元气，加剧社会矛盾，更快走向衰落。

第四，圆明园惨遭焚劫，在中华各族人民的记忆中，留下巨大的创伤。这将激发中国人民的爱国热情，更加热爱自己的祖国、更加牢记自己的历史。

四、宠幸慈禧　青年病死

后宫生活　咸丰帝的妻子，《清史稿 · 后妃传》与《星源吉庆》记载相同：有 3 位皇后、2 位皇贵妃、2 位贵妃、4 位妃、5 位嫔，共 16 人。

第一位皇后为孝德显皇后，萨克达氏（克达萨氏），是太常寺少卿（一说太仆寺少卿）富泰之女。道光二十八年（1848）二月，奕詝为皇子时，皇父道光帝为其册为嫡福晋，这年她 17 岁，奕詝 18 岁。萨克达氏只做了 1 年零 10 个月的嫡福晋，于道光二十九年（1849）十二月十二日死，未尝到当皇后的滋味，也无儿无女，福分太薄，后追谥为孝德显皇后。

第二位皇后为孝贞显皇后，钮祜禄氏，广西右江道穆扬阿之女，道光十七年（1837）七月十二日生。奕詝做皇子时纳娶，咸丰二年（1852）二月，封为贞嫔；五月，晋为贞贵妃；十月，立为皇后。后随咸丰帝逃难热河。咸丰帝死，同治帝立，被尊为皇太后，尊上徽号为慈安皇太后。

第三位皇后为孝钦显皇后，叶赫那拉氏，安徽徽宁池广太道道员惠征之女，道光十五年（1835）十月初十日生。中国第一历史档案馆《宫中杂件》记载，叶赫那拉氏家住在北京西四牌楼劈柴胡同，这里应是慈禧的出生地。咸丰元年（1851）被选入宫，赐号兰贵人。咸丰四年（1854）十一月，册封为懿嫔。咸丰六年（1856）三月，生皇子载淳（后来的同治帝），晋为懿妃，次年晋为懿贵妃。咸丰十年（1860），也随咸丰帝逃难热河。咸丰帝死，同治帝立，被尊为皇太后，尊上徽号为慈禧皇太后。时贞显、钦显两宫太后并尊，贞显皇太后称“母后皇太后”，或慈安皇太后，习称为“东太后”；钦显皇太后称“圣母皇太后”，或慈禧皇太后，习称为“西太后”。咸丰帝生前实际上只册立 1 位皇后，就是孝贞皇后钮祜禄氏。

咸丰帝的 2 位皇贵妃：一位是庄静皇贵妃，他他拉氏，主事庆海之女，初赐号为丽贵人，后晋为丽嫔，再晋为丽妃。咸丰帝死后，咸丰十一年（1861）十一月，尊封为丽皇贵妃。死后尊谥为庄静皇贵妃。另一位是端恪皇贵妃，佟佳氏，咸丰八年（1858）册封为祺嫔，咸丰帝死后尊封为祺妃，后尊为祺贵妃。光绪尊为祺皇贵妃，死后谥为端恪显皇贵妃。

咸丰帝的 2 位贵妃：婉妃，索绰络氏，左都御史奎照之女，初赐号为婉贵人，后晋婉嫔。咸丰帝死后尊为婉妃。后尊为婉贵妃。另一位是：玟妃，徐佳氏，领催诚意之女，初赐号为玟贵人，后晋玟嫔。咸丰帝死后尊为玟妃。后尊为玟贵妃。

咸丰帝的4位妃：璷妃，姓氏未详，初号璷贵人，咸丰死后尊为璷嫔，后尊为璷妃；吉妃，姓氏未详，初号吉贵人，咸丰死后尊为吉嫔，后尊为吉妃；禧妃，姓氏未详，初号禧贵人，咸丰死后尊为禧嫔，后尊为禧妃；庆妃，姓氏未详，初号庆贵人，咸丰死后尊庆嫔，后尊为庆妃。

咸丰帝的5位嫔：云嫔，武佳氏，初号云贵人，咸丰帝死后尊为云嫔；英嫔，伊尔根觉罗氏，初为英贵人，咸丰二年（1852）册封为英嫔；容嫔，姓氏未详，初号容贵人，咸丰帝死后尊为容嫔；诪嫔，姓氏未详，初号瑃贵人，咸丰帝死后尊为瑃嫔；玉嫔，姓氏未详，初号玉贵人，咸丰帝死后尊为玉嫔。

咸丰帝的子女，比他的先祖为少，只有两个儿子：一个是玟贵妃徐佳氏所生，当日死，未命名；再一个就是慈禧所生的载淳（同治皇帝）。咸丰帝有一女，为庄静皇贵妃他他拉氏所生，19岁下嫁符珍，20岁死。

宠幸慈禧 慈禧生于道光十五年十月初十日（1835年11月29日），乳名兰儿，为满洲镶蓝旗人，后抬为满洲镶黄旗。慈禧的曾祖父吉朗阿，曾在户部任员外郎，遗下银两亏空，离开人世。慈禧的祖父景瑞，在刑部山东司任郎中。道光二十七年（1847），因没能按时退赔其父亲吉朗阿在户部任职时的亏空银两而被革职。慈禧的外祖父惠显，在山西归化城当副都统。慈禧的父亲惠征，在吏部任笔帖式，是一个做秘书、翻译的八品文官。后因做事勤恳谨慎，屡有升迁。根据清宫档案《内阁京察册》记载：慈禧的父亲惠征，在道光十一年（1831）时是笔帖式，十四年（1834）考察被定为吏部二等笔帖式，十九年（1839）时是八品笔帖式，二十三年（1843）年再次考察定为吏部一等笔帖式。二十六年（1846）调任吏部文选司主事。二十八年（1848）、二十九年（1849）因为考察成绩又是一等，受到皇帝接见，被授予道府一级的官职。二十九年四月，惠征到山西任归绥道的道员。咸丰二年（1852），调任安徽徽（徽州府）宁（宁国府）池

（池州府）太（太平府）广（广德州）道的道员。三年（1853），惠征因“携带饷银印信逼至镇江”（一说没有贪污），而被开缺，同年病死于镇江，年49岁。慈禧的母亲娘家为官宦，其外祖父曾任驻藏大臣、工部侍郎。同治帝继位后，追赠其外祖父惠征为三等承恩公。惠征为官，有起有落。惠征最后因携银逃走，而被免职，可见他是一位不守本分的官员。

慈禧像

慈禧的出生地，可谓众说纷纭，有7种说法：（1）甘肃兰州，（2）浙江乍浦，（3）内蒙古呼和浩特，（4）安徽芜湖，（5）山西长治，（6）云南曲靖，（7）北京。关于慈禧的出生，历史几乎没留下任何文献记载，因为谁也没有料到几十年后，这个普通官宦之家的女子，会成为执掌大清国朝政近半个世纪的圣母皇太后。近几年北京的学者，从清宫档案中找到了新的史料，就是清朝皇帝选秀女的名单，这在档案中叫作“排单”。其中有咸丰五年（1855）慈禧亲妹妹被选为秀女的记录。慈禧的这位妹妹，后来成了醇郡王奕譞的嫡福晋，光绪皇帝的生母。“排单”上明确记载：慈禧妹妹家属于满洲镶蓝旗，姓叶赫那拉氏，父亲名叫惠征，官职最高做到五品的道员。近年学者主要根据慈禧妹妹被选为秀女时的“排单”认定，咸丰五年之前，慈禧的娘家住北京西单牌楼北劈柴（辟才）胡同。所以，这里应该是慈禧太后的出生地。按照京师八旗分城居住的规定，乾隆三十五年（1770），镶蓝旗满洲都统衙门在阜成门内华嘉寺胡同。到民国初年，镶蓝旗满洲都统衙门在阜成门内华嘉寺 14 号。劈柴胡同距华嘉胡同很近。慈禧父亲属于满洲镶蓝旗，应当住在劈柴胡同一带。此外，还有人认为慈禧出生在北京东城方家园。《清朝的皇帝》记述：“慈禧母家在东城方家园，父官至安徽徽宁池太广道，时当道光末年，洪杨起事，惠征守土无方，革职留任，旋即病殁，遗妻一、子女各二，慈禧居长。”总之，不管慈禧生在哪里，她都是出身于官宦家庭。

咸丰元年（1851），17 岁的慈禧参加秀女挑选。清朝宫制：宫中的后妃，主要分为 8 个等级：就是皇后、皇贵妃、贵妃、妃、嫔、贵人、常在、答应。慈禧初入宫，为第六级的贵人。历史记载：慈禧“初入宫时，封为兰贵人”。据《玉牒》记载：兰贵人那拉氏，道员惠征之女。四年二月，晋为懿嫔。咸丰六年（1856），慈禧生下皇子载淳，被晋为懿妃，时年 22 岁。次年正月，晋为懿贵妃。这是慈禧在咸丰帝生前达到的最高地位。慈禧博得咸丰帝宠爱，貌美是其一。“姿容超群，天生丽质，妩艳无匹侪”。聪明是其二。慈禧聪明伶俐，善解人意。“少而黠慧”，“有机智，遇事辄先意承旨”，“以己之聪明才智，遂蒙帝宠”。才华是其三。慈禧擅长书法，代批奏章，还能绘画，“因习书画以自娱，故后能草书，又能画兰竹”。咸丰帝在军务繁忙之时，有既能批阅奏章、润喉歌唱，又能善书长画、和颜悦主，还能善解人意、娇态媚人的懿贵妃在身边，定会对其宠爱有加。但是，咸丰皇帝病死，儿子载淳继位，宠妃慈禧做了皇太后，这对于咸丰帝来说，是喜剧，还是悲剧？

青年病死 咸丰帝在而立之年病死。咸丰帝性格懦弱，贪恋酒色，纨绔皇帝，放纵不羁。这可能是他青年死亡的一个重要原因。

一贪女色。太平天国事起，中原地区大乱。警报日有所闻，败报夜呈御前。但是，有书记载："洪、杨之乱日炽，清兵屡屡败北，兵革遍天下，奕䜣置不顾，而寄情声色以自娱，暇辄携妃嫔游行园中。"他在圆明园中，暗藏春色，谓之"四春"。这"四春"就是牡丹春、海棠春、杏花春、陀罗春。另有记载："园中侍有五春之宠，所谓天地一家春者，孝钦后所居，其杏花春、武陵春、海棠春、牡丹春，皆汉女分居之。"文中的孝钦后就是慈禧，汉女就是汉人美女。还有野史说咸丰帝养着一位民间寡妇，《野史叟闻》记载：咸丰帝钟情于一位寡妇曹氏，山西人，长得秀美妖艳，妩媚动人，入宫以后，帝最眷之。野史类似记载："山西籍媚妇曹氏，风流姝丽，脚甚纤小，喜欢在鞋履上缀以明珠。咸丰帝召入宫中，最为眷爱。"

二贪戏曲。皇帝看戏，甚为平常。但大凡风流天子，多迷恋琴瑟唱曲。奕䜣爱看戏，爱唱戏，有时粉墨登场。无论是在紫禁城，在圆明园，还是在热河行宫，他都经常点戏、看戏。他有时指导太监演戏，教过《教子》《八扯》等戏，还演唱过《朱仙镇》《青石山》《三岔口》《平安如意》等戏。他在热河逃难，更醉心于戏剧。他把升平署（宫廷班）召到行宫承差，亲点戏目，钦定角色。他在避暑山庄的烟波致爽殿听戏，几乎每天都要戏班承应，有时上午刚听过彩唱，中午还要传旨清唱。天暖之后，有时在"如意洲"看戏。"如意洲"有水上戏台，凭水看戏，别有情趣。

三贪美酒。咸丰帝贪杯，一饮即醉，一醉便闹，大耍酒风。野史记载："文宗嗜饮，每醉必盛怒。每怒必有一二内侍或宫女遭殃，其甚则虽所宠爱者，亦遭戮辱。幸免于死者，及醒而悔，必宠爱有加，多所赏赐，以偿其苦痛。然未几而醉，则故态复萌矣。"

四贪鸦片。咸丰帝的皇祖嘉庆，很讨厌宗室吸食鸦片。他如发现宗室有吸食鸦片者，严惩不贷。咸丰帝的皇父道光皇帝，也严禁皇室贵胄、八旗官兵吸食鸦片。但是，咸丰帝继位不久，就违背祖训，吸上了鸦片。称这种鸦片烟为“益寿如意膏”，不仅“舒服如意”，而且“健康益寿”。分明是鸦片、是大烟，却给它起了如此之美名。咸丰帝北狩热河后，江山有失掉的危险，他“更沉溺于是”，以吸食鸦片来刺激自己，来麻醉自己。

咸丰帝本来体质素弱，倦怠政务，娱情声色，纵欲自戕，败坏身体。他得病咯血，日饮鹿血以治之。咸丰帝的医案说明，他可能患的是肺痨。咸丰十一年（1861）春，他在热河行宫病倒。此后，他的身体，时病时愈，忽好忽坏。七月十五日，咸丰帝病情转重。十六日，咸丰帝在避暑山庄烟波致爽殿寝宫，召见怡亲王载垣、郑亲王端华、御前大臣景寿、协办大学士肃顺、军机大臣穆荫、吏部侍郎匡源、署礼部右侍郎杜翰（杜受田之子）、太仆寺卿焦祐瀛等，承受顾命。咸丰帝谕：“立皇长子载淳为皇太子。”又谕：

> 皇长子载淳现为皇太子，著派载垣、端华、景寿、肃顺、穆荫、匡源、杜翰、焦祐瀛，尽心辅弼，赞襄一切政务。

载垣等请咸丰帝朱笔亲写，以昭郑重。而咸丰帝此时已经病重，不能握管，遂命廷臣承写朱谕。咸丰帝在病逝前，授予皇后钮祜禄氏“御赏”印章，授予皇子载淳“同道堂”印章。十七日，清晨，咸丰帝病逝。

第六讲

溥仪：末代帝王命堪嗟

宣统帝冲龄登极，成为大清末帝。中国自公元前221年秦始皇第一个称皇帝以降，到1912年宣统皇帝退位，历经2132年，有349位皇帝。溥仪不仅是清朝最后一位皇帝，而且是中国历史上最后一位皇帝。

末帝溥仪在位3年，只能做个简明扼要叙述。

一、三岁登极　不祥之兆

溥仪是清朝登极年龄最小的皇帝。自顺治、康熙以降，皇帝冲龄继位，年龄愈来愈小，同治帝6岁，光绪帝4岁，宣统帝只有3岁。

三岁登极　光绪三十四年十月二十日（1908年11月13日），慈禧皇太后懿旨："摄政王载沣之子溥仪，著入承大统，为嗣皇帝。"又懿旨："前因穆宗毅皇帝未有储贰，曾于同治十三年十二月初五降旨，大行皇帝生有皇子，即承祧穆宗毅皇帝为嗣。现在大行皇帝龙驭上宾，亦未有储贰，不得已以摄政王载沣之子溥仪承继穆宗皇帝为嗣，并兼承大行皇帝之祧。"就是说，醇亲王之子溥仪入承皇位，继承同治皇帝为嗣，兼承光绪皇帝之祧。

慈禧皇太后懿旨颁下的当天傍晚，溥仪被从醇亲王府北府迎入宫中。十一月初九日，3岁的溥仪在太和殿登极，成为大清国的第12位皇帝，也是末代皇帝。溥仪为什么能入继大统，要从他的家庭说起。

溥仪的曾祖父是道光皇帝。道光皇帝第四子奕𬣞，就是咸丰皇帝。咸丰帝只有一子载淳，继承皇位，为同治帝。同治帝无子，入继大统的是载湉，即光绪皇帝。光绪帝又无子，由溥仪入继。溥仪的父亲醇亲王载沣，是醇亲王奕譞之子。奕譞有 4 位福晋，共生 7 个儿子、4 个女儿。

嫡福晋叶赫那拉氏，为慈禧皇太后胞妹，生下 4 子 1 女：第二子载湉（光绪帝），其余三子早殇；一女，早殇。第二福晋颜札氏，为慈禧太后所赐，去世早，无子；生一女，早殇。

第三福晋刘佳氏，生有 3 子 1 女：第五子载沣、第六子载洵、第七子载涛；一女，早殇。第四福晋李佳氏，无子，1 女。慈禧太后懿旨：将奕譞第六子载洵过继给瑞郡王奕誌；第七子载涛先过继给固山贝子奕谟，又过继给钟端郡王奕詥；家中只剩下第五子载沣。这样，奕譞过世后，载沣 8 岁，因醇亲王“世袭罔替”，而承袭为醇亲王。

这里先了解一下“世袭罔替”。宗室爵位，清朝制度：乾隆十三年（1748）定宗室爵位分为 12 等：亲王、郡王、贝勒、贝子、镇国公、辅国公、不入八分镇国公、不入八分辅国公、镇国将军、辅国将军、奉国将军、奉恩将军。按照爵位等级，给予相应待遇。如亲王年俸禄银一万两，郡王银五千两，依次递降。世袭爵位，每递降。如亲王之子袭郡王，郡王之子袭贝勒，贝勒之子袭贝子等。但是，有的亲王或郡王是“世袭罔替”的。“世袭罔替”就是在承袭爵位时不降等级。清代亲王“世袭罔替”者极少，除开国诸王如礼亲王代善、郑亲王济尔哈朗、睿亲王多尔衮、豫亲王多铎、肃亲王豪格、敬谨亲王尼堪、克勤郡王岳讬、顺承郡王勒克德浑八王为“世袭罔替”，俗称“八大铁帽子王”。此外，特封亲王世袭罔替者只有：怡亲王允祥、恭亲王奕䜣、醇亲王奕譞、庆亲王奕劻。“世袭罔替”的亲王、郡王，总共只有 12 位。他们只有一个儿子能继承亲王爵位。

载沣承袭醇亲王后，18 岁开始在朝廷上效力，后任阅兵大臣。

慈禧太后下懿旨将心腹权臣荣禄之女、又是慈禧认作养女的瓜尔佳氏，指配给载沣为嫡福晋。

荣禄，苏完瓜尔佳氏，满洲正白旗人。祖塔斯哈曾任喀什噶尔帮办大臣，父长寿任总兵。荣禄被赏为主事，后升为户部管银库员外郎。他因贪污罪，差点被肃顺处斩。后花银子买官做直隶候补道。咸丰帝逃难承德时，荣禄在巡防处“总其事”，这是他发迹的起点。同治初，设神机营，充翼长，后兼总管内务府大臣。同治帝死，荣禄建言：等嗣皇帝有子，承继同治为嗣，兼承光绪之祧。这为慈禧解决同治、光绪及光绪儿子三者之间难以处理的关系问题提供了方案，很讨慈禧喜欢。光绪元年（1875），任户部左侍郎。光绪二年（1876），兼九门提督。四年（1878），迁左都御史，改工部尚书。二十年（1894），授步军统领。上疏谏议袁世凯练新军。二十二年（1896），授兵部尚书、协办大学士。二十四年（1898），为文渊阁大学士，任直隶总督，又为军机大臣。在戊戌政变中，以袁世凯出卖机密奏报慈禧太后，而受慈禧太后懿旨捉拿康有为和梁启超、斩谭嗣同等六君子。八国联军侵入北京，为留京办事大臣。二十七年（1901），慈禧回銮后，加太子太保、改文华殿大学士。二十九年（1903），死。荣禄身兼将相，权倾朝野。《清史稿·荣禄传》说：“荣禄久直内廷，得太后信仗。眷顾之隆，一时无比。事无巨细，常待一言决焉。”

荣禄之女，常入宫中，慈禧喜爱，认作养女。慈禧太后将她指配给载沣，以“敦两家之睦谊”。时载沣之母刘佳氏，已为载沣定亲，奏告慈禧太后。慈禧坚持给载沣指婚，刘佳氏只有忍痛将其子已磕头之未婚福晋退掉。

载沣有两位福晋，共有4子、7女。嫡福晋，苏完瓜尔佳氏，名幼兰，光绪二十八年（1902）完婚，生有两子一女：长子溥仪（光绪三十二年即1906年生），次子溥杰（光绪三十三年即1907年生）；长女韫瑛（宣统元年即1909年生），18岁死。侧福晋，邓佳氏，民国二年（1913）完婚，生有二子六女：第三子溥棋，民国四年

（1915）生，早殇；第四子溥任即金友之，民国七年（1918）生；次女韫龢即金欣如，宣统三年（1911）生；第三女韫颖即金蕊秀，民国二年（1913）生；第四女韫娴，民国三年（1914）生；第五女韫馨即金蕊洁，民国六年（1917）生；第六女韫娱，民国八年（1919）生；第七女韫欢即金志坚，民国十年（1921）生。

醇亲王的家风，谨谨慎慎，左右逢源。特别是同慈禧与光绪的关系，不要说对太后和皇帝，就是对他们身边近臣，如荣禄与翁同龢，也都小心相处。溥杰先生《回忆醇亲王府的生活》中写道："在慈禧和光绪的多年反目当中，在两派你死我活常年明争暗斗的既复杂又尖锐的政局中，一方面能和慈禧方面的荣禄等人诗酒往还，终于成为亲戚关系；一方面也和光绪方面的翁同龢等人以文会友地保持着相当的关系。这是我的祖父所以能够一生荣显未遭蹉跌的主要原因。"醇亲王载沣继承乃父奕譞的家风，小心谨慎，明哲保身。他的厅堂挂着楹联："有书真富贵，无事小神仙。"表明自己超然政治，读书为乐。这既有真情的流露，也是做给别人看的。他还在团扇上写着：

蜗牛角上争何事，石火光中寄此身。
随富随贫且随喜，不开口笑是痴人。

上文的偈，好像出自布袋和尚之口。它映现了醇亲王载沣与世无争、超然物外的心态。但这对溥仪登极后做皇帝，似乎没有多少影响。

不祥之兆 溥仪从出生到3岁离开醇亲王府，一直在庶祖母刘佳氏的抚育下。醇王府的府例，头生孩子过满月后离开生母归祖母抚育，第二个孩子由母亲抚育，以此类推。所以，溥仪降生满月之后，在祖母刘佳氏膝下抚育。溥仪回忆录写道："祖母非常疼爱我的。听乳母说过，祖母每夜都要起来一两次，过来看我。她来的时候连鞋都不穿，怕木底鞋的响声惊动了我，这样看我长到三岁。"慈禧太后让溥仪进宫的懿旨，改变了溥仪一生的命运。

醇亲王载沣领受要溥仪入宫的懿旨后，当日傍晚，同军机大臣、内监们回府，接溥仪进宫。溥仪在《我的前半生》中回忆当时的情形：光绪三十四年（1908）旧历十月二十日的傍晚，醇王府里发生了一场大混乱。这边老福晋不等听完新就位的摄政王带回来的懿旨，先昏过去了。王府太监和妇差丫头们灌姜汁的灌姜汁，传大夫的传大夫，忙成一团，那边又传过来孩子的哭叫和大人们的哄劝声。摄政王手忙脚乱地跑出跑进，一会儿招呼着随他一起来的军机大臣和内监，叫人给孩子穿衣服，这时他忘掉了老福晋正昏迷不醒；一会儿被叫进去看老福晋，又忘掉了军机大臣还等着送未来的皇帝进宫。这样闹腾好大一阵，老福晋苏醒过来，被扶送到里面去歇了。这里未来的皇帝还在“抗旨”，连哭带打地不让内监过来抱他。内监苦笑着看军机大臣怎么吩咐，军机大臣则束手无策地等摄政王商量办法，可是摄政王只会点头，什么办法也没有。——“那一场混乱后来还亏着乳母给结束的。乳母看我哭得可怜，拿出奶来喂我，这才止住了我的哭叫。这个卓越的举动启发了束手无策的老爷们。军机大臣和我父亲商量了一下，决定由乳母抱我一起去，到了中南海，再交内监抱我见慈禧太后。”

溥仪离家进宫，第二天光绪皇帝死，第三天慈禧太后死。大行皇帝梓宫停在乾清宫，慈禧梓宫停在皇极殿。两丧并祭，皇宫哀戚。当时，整个紫禁城，哀伤哭泣，一片悲戚。溥仪在这种惊恐、陌生、寒冷与悲哀的气氛中受着折磨，登极继位。

溥仪登极大典，十一月初九日，在太和殿举行。在大典之前，照章要先在中和殿接受领侍卫内大臣们的叩拜，然后到太和殿受文武百官朝贺。溥仪在《我的前半生》中，回忆当时的情景道：

> 我被他们折腾了半天，加上那天天气奇冷，因此当他们把我抬到太和殿，放到又高又大的宝座上的时候，早超过了我的耐性

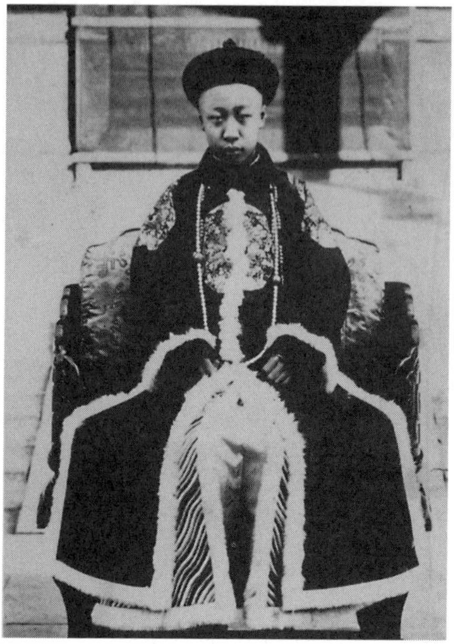

宣统帝溥仪像

限度。我父亲单膝侧身跪在宝座下面，双手扶我，不叫我乱动，我却挣扎着哭喊："我不挨这儿，我要回家！我不挨这儿，我要回家！"父亲急得满头是汗。文武百官的三跪九叩，没完没了，我的哭叫也越来越响。我父亲只好哄我说："别哭，别哭，快完了，快完了！"

典礼结束后，文武百官窃窃私议："怎么可以说'快完了'呢？""说'要回家'可是什么意思呵？"参加登极大典的王公大臣们，朝里朝外，议论纷纷，心情凝重，垂头丧气，认为这是大清皇朝的不祥之兆。

宣统帝在宫内宫外，共有"三父七母"。溥仪有"三位父亲"：一位是生身父亲醇亲王载沣，一位是同治皇帝，再一位是光绪皇帝（过继给光绪为嗣子）。这样一来，溥仪不仅有"三位父亲"，而且有

“七位母亲”：第一位是生身母亲瓜尔佳氏，第二位是庶母邓佳氏，第三位是同治帝瑜妃赫舍里氏，第四位是同治帝珣妃阿鲁特氏，第五位是同治帝瑨妃西林觉罗氏，第六位是光绪皇后（隆裕太后）叶赫那拉氏，第七位是光绪瑾妃他他拉氏。溥仪进宫后，离开生母，便为隆裕皇太后（光绪皇后）抚养。实际在生活上照料他的是乳母王焦氏。宣统帝在母亲众多，又没有母爱的环境中长大。直接照顾他生活的除太监外，就是他最尊敬和最亲爱的乳母。

这位乳母王焦氏，光绪十三年（1887）生于直隶河间府任丘县的农村，有父、母、兄，靠种地为生。她 16 岁嫁给北京一个姓王的差役，刚生一个儿子，丈夫就死了。她上有公婆，下有幼子，生活陷入绝境。溥仪出生后，王焦氏到醇亲王府当乳母，用工钱养活公婆和儿子。不久，儿子死去。溥仪要入宫时，哭闹不停，父亲、大臣、太监都没有办法，是乳母给他喂奶，哄住了他的哭声。所以，经过商量，让乳母王焦氏抱着溥仪进了皇宫。溥仪称这位乳母为“二嬷”。她一直用乳汁喂养着宣统皇帝。乳母为人直朴，纯真，善良，勤劳，在宫中抚育他 9 年，后被太妃从宫里赶走。溥仪长大后，十分眷念二嬷，派人四处寻找，找到后接到长春，她于民国三十五年（1946）死去。

溥仪入继大统，做了皇帝。他的名字，按照其曾祖父道光皇帝在二十六年（1846）三月的谕旨：“以二名不偏讳，将来继体承绪者，上一字仍旧，毋庸改避，亦毋庸缺笔；其下一字，应如何缺笔之处，临时酌定。以是著为令典。”于是，遵照成宪，做出决定：“将御名上一字，仍旧书写，毋庸改避；下一字，著缺写末一笔”，就是将“儀”字讳缺末笔，以示改避之意。在此以前所刻书籍，都勿需挖改避讳。

宣统帝从继位到退位，只有 3 年。他的年龄，从 3 岁增长到 6 岁，但还是个幼儿。朝廷政务，由摄政王载沣和隆裕太后执掌。这 3 年时间，朝廷上下，宫廷内外，大事要事，多不胜举。其中影响宣统帝一生的最重大的事情，就是辛亥革命。

革命风暴 先是，光绪二十年（1894）正月二十七日，孙中山等在香港建立革命团体兴中会。光绪二十九年（1903），邹容写成2万余字的《革命军》，歌颂“民主”，要“扫除数千年种种之专制政体”，号召打倒清王朝，进行推翻清朝的舆论宣传。同年五月，《苏报》案起，清廷逮捕章炳麟（太炎）、邹容等，激起对清朝更大的不满。同年十二月三十日，华兴会在长沙成立，以黄兴为会长，决定慈禧70岁生日之时在长沙起义。光绪三十年（1904），光复会在上海成立，以蔡元培为会长。翌年九月九日，兴中会在广州起义，以青天白日旗帜为革命军旗。事败后，孙中山等逃往日本。光绪三十一年（1905）七月二十日，兴中会、华兴会、光复会等在日本东京联合组成中国同盟会，推举孙中山先生为总理，以“驱除鞑虏、恢复中华、建立民国、平均地权”为纲领，并在各省和海外建立革命组织，后多次发动武装起义，为辛亥革命准备了条件。光绪三十二年（1906）七月，清廷颁诏宣布“仿行宪政”。先是，御前会议，商议立宪。诸大臣上殿面奏，请行宪政，但清廷谕旨：“大权统于朝廷”，“目前规制未备，民智未开”，待数年后再定期限。光绪三十三年（1907）四月，同盟会组织广东黄冈（今饶平）起义，攻占黄冈，后失败。同年，同盟会在广东惠州七女湖、安徽安庆、浙江绍兴等地起义，均告失败。宣统二年（1910）正月，同盟会发动广东新军起义，失败。宣统三年（1911）三月，同盟会在广州举行武装起义，又称“黄花岗起义”，攻总督署，失败。四月，成立皇族内阁，清廷下诏废内阁、军机处及会议政务处，设立责任内阁，以庆亲王奕劻为内阁总理大臣，其13员大臣中，满员9人，汉员4人，满员中皇族占5人，时称其为“皇族内阁”。清廷的改革速度太慢，又太保守，激起全国民众更大的不满。全国民众对专制腐败之清朝不满的集中表现，就是辛亥年的武昌起义。

辛亥鼎革 宣统三年八月十九日（1911年10月10日）晚，同盟会组织武昌新军起义，攻打湖广总督衙门。总督瑞澂逃走，官军溃败，武昌光复。起义军成立湖北军政府，黎元洪为都督，废除宣统年号。随之，湖南、陕西、江西、山西、云南、贵州、江苏、浙江、广西、安徽、福建、广东、四川等省纷纷响应，宣布独立，清政府迅速解体。九月二十五日，独立各省都督代表会议，议决推武昌军政府为中央军政府。寻在武汉举行会议，颁布《中华民国临时政府组织大纲》，议决以南京为临时政府所在地。随之，各省代表到南京会议，推选孙中山为临时大总统，议决改用公历纪年。本年为辛亥年，史称这年的鼎革之变为辛亥革命。中华民国元年（1912）1 月 1 日，在南京成立中华民国临时政府。2 月 12 日，清帝被迫宣告退位，从而结束了 268 年的清朝统治，也结束了中国 2 132 年的帝制。

九月二十六日，袁世凯入京，就任总理大臣职，组成内阁，是为清末第二届内阁。十月二十八日，南北议和代表在上海举行会议，革命军代表伍廷芳提出废除清朝政府、建立共和国等条件，清廷代表唐绍仪等因该条件不为袁世凯认可而请辞。

十一月十三日（1912 年 1 月 1 日）孙中山在南京就任中华民国临时大总统，宣告中华民国成立。此间，袁世凯与孙中山秘密协商，孙中山许袁世凯继任大总统。

溥仪退位　十二月二十五日，清宣统帝下诏退位。先是，隆裕太后授袁世凯以全权，代表清廷向中华民国临时政府，提出清帝退位优待条件。南京临时参议院召开特别会议，议决对清帝退位条件的修正案。袁世凯再次提出清帝退位条件。南京临时政府提出清帝退位条件最后修正案。袁世凯召集内阁各部大臣及宗室王公会议，讨论并通过清帝退位条件最后修正案。袁世凯向隆裕太后陈奏与南方代表伍廷芳议，赞成共和，并进皇帝优待条件八，皇族待遇条件四，满、蒙、回、藏待遇条件七，共 19 条。十二月二十五日（2 月 12 日）以宣统帝奉隆裕太后懿旨的名义，颁布了宣统皇帝退位诏书。其文曰：

前因民军起事，各省响应，九夏沸腾，生灵涂炭。特命袁世凯遣员，与民军代表，讨论大局。议开国会，公决政体。两月以来，尚无确当办法。南北睽隔，彼此相持。商辍于途，士露于野。徒以国体一日不决，故民生一日不安。今全国人民心理，多倾向共和。南中各省，既倡议于前，北方诸将，亦主张于后。人心所向，天命可知。予亦何忍因一姓之尊荣，拂兆民之好恶。是用外观大势，内审舆情，特率皇帝将统治权公诸全国，定为立宪共和国体。近慰海内厌乱望治之心，远协古圣天下为公之义。袁世凯前经资政院选为总理大臣，当兹新旧代谢之际，宜有南北统一之方，即由袁世凯以全权组织临时共和政府，与民军协商统一办法总期人民安堵，海宇乂安。仍合满、汉、蒙、回、藏五族完全领土为一大中华民国。予与皇帝得以退处宽闲，优游岁月，长受国民之优礼，亲见郅治之告成，岂不懿欤！

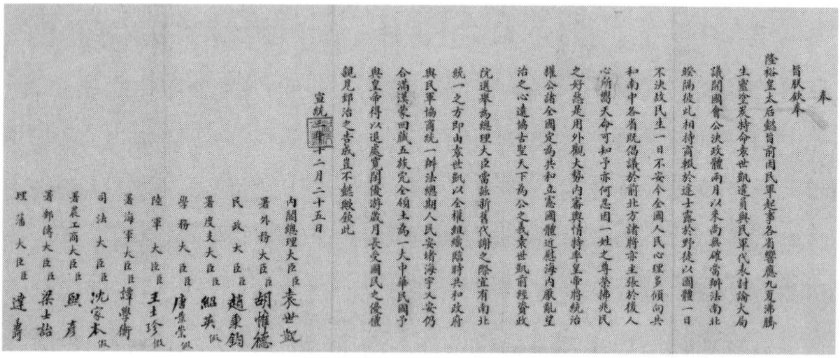
奉
旨朕欽奉
隆裕皇太后懿旨前因民軍起事各省響應九夏沸騰
生靈塗炭特命袁世凱遣員與民軍代表討論大局
議開國會公決政體兩月以來尚無確當辦法南北
睽隔彼此相持商輟於途士露於野徒以國體一日
不決故民生一日不安今全國人民心理多傾向共
和南中各省既倡議於前北方諸將亦主張於後人
心所嚮天命可知予亦何忍因一姓之尊榮拂兆民
之好惡是用外觀大勢內審輿情特率皇帝將統治
權公諸全國定為共和立憲國體近慰海內厭亂望
治之心遠協古聖天下為公之義袁世凱前經資政
院選舉為總理大臣當茲新舊代謝之際宜有南北
統一之方即由袁世凱以全權組織臨時共和政府
與民軍協商統一辦法總期人民安堵海宇乂安仍
合滿漢蒙回藏五族完全領土為一大中華民國予
與皇帝得以退處寬閒優游歲月長受國民之優禮
親見郅治之告成豈不懿歟欽此
宣統三年十二月二十五日
內閣總理大臣臣袁世凱
署外務大臣臣胡惟德
民政大臣臣趙秉鈞
署度支大臣臣紹英 假
學務大臣臣唐景崇 假
陸軍大臣臣王士珍 假
署海軍大臣臣譚學衡
司法大臣臣沈家本 假
署農工商大臣臣熙彥
署郵傳大臣臣梁士詒
理藩大臣臣達壽

清宣统皇帝溥仪退位诏书

上述诏书，据记载系由张謇的幕僚杨廷栋捉刀。廷栋，字翼之，江苏吴县人，清末举人，留学日本。归国后，以其知识渊博，思维敏捷，文笔流畅，胸有城府，而为张謇器重。杨廷栋在张謇身边，为其代笔公文、函牍。廷栋受命起草诏文后，经张謇润色，袁世凯审阅，隆裕太后发布。《退位诏书》顾全到4个方面的利益：

第一，清帝的逊位，有禅让味道，给隆裕太后与宣统皇帝留点面子。

第二，辛亥民军，不贬不褒，明确宣告，共和立宪，不致引起革命志士反对。

第三，授权袁世凯主持临时政府，及与民军协商事宜，为袁氏后来揽权而张本，正合袁世凯之本意。

第四，优待清室条件，原为幕后秘契，经此诏书，公开肯定，清朝皇室也可接受。

最后，“予与皇帝得以退处宽闲，优游岁月，长受国民之优礼，亲见郅治之告成，岂不懿欤”！一代皇朝之终结，中华2 000年帝制之总结，说得如此之轻松，如此之清雅，可谓大格局，亦为大手笔！有人赞赏其以“岂不懿欤”4个字结语，十分得体，极致文思。

同日，颁布另两道诏书：《关于大清皇帝辞位之后优待条件》《优待皇室条件》。《清宣统政纪》记载：

甲、关于大清皇帝宣布赞成共和国体，中华民国于大清皇帝辞位之后，优待条件如左：

第一款，大清皇帝辞位之后，尊号仍存不废，中华民国以待各外国君主之礼相待。

第二款，大清皇帝辞位之后，岁用四百万两，俟改铸新币后，改为四百万元。此款由中华民国拨用。

第三款，大清皇帝辞位之后，暂居宫禁，日后移居颐和园。侍卫人等，照常留用。

第四款，大清皇帝辞位之后，其宗庙、陵寝，永远奉祀，由中华民国酌设卫兵，妥慎保护。

第五款，德宗崇陵未完工程，如制妥修，其奉安典礼，仍如旧制，所有实用经费，均由中华民国支出。

第六款，以前宫内所用各项执事人员，可照常留用，惟以后不得再招阉人。

第七款，大清皇帝辞位之后，其原有之私产，由中华民国特别保护。

第八款，原有之禁卫军，归中华民国陆军部编制，额数俸饷，仍如其旧。

乙、关于清族待遇之条件：

一、清王公世爵，概仍其旧。

二、清皇族对于中华民国国家之公权及私权，与国民同等。

三、清皇族私产，一体保护。

四、清皇族免当兵之义务。

丙、关于满蒙回藏各族待遇之条件：

今因满蒙回藏各民族赞同共和，中华民国所以待遇者如左：

一、与汉人平等。

二、保护其原有之私产。

三、王公世爵，概仍其旧。

四、王公中有生计过艰者，设法代筹生计。

五、先筹八旗生计，于未筹定之前，八旗兵弁俸饷，仍旧支放。

六、从前营业、居住等限制，一律蠲除，各州县听其自由入籍。

七、满蒙回藏原有之宗教，听其自由信仰。

以上诸项条件，列于正式公文，由两方代表照会各国驻北京公使，转达各该政府。

不过，宣统皇帝退位以后，清室并不甘心失败。他们寻找机会，进行复辟活动。

二、张勋进京　宣统复辟

溥仪退出皇位后，上演了一出闹剧，就是张勋兵变，宣统复辟。

张勋兵变　袁世凯死后，黎元洪为大总统，段祺瑞为内阁总理。黎、段意见不合，时有冲突，称“府院之争”。黎元洪召张勋率军入京相助。张勋，字少轩，江西奉新人。少孤贫，后投军。曾与法、越之战，升至参将。光绪二十一年（1895），参加袁世凯天津小站练兵，充管带。二十五年（1899），随袁世凯到山东镇压义和团，升副将。二十八年（1902），调到北京，宿卫端门（天安门与午门之间的门）。三十四年（1908），升云南提督，旋改甘肃提督，皆未赴任，后调奉天（今沈阳）。宣统二年（1910），命统领江防各军，驻浦口。三年（1911），任江南提督。武昌起义时，勋镇守南京，与起义新军激战于雨花台，战败后退守徐州。清廷任张勋为江苏巡抚兼署两江总督。袁世凯任大总统后，张勋任长江巡阅使、安徽督军。张勋所部改称为武卫前军，驻山东兖州。宣统帝退位，张勋首抗阻。张勋禁止部下官兵剪辫子，以示忠于清室，被称为“辫帅”，其兵被称为“辫子军”。张勋以调解“府院之争”为名，于民国六年（1917）五月，带辫子兵3000人，由徐州北上入京。五月十二日（6月30日）夜，张勋偕刘廷琛潜入故宫，与陈宝琛等会议后，将准备复辟之事，告知故清的宗室。深夜，张勋派辫子兵占据火车站、邮电局等要地。

宣统复辟　五月十三日（7月1日）凌晨，张勋穿蓝纱袍、黄马褂，戴红顶花翎，率康有为、刘廷琛、张镇芳、万绳栻、胡嗣瑗、陈曾寿、章授、陈毅、商衍瀛、沈曾植、王乃徵，以及辫军统领数人，还有北京政府参谋总长兼陆军总长王士珍、步兵统领江朝宗等同往，共50余人，乘车进故宫。张勋等拥戴溥仪复辟，恢复清朝帝制。溥仪在《我的前半生》中回忆道：到养心殿，召见张勋。张勋说：“共和不合咱的国情，只有皇上复位，万民才能得救。”溥仪说：“我年龄小，当不了如此大任。”张勋给溥仪讲了康熙 8 岁做皇帝的故事。溥仪说：“既然如此，我就勉为其难吧！”张勋退下之后，陆续有很多人进来，给溥仪请安、磕头、祝贺、谢恩。

张勋率兵入京，溥仪第二次登极当皇帝，是为宣统复辟。这年为丁巳年，史称“丁巳复辟”。“复辟”2 字：“复”，《史记·平原君列传》：“三去相，三复位。”其意为恢复。“辟”，《尔雅·释诂》：“辟，君也。”其意为君位或帝位。“复”与“辟”两个字合起来的意思，就是恢复君位或恢复帝位。这次宣统帝复辟，是由张勋统兵进京，扶持溥仪重新恢复皇位，而许多书文称“张勋复辟”，这个提法值得商榷。历史的事实是：张勋兵变，溥仪复辟，而不是张勋复辟。张勋仅是一个“安徽督军”，相当于省军区司令，其有何“辟”之可“复”？

7 月 1 日这一天，溥仪改为宣统九年五月十三日。溥仪连发 9 道“上谕”：封黎元洪为一等公；授张勋、王士珍、陈宝琛、梁敦彦、刘廷琛、袁大化、张镇芳为内阁议政大臣；授梁敦彦为外务部尚书、张镇芳为度支部尚书、王士珍为参谋部大臣、雷震春为陆军部尚书、朱家宝为民政部尚书；授徐世昌、康有为为弼德院正副院长；授赵尔巽等为顾问大臣；授原各省督军为总督、巡抚；授张勋兼直隶总督、北洋大臣，仍留北京冯国璋为两江总督、南洋大臣等。十四日（7 月 2 日），授瞿鸿禨等为大学士，补授沈曾植为学部尚书、萨镇冰为海军部尚书、劳乃宣为法部尚书、李盛铎为农工商部尚书、詹天佑为邮传部尚书、贡桑诺尔布为理藩部尚书。要求全国“遵用正朔，悬挂龙旗”。就是用宣统年号，挂大清国旗。当天，北京街上出现大门挂龙旗、行人穿马褂的现象。

复辟失败 黎元洪拒不受命，避居日本公使馆。他致电各省出师讨伐，并电请冯国璋代行大总统，重新任命段祺瑞为国务总理。湖南、湖北、浙江、江西、四川等省督军通电反对复辟。十五日（3 日），段祺瑞组织讨逆军，自任总司令，通电全国，讨伐张勋。讨逆军以曹锟为西路司令，段芝贵为东路司令，分两路向北京进攻。十八日（6日），冯国璋在南京就任代理大总统，任段祺瑞为国务总理。段祺瑞在天津设国务院办公处。十九日（7日），南苑航空学校派飞机向故宫投下3枚炸弹。太妃们有的钻到桌子底下，有的吓得惊叫，太监们更为惊慌，故宫里乱成一团。同日，讨逆军败张勋军于廊坊。二十一日（9日），北京公使团照会清室，劝告其解除张勋武装。二十四日（12日），讨逆军进入北京，勋兵与战，兵寡失败。张勋逃到东交民巷荷兰公使馆内。张勋在《松寿老人自叙》中写道："五月十三日，复辟。诏授勋为议政大臣，兼北洋大臣、直隶总督。他帅意不合，来攻。二十四日，与战都城中，兵寡不支，荷兰公使以车来迎，居其署中。"历时12天的张勋兵变、溥仪复辟的闹剧结束。其间，黎元洪以国家总统之尊，逃往外国使馆避难，开了国家元首避难外国使馆的先例。张勋兵变失败后遭通缉，民国七年（1918）被"特赦"。张勋后居天津，民国十二年（1923）病死，70岁。

七月八日，溥仪的师傅和父亲替他拟好批准张勋辞职谕旨和退位诏书。这是溥仪的第二道退位诏书，溥仪看了放声大哭。其原文是：

> 宣统九年五月二十日，内阁奉上谕：前据张勋等奏称，国本动摇，人心思旧，恳请听政等语。朕以冲龄，深居宫禁，民生国计，久未与闻。我孝定景皇后逊政恤民，深仁至德，仰念遗训，本无丝毫私天下之心，惟据以救国救民为词，故不得已而允如所请，临朝听政。乃昨又据张勋奏陈，各省纷纷称兵，是又将以政权之争致开兵衅。年来我民疾苦，已如火热水深，何堪再罹干戈重兹困累。言念及此，辗转难安。朕断不肯私此政权，而使生灵有涂炭之虞，致负孝定景皇后之盛德。著王士珍会同徐世昌，迅速通牒段祺瑞，商办一切交接善后事宜，以靖人心，而弭兵祸，钦此！

张勋兵变、溥仪复辟的闹剧刚闭幕，溥仪出宫的悲剧又接着开场。

三、北京政变　溥仪出宫

北京政变　民国十三年（1924），冯玉祥发动北京政变。冯玉祥，安徽巢县人，行伍出身，曾任北洋陆军师长、河南督军等职。在第二次直奉战争中，冯玉祥于10月23日，发动北京政变，改所部为国民军，任总司令兼第一军军长。11月4日，国务会议讨论并通过冯玉祥关于驱逐溥仪出宫的议案。5日，正式下令将溥仪及其一家驱逐出故宫。这一历史事件表明，当时民众已经感觉到，在紫禁城里留下一条帝制的旧辫子，对于民国来说实在是不体面的事情。冯玉祥曾对鹿钟麟说："在中华民国的领土里，甚至在首都的所在地，居然还存在着一个废清小朝廷。这不仅是中华民国的耻辱，也是中外政治阴谋家随时企图利用的孽根。现在稍明事理的人，无不以留辫子为可耻。留溥仪在故宫，就等于给中华民国还留着一条辫子。这是多么令人羞耻的事啊！"而张勋兵变、溥仪复辟，更使许多人觉得："宣统太不安分了"！于是，做出上述逼溥仪出宫的决定。

溥仪出宫　逊帝溥仪出宫，事情来得太急，也来得突然。北京警备总司令鹿钟麟限溥仪及其宫内人员，要在两小时内全部搬出。溥仪觉得太急，太匆忙。他想找庄士敦、找王爷商量，但电话已被切断。敬懿（同治瑜嫔，后尊封为敬懿皇贵妃）、荣惠（同治瑨嫔，后尊封为荣惠皇贵妃）两位太妃，死活不肯走。后来，载沣进宫来了，但他也没有主意。鹿钟麟极力催促，声言时限已到，如果逾时不搬，外面就要开炮。王公大臣很害怕，要求宽限时间，以便入告，尽快决定。鹿钟麟对军警说："赶快去！告诉外边部队，暂勿开炮，再限二十分钟！"内务府大臣绍英入告溥仪，限20分钟，否则要开炮。溥仪在"修正优待条件"上签了字，决定出宫，去醇亲王府。他交出了两颗印玺：一是“皇帝之宝”，另一是“宣统之宝”。内务府大臣绍英交出一份由内务府致摄政内阁的复文，表示溥仪已接受修改后的优待条件，奉谕照办。当日下午 4 时 10 分，从故宫开出 5 辆汽车——北京警备总司令鹿钟麟乘第一辆，溥仪乘第二辆，婉容、文绣及其他亲属、随侍人员乘第三辆、第四辆，警察总监张璧乘第五辆，首尾相连直奔溥仪当年的出生地——醇亲王府北府。

后来，溥仪又到了天津，先后住在张园、静园。张园是张彪的寓所。张彪，字虎臣，山西榆次人，为张之洞“小奴”。以机警讨张喜欢，被赏以“宠婢”，时称“丫姑爷”。后充管带，升总兵，任湖北提督。武汉之役，张彪兵败。东渡日本，归寓天津，筑张园自隐。溥仪逃到天津，张彪对溥仪“供张服用，夙夜唯勤”。《清史稿》的关外本载，金梁（息侯）等私自为张勋、张彪立传，违理违制，颇遭斥诟。再后来，溥仪又当过“满洲国”傀儡皇帝、战犯，并被改造成为一名普通公民。

四、家庭生活　末帝身后

宣统帝退位以后，过着特殊的生活，有着特殊的经历。

家庭生活　溥仪的家庭，他的父母、兄弟，前面已经叙述。他的妻子，《清史稿·后妃传》记载：“宣统皇后，郭博勒氏，总管内务府大臣荣源女。逊位后，岁壬戌，册立为皇后。淑妃，额尔德特氏。同日册封。”

溥仪先后共有 5 位妻子：

1. “皇后”郭博勒氏（又作郭布罗氏），名婉容，达斡尔族。民国十一年（1922），溥仪 18 岁同婉容结婚。婉容结婚之前，住在北京东城鼓楼南帽儿胡同今 35、37 号院。婉容册封“皇后”之后，其父被封为“三等承恩公”，此宅升格为“承恩公府”，随之进行扩建。扩建后的院落，分为东西两座院：东院为三进院，西院为四进院，后院有假山、水池。婉容出嫁时就是从该宅迎出的，经地安门，入紫禁城，而成为一代已经退位而不是皇帝的“皇后”。因为溥仪在 7 岁时退位，此时溥仪已经不是皇帝，婉容也就不成其为皇后。

婉容像

2. “淑妃”额尔德特·文绣，与婉容同日和溥仪结婚。溥仪此时已经不是皇帝，文绣自然也就不成其为淑妃。后来文绣在天津与溥仪离婚。

3. “祥贵人”谭玉龄，溥仪在长春纳娶。谭于 1942 年死，停灵在长春般若寺，后火化。其骨灰先后存放在北京溥修、毓嵒、溥仪家，后移到长春。

4. “福贵人”李玉琴，与溥仪在长春结婚，后离异，李于 2001 年病逝。(1999 年 3 月 9 日，李玉琴同笔者在其长春寓所谈及：她虽同溥仪结婚，但并未圆房)

5. 妻子李淑贤，1962 年“五一”，溥仪同李淑贤女士在北京结婚，则是平民的婚姻、平民的家庭和平民的生活。

末帝身后　清末帝溥仪于 1967 年 10 月 17 日，患肾癌病死。19 日，火化。先是，溥仪 3 岁登极后，清室曾考虑为其选择“万年吉地”。对此事，有两说：一说溥仪登极后选“吉壤”在清西陵崇陵旁旺隆村，并于宣统二年（1910）破土动工；另一说 1915 年溥仪 10 岁时选定“吉壤”，也在旺隆村。以上两说都认为是出于时局与经济的原因，虽选陵址，却未建陵。溥仪生前没有兴建陵寝，因为光绪帝生前没有兴建陵寝，死后于宣统元年（1909）建陵，民国年间建成。正如毓君固（蟾）先生与笔者函中所述：“梁鼎芬为（崇）陵工大臣，岂能同时为溥仪建陵?”所以，溥仪在位时，并没有建陵。溥仪死后，爱新觉罗家族商量，决定将溥仪的骨灰，安放在北京八宝山公墓骨灰堂。1980 年 5 月 29 日，在中国人民政治协商会议礼堂，为溥仪举行追悼会。尔后，将溥仪骨灰重新安放在八宝山革命公墓。1994 年，香港人张世义（原籍山东）出资，在清西陵崇陵（光绪陵）西北辟建“华龙陵园”。张世义同溥仪遗孀李淑贤商量后，李淑贤于 1995 年 1 月 26 日，将溥仪骨灰迁葬于华龙陵园内。溥仪骨灰盒安放在水泥墓穴内，上面覆盖黄土、水泥陵丘。李淑贤患癌症于 1997 年 7 月逝世。她生前遗嘱，据毓君固《末代皇帝的二十年——爱新觉罗·毓蟾回忆录》记载：“我的骨灰坚决不要和溥仪葬在一起，我要去八宝山人民公墓。”所以，李淑贤的骨灰没有在“华龙陵园”内同溥仪的骨灰合葬。

溥仪一生没有子女。清朝同、光、宣三帝，都无子无女，真是大清帝国，气数已尽，天绝帝胤!

中　篇

第七讲

于谦：要留清白在人间

于谦（1398—1457），字廷益，号节庵，浙江钱塘（今杭州）人，官至兵部尚书。于谦同里后学孙高亮在章回体小说《于少保萃忠全传》第五回，以于谦观石灰窑所感，口占七绝《石灰吟》① 一首。《石灰吟》映现出于谦生命历程有着四种境界，这就是：“千锤万击出深山，烈火焚烧若等闲。粉骨碎身全不惜，要留清白在人间。”

一、千锤万凿　始出深山

于谦同许多英雄杰烈一样，在其登上历史舞台之前，都要经过一番艰苦磨炼，方能横空出世，扮演人杰角色。于谦是读书人，苦读——“千锤万击出深山”，是于谦生命历程的第一种境界。

于谦出生于仕宦之家，祖父做过兵部主事，父亲则“隐德不仕”。乃祖乃父诚信忠直、鄙污轻财的品格，予少年于谦以极大熏陶。

① 孙高亮《于少保萃忠全传》第五回，道光十五年刻本，国家图书馆善本部藏。但于谦《忠肃集》（四库全书本）卷一一载其诗：杂体 60 首、五绝 40 首、五律 46 首、七律 193 首，七绝 71 首，共 410 首；于谦《节庵存稿》（成化刻本）载其诗：杂体 61 首、五律 46 首、七律 195 首、五绝 40 首、七绝 72 首，共 414 首；于谦《于肃愍公集》（嘉靖刻本）载其诗：杂体 73 首、五律 61 首、七律 346 首、五绝 53 首，七绝 87 首，共 620 首。《忠肃集》（四库全书本）、《节庵存稿》（成化本）和《于肃愍公集》（嘉靖本）均缺《石灰吟》。

于谦像

少年英才，志向高远。一个人在少年时期养成的素质——优良素质福益终身，劣弱素质祸殃一生。于谦在六岁时随家人清明扫墓，路过凤凰台，其叔口占：“今日同上凤凰台。”于谦对曰：“他年独占麒麟阁。”一日塾中读书，学友因淘气，塾师要惩戒。于谦请作联对，免受责罚。先生曰：“手攀屋柱团团转。”于谦对：“脚踏楼梯步步高。”先生又曰：“三跳跳落地。”于谦再对：“一飞飞上天。”他聪颖机智，以联对代罚。少年于谦，不惧官宦。他十岁那年正旦，红衣骑马穿巷，往长亲家贺岁。于谦刚从巷中冲出，不料撞上杭州巡按。巡按问道：“小子何敢冲吾节导？”于谦回答：“良骥欲上进而难收，正望前程耳。”巡按见其出言不凡，便让他应对：“红衣儿骑马过桥。”于谦对曰：“赤帝子斩蛇当道。”巡按惊异，赏银十两。他虽年少，却抱负远大，立下志向，信守名节：“自是书生守名节，莫惭辜负指迷人。”[1] 悟到真谛，终生不渝。

晶晶节清，题赞铭志。叶盛《于少保文山像赞》记载：郎中张

① 于谦《读悟真篇》，载《于肃愍公集》卷六，明嘉靖刻本，国家图书馆善本部藏。

遂持文山像求题，像上有于少保赞辞。赞辞 88 字，全文照录如下："呜呼文山，遭宋之季。殉国忘身，舍生取义。气吞寰宇，诚感天地。陵谷变迁，世殊事异。坐卧小阁，困于羁系。正色直辞，久而愈厉。难欺者心，可畏者天。宁正而毙，弗苟而全。南向再拜，含笑九泉。孤忠大节，万古攸传。我瞻遗像，清风凛然。"上文又云："于公座侧，每悬置此像，数十年一日也。"于谦为爱国英雄文天祥画像所题写的赞辞志在君民，不为身计，宁正而死，不苟而活——大志大勇，高风亮节，笔墨坦露，英雄气概。

勤奋好学，足不出户。于谦不仅聪颖，而且勤奋，"少读书，手不释卷，过目辄成诵"①。他读经书，疏通大旨，见解精辟，语惊四座。他 12 岁时，寄住慧安寺，专心读经书。16 岁时，又读书于吴山三茅观。17 岁时，乡试不第，遭到挫折。一个人，在挫折面前，是挺进，还是退缩？这是英雄与懦夫在性格上的分水岭。于谦在挫折和失败面前，不服输，不气馁，学益笃，志更坚。于谦后来回忆自己苦读的经历时说："我昔少年时，垂髫发如漆。锐意取功名，辛苦事纸笔。"史书也记载他发愤读书的情景：面壁读书，废寝忘食，"濡首下帏，足不越户"。廿年寒窗，千锤万击，24 岁考中进士。一个读书人，一个平常人，不历经千锤万击，不经过刻苦攻读，是不能金榜题名的。

古今中外，英烈雄杰，只有经受千锤万击，磨炼慷慨刚毅大志，学养聪明才智，陶冶优良素质，才能登上历史舞台，做出一番恢宏事业。

于谦考中进士，表明他走出深山，迈入仕途，生命跨进一种新的境界。

① 《皇明名臣记》卷一七，载郑晓《吾学编》卷三八，第 1 页，明万历二十七年刻本，国家图书馆善本部藏。

二、烈火焚烧　视若等闲

于谦同许多英雄杰烈一样，在其登上历史舞台之时，都要经过一番艰苦磨炼，方能惊世骇俗，炼化成为人杰。于谦是官宦，清官——“烈火焚烧若等闲”，是于谦生命历程的第二种境界。

于谦从24岁中进士，到50岁丧父（翌年丧母），其间26年，是他居官清正廉明、心受“烈火焚烧”的时期。贪官当道，做清官不仅要严于正身律己，而且要严防群小诬谤。明代另一位保卫京师的民族英雄袁崇焕有段名言：“勇猛图敌，敌必仇；振刷立功，众必忌。况任劳之必任怨，蒙罪始可有功。怨不深，劳不厚；罪不大，功不成。谤书盈箧，毁言日至，从来如此。”在众人皆贪我独清之时，谤书盈箧，毁言日至，自古至今，概莫能外。所以，专制时代，做名清官，既要净化自我，更要战胜群魔。于谦为官、任事，志在抚民、锄殄：“豺狼当道须锄殄，饿殍盈岐在抚巡”①；“寄语郎官勤抚字，循良衣钵要人传”②。他在河南，屡布大政，生平《行状》，列举十端：劝粜粮米，备物堰水，减价粜卖，诚祷祈雨，税粮折色，种树浚井，分豁差遣，修筑堤岸，抚赈流民，减征粮布。③ 于谦任官江西、河南、山西时，昭雪冤囚、兴修水利、疏解流民、落狱论死，都是在烈火中焚烧其身。

第一，昭雪冤囚，疏劾贪官。永乐十九年（1421），于谦中进士，宣德元年（1426），选授山西道监察御史。后出使湖广，返京复命，疏劾贪功冒杀将吏，永乐帝下旨切责之。他守按江西，轻骑简从，遍

① 于谦《二月初三日出使》，载《忠肃集》卷一一，第77页，影印文渊阁四库全书本，台湾商务印书馆，1986年。

② 于谦《过中牟鲁恭祠》，载《忠肃集》卷一一，第41页。

③ 《于谦行状》载述：公在河南，屡布大政。其一，劝粜粮米；其二，备物堰水；其三，减价粜卖；其四，摅诚祈祷；其五，税粮折钞；其六，种树浚井；其七，分豁差遣；其八，修筑堤岸；其九，抚赈流民；其十，减征粮布。见《忠肃集·附录》，第5—6页。

历所部，延访父老，清理积案，厘革乡民之疾苦，平反冤狱以百数，“雪冤囚，数百人”①。他疏奏陕西官校，掠民为害，诏遣御史，捕之问罪。他在山西，令“尽夺镇将私垦田为官屯，以资边用。威惠流行，太行伏盗皆避匿”②。他劾治“王府之以和买害民者，一道肃然”③。他还不避权贵，清理官船货私盐者，河道以清。他巡抚地方时，办理个案，惩处贪吏，疏解积困，救民水火，“然公持重，不苟为名，凡所规画，莫不计久远”④。不图急功近利，而求造福一方。按惩贪官，为民雪怨，“一方若涤，颂声满道”⑤。

第二，咨访民隐，兴修水利。于谦巡抚河南、山西，这是两个多灾的地区。以河南为例，非旱即涝，遇上河决，汪洋千里，灾民遍野。山西也是十年九旱，北边兵荒，黎民受苦。于谦上任后，“遍历诸州县，察时所急、事所宜兴革，即具草言之，一岁章数上”⑥。他还奏免山西山陵役夫 17 000 余人。宣、正年间，黄河屡决。如宣德六年（1431），于谦疏奏：开封等府，“夏秋水溢，田多淹没”⑦。于谦殚心竭虑，治理河患。《明史》本传记载：“河南近河处，时有冲决。谦令厚筑堤障，计里置亭，亭有长，责以督率修缮。并令种树凿井，榆柳夹路，道无渴者。”据方志记载：黄河决，噬汴堤，“谦躬至其地，解所服衣以塞决口”⑧。水退民安，民众怀念。今开封城

① 《江西通志》卷五八，第 10 页，影印文渊阁四库全书本，台湾商务印书馆，1986 年。

② 《明史》卷一七〇《于谦传》，中华书局，1974 年，第 4544 页。

③ 倪岳《神道碑》，载《忠肃集·附录》。

④ 王源《居业堂文集》卷一，上海商务印书馆，1936 年，第 5 页。

⑤ 王世贞《弇州山人续稿》卷二〇七，第 12 页，明刻本，国家图书馆善本部藏。

⑥ 《山西通志》卷八五，第 6 页，影印文渊阁四库全书本，台湾商务印书馆，1986 年。

⑦ 《明宣宗实录》卷七六，宣德六年二月戊午，台北“中研院”史语所校勘本，1962 年。

⑧ 嘉靖《河南通志》卷二四，第 18 页，明嘉靖三十四年刻本，国家图书馆善本部藏。

北辛庄尚有于谦督造的“镇河铁犀”[①]，是其督率民众治理黄河的历史铁证。

第三，赈灾免赋，疏解流民。宣德间，河南、山西等地灾荒，于谦受命为巡抚御史。他处理国家与农民的关系时，是两者利益兼顾，而不是攀上损下。宣德十年（1435），于谦疏奏：“河南连岁灾伤，人民艰食，乞减半取之。”获允。正统六年（1441），他疏请开官仓、济穷民：“今河南、山西，积谷各数百万。请以每岁三月，令府、州、县报缺食下户，随分支给。先菽秫，次黍麦，次稻。俟秋成偿官，而免其老疾及贫不能偿者。”其州、县官吏秩满当迁，“而预备粮储未完者，不得离任”[②]。未完成任务者，不得异地做官。此疏诏行之。时山东、陕西流民，携家带眷，就食河南，20余万。此事处理不当，或会酿成民变。于谦行事慎重，妥善对待：一是请发官仓积粟赈济，二是奏令布政使授给田、牛、种，三是抚籍立乡都10万余户，四是请乡里有司监察之。由是，化解流民，定籍耕农，疏缓民瘼，安定社会。

第四，得罪宦官，落狱论死。于谦为官正直，上不贿要，下不纳赂。他每入京议事时，人问其何不囊金银、带土物，贿赂当路耶，谦笑而举其两袖曰：“吾惟有清风而已。”汴人诵其见志之诗，曰：“手帕麻姑[③]与线香，本资民用反为殃。清风两袖朝天去，免得闾阎话短

① 于谦撰《铁犀铭》：“百炼玄金，熔为真液。变幻灵犀，雄威赫奕。镇厥堤防，波涛永息。安若泰山，固如磐石。水怪潜形，冯夷敛迹。城府坚完，民无垫溺。雨顺风调，男耕女织。四时循序，百神效职。亿万闾阎，措之枕席。惟天之休，惟帝之力。亦尔有庸，传之无极。”（嘉靖《河南通志》卷四一）

② 余继登《典故纪闻》卷一一，中华书局，1981年，第197页。

③ 郎瑛《七修类稿》卷一三，《于肃愍诗》云：“手帕蘑菇及线香，本资民用反为殃。清风两袖朝天去，免得乡间话短长。”瑛为谦同里，而比谦稍晚。《辞海》“清风两袖”条载：“于少保（谦）尝为兵部侍郎，巡抚河南，其还京日，不持一物，人传其诗云：‘绢帕麻姑与线香，本资民用反为殃。清风两袖朝天去，免得闾阎话短长。’”

长。”[1]《明史》本传亦载：于谦“每议事京师，空橐以入，诸权贵人不能无望。”他痛恨贪官污吏，将其比作吞食民羊的虎狼。其《犬》诗云：“于今多少闲狼虎，无益于民尽食羊。”[2] 好人谋事，小人谋人。谋人者怠于任事，谋事者疏于防身。古往今来，莫不如此。于谦在朝在省，革积弊[3]，立新章，执法严，敢蹶决，得罪了一些人。“太监王振持权势，以谦无私谒，属言官劾谦怨望。”[4] 于谦遭到诬奏，下狱论死。但山西、河南“吏民伏阙上书，请留谦者以千数，周、晋诸王亦言之，乃赦谦以大理寺少卿复往巡抚”[5]。后得释，迁京官。一个官员不为民做点实事、好事，百姓是不会伏阙恳留的。

于谦之为官、为人，恤民公廉，品行高洁，“不以一己之利为利，而使天下受其利；不以一己之害为害，而使天下释其害”[6]。正如元好问在《薛明府去思口号》中所说：“能吏寻常见，公廉第一难。”于谦之所以能居官公廉，是缘于他“不辞辛苦出山林”，走出书斋，踏上仕途，便立下《咏煤炭》中的官箴偈言：“但愿苍生俱饱暖。”他一生清素，廉洁方正，“食不重味，衣不重裘，乡庐数椽，

---

① 嘉靖《河南通志》卷二四，第 18 页。又见于谦同里郎瑛《七修类稿·于肃愍诗》，但其末句略有不同，为“免得乡间话短长”；另见万历《杭州府志》，但其末句亦略有不同，为“免得间阎说短长”。另见叶盛《水东日记·于节庵遗事》卷五，第 57 页。

② 林寒《于谦诗选》，浙江人民出版社，1982 年，第 110 页。又郎瑛《七修类稿》卷三七引述《桑》《犬》二诗之后论说，意二诗不类于公本集之句，予问之先辈云云，“或曰：《犬》诗乃先正李时勉者，未知孰是”。

③ 《于节闇疏》卷四《教习功臣子孙疏》载：“国家隆古崇德报功之典，凡勋臣之家前代既加褒锡，后世子孙德以承袭爵禄，或遇蒙任使管理军务。然彼皆出自膏粱，素享富贵，惟务安佚，不习劳苦。贤智者少，荒怠者多。当有事之际，辄欲委以机务，莫不张皇失措，一筹莫展。不惟有负朝廷恩遇之隆，抑且恐误天下要切之事。详其所自，皆由平自养成骄惰，不学无术之所致也。”

④ 查继佐《罪惟录》卷一一上，浙江古籍出版社，1986 年，第 1635 页。

⑤ 《山西通志》卷八五，第 7 页。

⑥ 黄宗羲《明夷待访录·原君》，中华书局，1981 年，第 1 页。

仅蔽风雨，薄田数亩，才供饘粥”[①]。籍没之时，家无余赀。他步入仕途，众醉独醒，官场生涯，险象环生。廿年官宦，洁不同污，烈火焚烧，视若等闲。一个做官人，不经烈火焚烧其身，不能成为公廉清官。

古今中外，英烈雄杰，不经过烈火焚烧，不经受三灾八难，不能战胜群魔，也就不能成佛。

于谦成为清官，百姓景仰，建祠祀之，表明他将承担大任，生命升华到一种新的境界。

三、粉身碎骨　浑然不怕

于谦同许多英雄杰烈一样，在其登上历史舞台之巅前，都要经过一番艰苦淬炼，方能锋利坚刚，成为人杰。于谦官尚书，彻悟——“粉骨碎身全不惜”，是于谦生命历程的第三种境界。

于谦临大事，决大议，毅然果断，莫可夺志。他生命中的最大考验是遇上“两变”——“土木之变”和“夺门之变”（后节论述）。蒙古瓦剌部首领也先（额森）崛兴，其权力所控，西起阿尔泰山，东达鸭绿江边，成为全蒙古的大汗。也先骄横，屡犯塞北。正统十四年（1449）八月，他率骑大举南犯，兵至大同。瓦剌兵所过之处，剽掠人畜，“草房焚烧，人迹萧疏，十室九空”[②]。时明朝已走过洪武、永乐、洪熙、宣德的兴盛期。但明英宗年轻气盛，在有着“父亲、母亲、老师、朋友、保姆”五重身份的太监王振怂恿下，不察敌情，毫无准备，率50万大军，御驾亲征。师至土木，全军覆没。[③]

---

① 张瀚《松窗梦语》卷七，中华书局，1985年，第129—130页。

② 于谦《兵部为备边保民事疏》，载《忠肃集》卷一，第15页。

③ 陈学霖教授《李贤与“土木之变”史料》考证：“李贤以御史扈从，在大军起行不数日，已察觉形势不利，大难临头，曾与三数同僚谋议，雇用一武士猝杀主谋宦官王振，然后班师回朝。此计虽未实现，但深具意义，对整个事件极为重要，宜为史官大书于篇。不过，近人对此事的认识却为夏燮《明通（转下页）

明英宗被俘，王振等皆死，“官军人等死伤者数十万”①。败兵裸袒，争竞奔逸，“相蹈藉死，蔽野塞川”②。这在中国历史上，空前绝后。朝鲜李朝世宗李祹也认为：“中国之变，千古所无。”败报传京，举朝大震。留守京师的兵部侍郎于谦，在社稷兴亡、民族盛衰之际，显出大智大勇、英雄壮色。于谦在历史转折关头，“得失纷纷随梦蝶，公私扰扰付鸣蛙”③，不计得失，不顾安危，大义凛然，勇担重任，内总机宜，外修兵政，“保固京师，奠安社稷”④。

正统帝朱祁镇像

（接上页）鉴》贻误，因为夏氏误书其主谋为吏部尚书曹鼐，张冠李戴，湮没李贤的功劳，影响后人视听。”上文揭载于《明代人物与传说》，香港中文大学出版社，1977 年。

① 《明英宗实录》卷一八一，正统十四年八月壬戌，台北“中研院”史语所校勘本，1962 年。

② 谷应泰《明史纪事本末》卷三二，中华书局，1977 年，第 474 页。

③ 于谦《连日灯花鹊噪漫成》，载《忠肃集》卷一一，第 44 页。

④ 陆容《菽园杂记》卷四，中华书局，1985 年，第 45 页。

第一，斥迁都，惩阉奴。英宗被俘，国中无主，君出虏入，朝野惶惧。在廷议战守之策时，“群臣聚哭于朝”，人心惶惶，明祚危危。侍讲徐珵（有贞）言：“天命已去，惟南迁可以纾难。”① 于谦恸哭斥曰：“言南迁者，可斩也！京师天下根本，一动则大事去矣，独不见宋南渡事乎！”② 众是其言，守议乃定。在朝堂之上，廷臣议请族诛王振，振党马顺抗辩，相互击打，朝班大乱。郕王疑惧，欲避退，大臣亦多敛避。时“谦坚立不动，掖王且留，请降旨宣谕顺罪应死”③！于是，王宣谕曰：“顺等罪当死！”众官激情渐稳定，于谦袍袖，为之尽裂。以上两事，见其胆识，时于谦仅为贰卿。明大学士叶向高评论道：“当其时，举朝仓皇，莫知为计。至倡南迁之议，而忠肃公以一贰卿，奋然当祸变之冲，独任天下之重，力排邪说，尊主重皇”④，国体弥尊，辰枢再奠。

第二，立新君，主战守。英宗被俘，社稷危难。“上北狩，廷臣间主和，谦辄曰：‘社稷为重，君为轻。’”⑤ 于谦等拥立郕王即位，是为景泰帝。于谦为兵部尚书，主持京师防守大计。他精心备战：分派官将，严守九门；缮备器械，简兵补卒；支出仓粮，坚壁清野。他提督各营军马，列阵九门外，抵挡瓦剌也先来兵。他移檄切责主和者，由是“人人主战守，无敢言讲和者”⑥。他申约束、严军令：“临阵，将不顾军先退者，斩其将；军不顾将先退者，后队斩前队。”⑦ 军纪为之肃然，军威为之大振。

① 《明史》卷一七一《徐有贞传》，第 4561 页。

② 《明史》卷一七〇《于谦传》，第 4545 页。

③ 嘉靖《浙江通志》卷四六，第 28 页，明嘉靖年间刻本，国家图书馆善本部藏。

④ 叶向高《于忠肃公集·序》，《于忠肃公集》卷首，明万历年间刻本，收入《武林往哲遗著》丛书，中国科学院图书馆藏。

⑤ 谷应泰《明史纪事本末》卷二二，中华书局，1977 年，第 458 页。

⑥ 《明史》卷一七〇《于谦传》，第 4547 页。

⑦ 《明史》卷一七〇《于谦传》，第 4546 页。

第三，督军民，卫京师。十月，也先率军，挟持英宗，兵临北京城下。于谦“躬擐甲胄，率先士卒，以死自誓，泣谕三军”①。官兵皆受感奋，勇气百倍，矢志“捐躯效死，以报国恩”②。于谦提督各营军马，镇于九门，奋力御守。明军在德胜门、西直门、彰义门先后分别击败瓦剌军。也先弟孛罗和平章卯那孩中炮死。也先又移军京师北土城，“居民皆升屋，以砖瓦掷之”③，号呼击寇，哗声动天。军民合力，奋勇打拼，激战数日，击退瓦剌，取得保卫京师的胜利。景泰元年（1450）春夏间，败瓦剌军于万全，并加强了居庸、大同、宣府的御守。也先兵攻不胜，用间不逞，始有送还英宗之意。

第四，迎英宗，设京营。是否迎回英宗，于谦处境两难：朝臣意见不一，景泰帝亦不悦。于谦从大局着眼，劝景泰帝奉迎太上皇。景泰帝勉强言曰：“从汝，从汝!”《明史》本传载：上皇归，“谦力也”。这是对当时舆论界认为于谦反对迎归英宗的辩驳。朱祁镇回京，被安置于南宫。④“一时君臣自信，旧君决无反正之理”，但是，“嫌积衅开，恨深仇巨”⑤，易位之变，埋下祸根。于谦为加强皇都卫戍，改革京营旧体制，设立团营之制。先是，永乐帝迁都北京后，逐渐健全京军三大营，即五军营（肄营阵）、三千营（肄巡哨）、神机营（肄火器）。但土木之败，京军败没几尽。于谦认为传统军制弊病在于：三大营各为教令，不相统一，临期各地调拨，兵将互不相识。

---

① 万历《杭州府志》卷七七，第2页，明万历七年刻本，国家图书馆善本部藏。

② 于谦《兵部为边务事疏》，载《忠肃集》卷二，第31页。

③ 《明英宗实录》卷一八四，正统十四年十月辛酉。

④ 沈德符《万历野获编》，英宗“先以正统十四年八月十五日壬戌车驾北狩，至次年八月十五日丙戌还京。凡蒙尘恰一年，不差一日。自是居南宫者七年，以天顺元年正月十七日壬午复辟登极，至天顺八年正月十七日己巳晏驾，前后不差一日”。见同书卷一，中华书局，1959年，第21页。

⑤ 周复俊《泾川诗文集》卷六，第56页，明万历二十年刻本，国家图书馆善本部藏。

这种军队，不能适应新形势御敌之需。他整顿军伍，严肃军纪，加强卫戍，奏设京营。于谦奏请："于诸营选胜兵十万，分十营团练。"其意义在于：一是统一指挥，二是选拔精粹，三是严密组织，四是分明责任，五是兵将相习，六是严明号令。京营之制，由此一变。《明史·兵志》说："于谦创立团营，简精锐，一号令，兵将相习，其法颇善。"但是，英宗复辟，于谦死，团营罢。后复之，旋又罢。而后，京营腐败，武备废弛，军"官多世胄纨绔，平时占役营军，以空名支饷，临操则肆集市人，呼舞博笑而已"。临阵时，"驱出城门，皆流涕不敢前，诸将领亦相顾变色"[①]。京营军制的腐败，后来在嘉靖庚戌（1550）之役和崇祯己巳（1629）之役，先败于蒙古军，后败于满洲军，就是两个例证。

于谦保卫京师的历史意义，查继佐将其比作朱棣的"靖难之役"："而谦之再造，更光于靖难。"此论偏隘。前者仅囿于帝统血胤的承续，后者则干系民族文化的盛衰。袁裘则论曰："于公以一书生，砥柱狂澜，屹然不动，坐使社稷，危而复安。观其分守九门，移营城外，坚壁清野，三鼓士气，空房设伏，诱败敌骑。而丧君有君，庙算无失，专意战守，罢诎和议，计擒喜宁，芟除祸本。故能返皇舆于绝漠，正帝座于黄屋。谋国之善，古未闻也。"同上评论，如出一辙，黄宗羲在《明夷待访录》中揭示："盖天下之治乱，不在一姓之兴亡，而在万民之忧乐。"于谦率领中原军民，抗击瓦剌也先南犯，其历史意义在于：不仅是维护大明社稷、保卫皇都北京，而且是捍卫农耕文明、抵御草原文化侵扰。于谦保卫京师之业绩，实践了其文山像赞辞："衣间别有文山句，千载令人拭泪看。"一介书生，一个官员，不经粉身碎骨的考验，焉能成为英烈豪杰。

古今中外，不经过大悲大劫，不身历大苦大难，绝不能建树大功大业，盖不能成就千古英烈。

---

① 《明史》卷八九《兵志一》，第2179页。

于谦成为勋臣，国之栋梁，百姓景仰，但是，泰极否来，月盈则亏，他的生命又升入一种新的境界。

四、清白品格　永留人间

于谦同许多英雄杰烈一样，在其退出历史舞台之后，都要经过长期历史检验，受得历史检验者，永留清白在人间，取义成仁薪火传。于谦身后谥忠肃，成仁——“要留清白在人间”，是于谦生命历程的第四种境界。

于谦真正经受粉身碎骨的考验，是明英宗朱祁镇的土木之变（前文已述）和夺门之变。这是一场惊心动魄的死生之争。与谋者徐珵改名有贞，临事诀别家人曰：“事成，社稷之福；不成，家族之祸。去矣！归耶，人；不归，鬼！”[①] 有论者曰：于谦应在徐有贞、石亨等发动政变之前，将其阴谋粉碎，党羽一网打尽。于谦是一位受儒家思想教育的人，忠君是其基本的理念。他当时的处境是，一仆四主——朱祁镇及其太子见深和朱祁钰及其太子见济，左右不是，前后为难，易主易储，不暇两全。朱祁镇复辟成功后，如何处置于谦？政治斗争是残酷的，既然是“夺门”，又要称“迎驾”[②]。徐有贞说：“不杀于谦，今日之事无名。”于谦无罪，以“意欲”两字成狱，定谳谋逆，被处死刑。于谦成了朱祁镇和朱祁钰兄弟皇位争夺的替罪羊。朱祁镇是太上皇，朱祁钰则是今上，二者你死我活，于谦站在何

---

① 郎瑛《七修类稿》卷一三，中华书局，1959年，第190页。但其标点“去矣归耶，人不鬼归”，错断，盖误。夏燮《明通鉴》卷二七，第1089页：“有贞焚香祝天，与家人诀，曰：‘事成社稷利，不成门族，祸归人不归，鬼矣。’”引文见中华书局1959年版。此段引文标点有误，似应作：“有贞焚香祝天，与家人诀曰：‘事成，社稷利；不成，门族祸。归，人；不归，鬼矣！’”

② 《明史·李贤传》载：“及亨得罪，帝复问贤‘夺门’事。贤曰：‘迎驾’则可，‘夺门’岂可示后。天位乃陛下固有，夺即非顺。……帝悟曰：‘然’。”

方？屠隆论曰：于谦“顾念身一举事，家门可保，而两主势不俱全；身死则祸止一身，而两主亡恙。方徐、石兵夜入南城，公悉知之，屹不为动，听英宗复辟，景庙自全，功则归人，祸则归己。公盖可以无死，而顾以一死，保全社稷者也”[①]。此种评论，颇中肯綮。在当时历史条件下，言干天位，事关社稷，于谦作为一位正统高级知识官员，其最佳的选择只能是舍生取义，杀身成仁。正如陈继儒所言，于公“敢于任死，而闷于暴名”。做社稷之忠臣，结社稷之正局。此非豪杰之勇，实乃大贤之仁。这从于谦的政治理念、生命价值、道德情操、处世原则四个方面可以得到诠释。

于谦的政治理念是，重社稷，爱苍生。他以“功在朝廷，泽被生民”[②] 作为人生的旨归。一个英雄的生命源泉，必有高尚之爱。爱之愈深，情操愈洁；爱之愈广，品格愈高。于谦虽出生于官宦世家，家风勤俭清励，乃父清介不仕，故经济并不宽裕。他的《祭亡妻》文云：“吾家素贫，日用节俭。”仅为中产，当属实情。他居官“门第萧然，不容私谒”[③]。他节俭的生活，朴素的思想，比较贴近平民，也容易怜悯百姓。仅据《忠肃集》粗略统计，他写下 34 首悯农诗，占其诗作总数的近百分之十。诸如《田舍翁》《采桑妇》《收麦诗》《悯农》以及《喜雨》之作等。其《田舍翁》云：

可怜憔悴百年身，暮暮朝朝一盂粥。
田舍翁，君莫欺。暗中腹剥民膏脂，人虽不语天自知。[④]

其《悯农》诗亦云：

① 谈迁《国榷》卷三二，第 2025 页。又，礼部尚书姚夔后将其议稿出示于郎中陆昶，昶再言及王锜。王锜著《寓圃杂记·英宗复辟》载述其事。

② 于谦《赵尚书诗集·序》，载《忠肃集》卷一一，第 1 页。

③ 《明英宗实录》卷二七四，天顺元年正月丙寅。

④ 于谦《田舍翁》，载《忠肃集》卷一一，第 8 页。

无雨农怨咨，有雨农辛苦。
农夫出门荷犁锄，村妇看家事缝补。
可怜小女年十余，赤脚蓬头衣蓝缕。
提篮朝出暮始归，青菜挑来半沾土。
茅檐风急火难吹，旋蒸山柴带根煮。
夜归夫妇聊充饥，食罢相看泪如雨。
泪如雨，将奈何。有口难论辛苦多。
嗟尔县官当抚摩。

这是于谦能够成为廉洁清官的灵魂写照。这般高尚之人，不趋炎邀利，不乘时迎合，而重名节，轻财帛。

于谦的生命价值是重名节，轻财帛。他的《无题》诗略云：

名节重泰山，利欲轻鸿毛。
所以古志士，终身甘缊袍。
胡椒八百斛，千载遗腥臊。
一钱付江水，死后有余褒。
苟图身富贵，朘剥民脂膏。
国法纵未及，公论安所逃。

于谦淡泊名利，冀求清白，尝以“清风一枕南窗卧，闲阅床头几卷书”[①] 自慰。他一心任事，不怕丢官：“好在故园三亩宅，功成身退是男儿。”[②] 他廉清公正，不摆官架：“因葬亲徒步还乡，不烦舆传。”[③] 他生活简朴，衣食清素：“衣无絮帛，食无兼味。”[④] 他笑看

① 于谦《初度》，载《忠肃集》卷一〇，第39页。
② 于谦《还京述怀》，载《忠肃集》卷一一，第40页。
③ 万历《杭州府志》卷七七，第6页。
④ 尹守衡《明史窃》卷五一，华世出版社影印本。

长生，安于清贫："修短荣枯天赋予，一官随分乐清贫。"① 他爱民如子，看重清名："有司牧民当体此，爱养苍生如赤子。庶令禄位保始终，更有清名播青史。剥民肥己天地知，国法昭昭不尔私。琴堂公暇垂帘坐，请诵老夫收麦诗。"② 于谦重视国法，爱养苍生，珍重名节，轻薄利欲，体现了其高尚的情操。

于谦的道德情操是志高远、内自省。于谦有远大的目标、宽广的襟怀。他念苍生，悯农夫，这在明朝腐败官场中是十分可贵的。他以诗词表述自己的念农情怀："好挽银潢作甘雨，溥沾率土润苍生"③；"安得天瓢都挽取，化为甘雨润苍生"④。他希望自己能有一把天瓢，挽取银河之水，化作甘霖，滋润禾苗，获得丰年，乐安苍生。于谦以儒家内省，严于律己，不断反思。人之所以犯错误，多源于自是自私，而鲜于自察自省。据初步统计，于谦反思的诗如《自叹》四首、《自咎》四首、《初度》四首，都充满了自律、自省、自责、自咎的可贵精神。这种内心自省，不仅净化灵魂，而且趣近自然。

于谦的处世原则是分善恶，辨正邪。君子与小人，水火不相容。明永乐十九年（1421）于谦同科进士刘球，官翰林侍讲，以直谏，触王振。振大怒，下球狱，属太监马顺杀之。"顺深夜携一小校持刀至球所。球方卧，起立，大呼太祖、太宗。颈断，体犹植。遂支解之，瘗狱户下"⑤。于谦敬仰他的同年，作《刘侍讲画像赞》。其文曰：

铁石肝肠，冰玉精神。超然物表，不涴一尘。古之君子，今之荩臣。才足以经邦济世，学足以尊主庇民。持正论以直言，遭奸回而弗伸。获乎天而不获乎人，全其道而不全其身。……噫，

① 于谦《初度日》，载《于肃愍公集》卷三，第 10 页。
② 于谦《收麦诗》，载《于节闇诗集》卷一，第 14 页。
③ 于谦《晋祠祷雨晓行》，载《于肃愍公集》卷三，第 11 页。
④ 于谦《春水》，载《于肃愍公集》卷三，第 6 页。
⑤ 《明史》卷一六二《刘球传》，第 4406 页。

斯人也，正孔、孟所谓取义成仁者欤！

上述赞辞，像面镜子，映照出一位英烈的崇高形象：铁石肝肠、冰玉精神，全其天道，不顾尔身，舍生取义，杀身成仁，伟哉烈哉，忠肃于谦！

人生于自然，死归于自然。于谦借煤炭喻人生："但愿苍生俱饱暖，不辞辛苦出山林。"[①] 煤炭是无私的，它的出山，为着人间的温暖。于谦又借孤云喻人生："大地苍生被甘泽，成功依旧入山林。"[②] 天云也是无私的，它造福万民后，不求报答，遁入山林。于谦说："人生不满百，常为千岁计。图利与求名，昂昂争意气。昼营夜复思，顾恐力弗至。一旦寿命终，万事皆委弃。"[③] 于谦遭诬，虽死犹生，后世民众，立祠景仰。河南父老，建庇民祠祀之[④]。帝都北京，"公被刑日，阴霾翳天，京师妇孺，无不洒泣"[⑤]。后将其故居改祠，堂三楹，中塑公

① 于谦《咏煤炭》，载《忠肃集》卷一一，第45页。

② 于谦《孤云》，载《于肃愍公集》卷六，第1页。

③ 于谦《无题》，载《于节闇诗集》卷一，第14页。

④ 嘉靖《河南通志》卷一八，第8—9页。该志记载："庇民祠在府治西，祀侍郎于谦。成化中，汴父老建，即公之寓廨所也。正德十年重修，每岁春秋有司致祭。"李梦阳记注曰："开封城马军衙桥西，故有于少保祠云。初，公以定倾保大之功，居无何而死。于是天下人闻公死，咸惊而疑，而涕泣，语曰：鹭鹚冰上走，何处觅鱼嗛。而公前巡抚河南时，实廨马军衙桥西，而梁父老于是闻公死则咸涕泣，日相率潜诣公故廨为位哭奠焉。会纯皇帝（指宪宗）立诏曰：少保谦冤，宥其家而遣（官）祭其墓。乃梁父老则又咸涕泣相率私起祠故廨，傍祠公伏腊忌。梁父老则把香曳筇蹑履若少壮，咸翼如不期而至，稽首祠下哭，填门塞户矣！又敬皇帝（指孝宗）立诏曰：少保谦赠特进光禄大夫、柱国、太傅，谥肃愍，立祠岁春秋祀之。而曰旌功祠焉。于是梁父老则又咸涕相率数百千人诣阙门伏诉；少保谦前兵部侍郎时巡抚功云，愿梁立祠如杭祠，不报。而梁父老归，伏腊忌岁，乃聚哭公于私祠，今三十年余矣！"

⑤ 孙承泽《春明梦余录》卷二二，广陵古籍刻印社，1990年，第14页。

像，春秋享祭。颂云："庙食帝城东，巍峨天人表。"[①] 京师于少保祠[②]成为北京历史文化胜迹[③]。在杭州，于谦祠墓，受到景仰。明宪宗在追录于少保时，借用李荐之语："皇天后土，鉴生平忠义之心；名山大川，还万古英灵之气。"[④] 超然物外，一身正气。明孝宗弘治帝以于谦"能为国家建大议、决大事而成非常之功"，谥曰"肃愍"[⑤]，祠额曰"旌功"[⑥]。明神宗万历帝以于谦"有鞠躬报国之节，有定倾保大之勋"，改谥曰"忠肃"[⑦]。后又"祠于谦'忠节'"[⑧]。于谦被尊称为"于忠肃公"[⑨]。

---

① 刘侗、于奕正《帝京景物略》卷二，北京古籍出版社，1980 年，第 51 页。

② 查慎行《人海记》（清抄本）上卷载："崇文门内旧有于忠肃公祠，万历乙未（1595）二月己未敕建。额曰'忠节'。本朝顺治中，公像被毁。吾邑人谈孺木作《吊于太傅祠文》以悯之。今相传为京师城隍神。"

③ 京师于少保祠，清初孙承泽《春明梦余录》载其"在崇文门内东裱背巷，公故赐宅也。祠三楹，祀少保兵部尚书于谦，塑公像危坐，岁春秋遣太常官致祭"。朱一新《京师坊巷志稿》载："于忠肃祠，万历乙未二月己未敕建。顺治中，公像被毁。"乾隆中，励宗万奉命对京城古迹做调查，其《京城古迹考》云："乃遍访故巷，悉为居民，求所谓忠肃祠者，皆曰不知。"清末，震钧《天咫偶闻》载："于忠肃祠，在裱背胡同，芜废已久，近始重修，浙人逢春秋闱，居为试馆。"1984 年 5 月 24 日，北京市人民政府将"于谦祠"定为北京市重点文物保护单位。其址今为北京市东城区西裱褙胡同（该胡同今已不存）23 号。

④ 孙承泽《天府广记》卷九，北京古籍出版社，1984 年，第 104 页。

⑤ 《明孝宗实录》卷三三，弘治二年十二月辛卯，台北"中研院"史语所校勘本，1962 年。

⑥ 赵其昌主编《明实录北京史料》（北京古籍出版社）第 581 页，引录《明孝宗实录》弘治二年十二月辛卯"于谦"条，脱"恳"字；《明神宗实录》万历十七年十二月丙子"于谦"条，缺漏。

⑦ 《明神宗实录》卷二一八，万历十七年十二月丙子，台北"中研院"史语所校勘本，1962 年。

⑧ 《万历邸钞》中册，万历二十三年二月，江苏广陵古籍刻印社，1991 年，第 882 页。

⑨ 人民文学出版社 1988 年出版孙一珍校点《于少保萃忠全传》，书首页有于谦画像一幅，像下题"于肃公像"。于谦死后，弘治二年谥"肃愍"，万历十七年改谥"忠肃"。所以，于谦画像下题"于忠肃公像"为是，而题"于肃公像"则误。

古今中外，英烈雄杰，经过大苦大悲，大劫大难，成就大义大仁，大智大贤，受到百姓景仰，万民颂传，载诸历史典籍，千古不朽。中国历史上的岳飞、文天祥、于谦、袁崇焕等都是如此。他们的人生，都经历了千锤万击、烈火焚烧、粉骨碎身的三种境界，最后升华为第四种境界——留下清白在人间，完善人格，史册永垂，为中华文明，为人类正义，增加新的财富，增添新的光彩。于谦“要留清白在人间”，是他留给中华民族优秀文化遗产中最重要的精神财富，即其品清介，清励忠介；其性清鲠，清素骨鲠；其官清廉，清正公廉；其人清白，清芬洁白。于谦像一颗明星从天庭中陨落，划破黑夜的长空，给人间带来光明。于谦之死，程敏政曰：“主于柄臣之心，和于言官之口，裁于法吏之手。”有人称此话为公论，愚实以为不然。应当说，于谦以伟功取奇祸，死于英宗之意。在帝制时代，君为主，臣为客。黄宗羲历明清甲乙之际，睹君主专制腐败，因之痛言：“为天下之大害者，君而已矣！”在君主专制时代，柄臣、言官、法吏、阉宦，都是皇帝的奴才和鹰犬。有了主子的隐示，他们便幸于迎合，钟于忌贤，趋炎阿附，乘时邀利。应当说，于谦之冤死，主于英宗之心，出于佞臣之谋，行于群小之诬，裁于污吏之手。真乃“此一腔血，竟洒何地”![1] 冤死西市，苍天悲泣。黄宗羲曾言：“杀其身以事其君，可谓之臣乎？曰：否！”然而，对于谦不能做超越时代的苛求。

于谦生命历程的四种境界，是其留给后人的精神财富。于谦之死，不仅是于忠肃公的个人悲剧，而且是中华文明的一场悲剧。于谦以陨星的悲鸣，给予世界这个烛笼——虽去一条骨，却增一路明。

---

① 于慎行《谷山笔麈》卷三，中华书局，1984年，第23页。

第八讲
戚继光：抗倭御辱真国士

戚继光（1528—1588），山东蓬莱人，是明代伟大的军事家、杰出的民族英雄。同里先贤，光被后学，撰写拙文，以作纪念。

一、边患频发　磨砺将才

社会需要、个人才智、历史机遇——三者的交错联结与有机统一，是一个历史人物在社会舞台演出喜剧或悲剧的历史原因。戚继光一生中的功业与孤独、有幸与不幸，都应当在这里探索历史的答案。

《明史·戚继光传》赞曰："戚继光用兵，威名震寰宇。然当张居正、谭纶任国事则成，厥后张鼎思、张希皋等居言路则废。"诚然，戚继光的戎绩与进退，同张居正、谭纶至为攸关。但戚继光先戎蓟"防虏"，后赴浙"御倭"，其时张居正并未当厕，谭纶则初官知府。《明史·戚继光传》的撰者，过言党争之事：应将戚继光置于错综复杂的历史网络中，进行多层次、多角度的历史考索。

倭盗骚扰海疆，明廷决意御倭，为戚继光施展才智提供了一个军事舞台。

中国自近世以来，不断受到外来势力的侵略。这是中华民族文明史上从未出现过的新困扰。早在 14 世纪初，倭盗就从海上袭扰我国

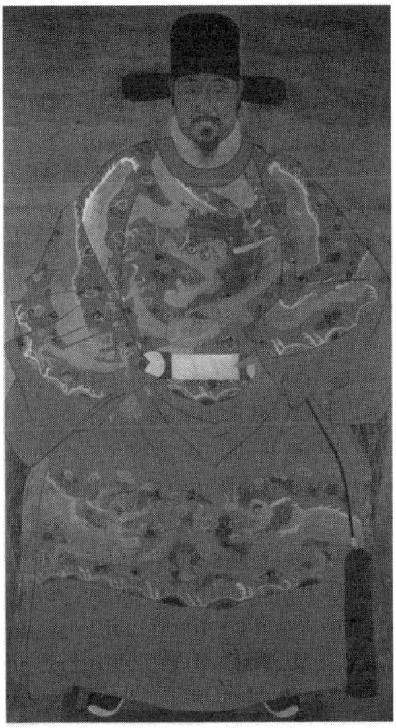
戚继光像

北部和东部沿海地区。元末，“倭人连寇濒海郡县”①，火城市，杀吏民，为害匪浅。明初，“倭数寇海上，北抵辽，南讫浙、闽，濒海郡邑多被害”②，给沿海居民生命与财产造成惨重损失。而后，西班牙、葡萄牙、荷兰等殖民者，从海上向我国东南与中南地区，俄国从陆上向我国东北与西北地区，进行殖民掠夺与扩张。特别是在明中后期、明清之际和清中后期，沿海地区受到三次大的殖民海盗骚扰。在反对外来侵略势力的斗争中，出现了以明代戚继光与郑成功、清代萨布素与林则徐为代表的民族英雄。戚继光则是中华民族发展史上最早反抗外来侵略的著名民族英雄。戚继光以御倭而显名，但明代的倭患需略作分析。

明代的倭患，似可分为前、中、后三期。前期即明初，日本群藩割据，战乱不已。战败的流浪武士与贪婪商人，到中国沿海城乡抢掠粮食和财物，并劫掠人口，作为奴隶。其时明朝国力强盛，在沿海设置卫所，以资防倭。并屡挫倭犯，未酿成大患。如永乐十七年（1419），辽东总兵官刘江在望海埚大败倭盗，斩首千余，生擒数百，“自是海上数十年，民各安业”③。

后期即万历朝，日本丰臣秀吉于万历二十年（1592），派 20 万大

① 《元史》卷四六《顺帝本纪九》，中华书局，1976 年。
② 《明史》卷一五五《刘荣传》。
③ 查继佐《罪惟录》卷一九《刘江传》，浙江古籍出版社，1986 年。

军侵略朝鲜，“攻陷王京，掠占平壤，生民涂炭，远近骚然”①。倭患殃及中国，据朝鲜史书载述掳倭供言：日军“先陷朝鲜，入据其地，然后仍犯中国”②。明廷鉴于同朝鲜为“唇齿之国，有急当相救”③，出兵朝鲜，援朝抗倭。战争历时七年，以日本失败而告终。明朝前期和后期的倭患，其共同点是，同为日人肇起骚乱，又均以日人为成员；其不同点是，前者由中国地方军民，在中国沿海地区展开抗倭斗争，后者则由明廷派出军队，在异国朝鲜土地上进行御倭战争。这两期抗倭，受时势、地域和社会等因素的制约，虽不乏骁勇战将，但未铸成伟大的军事家。

明代中期的倭患，以嘉靖朝为甚。这是因为：永乐帝迁鼎燕京，边防重北轻南，东南防务空虚；东南沿海地区经济实力日增，商品经济发展，而明廷又采取禁海和劫杀的错误政策；明朝在己巳（1449）、丁丑（1457）和庚戌（1550）三变后元气大伤，日趋衰落，军备废弛；日本列岛群雄割据，浪人以岛为巢，登岸肆掠，真倭与假倭相勾结——“各岛诸倭岁常侵掠，滨海奸民又往往勾之”④。正统以降，逐渐酿成倭患。正统四年（1439）史载：

> 是年，寇大嵩，入桃渚，官庾民舍，焚劫一空。驱掠少壮，发掘冢墓。束婴竿上，沃以沸汤，视其啼号，拍手笑乐。捕得孕妇，卜度男女，刳视中否，为胜负饮酒。荒淫秽恶，至有不可言者。积骸如陵，流血成川。城野萧条，过者陨涕。⑤

---

① 《李朝宣祖实录》卷四二，二十六年九月己未，日本学习院东洋文化研究所，1959 年。

② 《李朝宣祖实录》卷四〇，二十六年七月节酉。

③ 《李朝宣祖实录》卷二七，二十五年六月乙卯。

④ 《明史》卷三二《日本传》。

⑤ 《嘉靖东南平倭通录》附录二，载《国朝典汇》，台湾学生书局据台北“中央图书馆”藏善本影印，1965 年。

至嘉靖朝中期，酿成倭患大祸。“自鲁迨粤，海疆麋沸，江浙受祸尤酷”①：略扬州，杀同知，居民遭焚劫；薄苏州，城门闭，乡民绕城哭。受倭患的城镇，“四郊庐舍，鞠为煨烬；千队貔貅，空填沟壑。既伤无辜之躯命，复浚有生之脂膏。闻者兴怜，见者陨涕”②。遭倭难的地区，“兵火之后，百姓流移。死者未葬，流者未复。蓬蒿塞路，风雨晦明。神号鬼泣，终夜不辍”③。浙东浙西，江南江北，滨海千里，同时告警，倭帆所指，皆为残破。因此，抗倭既是明廷维护皇权的需要，也是民众谋求生存的愿望。戚继光在浙、闽的抗倭，受到明廷的重视，也得到百姓的支持。这就为戚继光在抗倭中贡献才智准备了历史的条件。

蒙骑屡破长城，明廷加强御守，为戚继光施展才智提供了又一个军事舞台。明代的蒙古贵族，不断骚扰北边，内犯中原，正统之后，尤为剧烈。《明史·鞑靼传》载：“当洪、永、宣世，国家全盛，颇受戎索，然畔〔叛〕服亦靡常。正统后，边备废弛，声灵不振。诸部长多以雄杰之姿，恃其暴强，迭出与中夏抗。”正统己巳之变与嘉靖庚戌之变，皇帝被俘，京师被困，明之防务，重在北边。在东南沿海倭平之后，北部防务，益加突出，“天下之大患，莫重于边防”④。北边防务，重点在蓟，“今之边务，莫重于蓟”⑤。隆庆元年（1567），朝廷采纳给事中吴时来之言，调总兵官戚继光北上守蓟。

在戚继光守蓟的16年间，恰逢诸多历史机缘。第一，蒙古走向割据衰落，满洲尚未统一崛兴，时处嘉靖庚戌攻扰京师后与崇祯己巳

---

① 《嘉靖东南平倭通录·柳跋》，神州国光社，1946年。

② 采九德《倭变事略·序》，《中国历史研究资料丛书》，上海书店出版社，1982年。

③ 玉垒山人《倭变事略·金山倭变小志》，《中国历史研究资料丛书》，上海书店出版社，1982年。

④ 《张给谏奏议一》，载《明经世文编》卷三六四，中华书局影印本，1962年。

⑤ 汪道昆《蓟镇善后事宜疏》，载《明经世文编》卷三三七。

（1629）攻打京师前的北骑南犯低潮之际。第二，明廷采纳宁夏巡抚王崇古之议，诏封俺答汗为顺义王，开辟贡市。万全等地开市之日，店贾交易，“铺沿长四五里许”①，北边形势，为之一变。第三，张居正当国，谭纶主戎政，究心军谋，委任责成，使其动无掣肘，事克有济。第四，蓟镇与辽东，“表里相依，不啻唇齿”。戚继光戍蓟门设严守固，李成梁镇辽东屡奏大捷，内外配合，遥相呼应。上述的有利因素，为戚继光守蓟功成促合了历史的机遇。

但是，在平倭与守蓟的两个军事舞台上，戚继光之所以能比同时代人扮演更重要的角色，还有其自身的原因。

戚继光的始祖戚详，曾随朱元璋起兵，从戎近三十年，攻战阵亡。明廷为追念戚详开国之功，授其子斌为明威将军，世袭登州卫指挥佥事。斌子珪，珪子谏，谏子宣，宣无子，弟宁娶阎氏生子景通即继光之父。从明初起，倭盗不断骚扰山东沿海州县，登州卫成为海防重地。明在登州设置七所，军官百余人，军兵三千二百余名。戚家自斌至继光，任登州卫指挥佥事共历六世，约一个半世纪。继光之父景通曾历大宁都司掌印，坐京师神机营副将，并以都指挥佥事督备倭诸军事。景通喜读书，不阿附，“常席地读书，当暑不辍”②，刘瑾时，“景通部戍卒践更京师，瑾阴遗之席帽，约曰：‘着此为刘。’景通不肯着，为黄冠遁去”③。景通教子极严，尝以“绮疏四户”“綦履锦衣”诟诫之，并教育其读书立志，报效社稷。景通晚年，“画策备胡，累数百牍”④，究心边事，颇有撰述。景通忠介清廉，死后“家徒四壁，惟遗川扇一柄”，贫至其遗孀告贷襚殓。戚景通于军事理论

① 万历《宣府镇志》卷二〇，万历二年（1574）增刻本，北京图书馆藏（胶片）。

② 《汪太函集》卷二七，明万历辛卯年（1591）刻本。

③ 查继佐《罪惟录》卷一九。

④ 李贽《续藏书》卷一四《都司戚公传（附子继光传）》，中华书局，1959年。

之造诣，戎事实践之丰富，经史艺文之渊博，居官做人之清介，均予戚继光以重要的影响。

天启初，山东总兵沈有容尝言：戚继光以“世胄起家，得读父书，所谓将门出将，故师出以律”①。戚继光出身将门，幼时读书之余，则“融泥作基，剖竹为杆，裁色楮为旌旗，聚瓦砾为阵垒，陈列阶所，研究变合，部伍精明，俨如整旅，居然蛇鸟之势，而绰有风云之状”②。他日金鼓旗帜之节，营伍奇正之方，兹已斑斑微露。稍长，性倜傥，负奇气，“不求安饱，笃志读书”，习兵法武备，“通经史大义”③。他严于律己，尝书“十四戒”④置于座右，并乡试中武举。青少年时的经历，将门家风的熏陶，为戚继光后来事业的成就，准备了重要的条件。

戚继光先祖世袭登州卫指挥佥事，他生长于山东蓬莱水城，自幼知风信，识潮汐，习波涛，明舟师，更了解沿海民众甘苦，又具有训练水兵经验。他的《纪效新书》（十八卷本）有《治水兵篇》，其《纪效新书》（十四卷本）则有《陆兵舟行解》《船》《舟师号令》《水操解》《发航号令》《行泊号令》《夜行号令》《水战号令》《潮汐歌》《太阳歌》《寅时歌》《潮信歌》《风涛歌》《水兵陆操号令》十四节。他率军在沿海抗倭战争中，陆兵水兵，步车战船，两栖作战，彼此转换，相互配合，展现优长。这是戚继光在浙、闽沿海抗倭，铸成伟大英雄的又一个重要条件。

“封侯非我意，但愿海波平。”⑤戚继光利用时代的条件与机遇，秉承父祖遗志，萦念民苦国忧，胸怀壮志，气概博大，登上荡平海

① 《戚少保年谱耆编》卷首“沈序”，崇勋祠重刻本，道光二十七年（1847）。

② 《戚少保年谱耆编》卷一，崇勋祠重刻本，道光二十七年（1847）。

③ 《明史》卷二一二《戚继光传》。

④ 《止止堂集》卷四《愚愚稿上》，清光绪十四年（1888）山东书局重刊本。

⑤ 《止止堂集》卷一《横槊稿上》。

波、御守蓟门的军事舞台。

二、抗御倭寇　荡平海波

戚继光“飙发电举，屡摧大寇”[①]，在抗倭战争中立下千古不朽的功勋。

在嘉靖朝的御倭战争中，戚继光的行动同东南沿海抗倭形势相联系，而东南沿海抗倭的形势又同朝廷政局相联系。嘉靖帝自二十一年（1542）“壬寅宫变”后，移居西苑永寿宫（后改名万寿宫），不入大内，不御朝政。大学士严嵩无他才略，“惟一意媚上，窃权罔利”[②]，并遍引私人，官居要职。赵文华以附嵩，受命总督江浙诸军事。御倭事权不一，战抚不定，用人失当，功罪倒衡。巡抚浙江兼提督浙、闽海防军务的朱纨，虽屡获大捷，却遭谗下狱，自“制圹志，作俟命词，仰药死”[③]。都指挥卢镗虽获战功，因坐朱纨事系狱。巡抚浙江兼提督军务王忬，上方略、整军旅、破倭犯、见成效，但被调任，“浙复不宁矣”[④]。总督张经败敌于王江泾，因怠慢赵文华而落狱，巡抚李天宠亦下狱，俱被斩首，“天下冤之”[⑤]。南直巡抚曹邦辅以获捷被谪戍，甚至总兵俞大猷也因捷遭诬下狱，赖友人密资严世蕃方解狱戍边。出力任事之臣，落狱、受戮；弄权谄媚之流，却得宠、晋官。赵文华不知兵，上平倭患七事，“首以祭海神为言”[⑥]，并饰奏“江南清晏”，竟官至总督、尚书。从而使得东南沿海倭患伏而复起，愈演愈烈。

---

① 《明史》卷二一二《戚继光传》。
② 《明史》卷三〇八《严嵩传》。
③ 《明史》卷二〇五《朱纨传》。
④ 谷应泰《明史纪事本末》卷五五，中华书局，1977年。
⑤ 《明史》卷二〇五《张经传》。
⑥ 《明史》卷三〇八《赵文华传》。

倭患不仅祸及东南沿海居民，而且危及漕运。明代都城在北京，而经济重心在江南，“天下财赋，大半取给东南”①。明朝中期，“河、淮以南，以四百万供京师”②。漕运自江而淮而黄，终至京师。漕运梗阻，殃及京城。倭盗骚扰江、浙一带，影响明廷的财赋与漕运。如“倭至扬州，营于湾头镇数日。逆犯高邮，入宝应，信宿而去。突犯淮安，掠民船四十余艘，旋复入宝应，烧毁官民廨舍，掘县北土坝，泄上河水入，乃驾舟溯东乡，由盐城至庙湾，入海居数日，开洋东遁”③。倭盗滋扰杭、苏、宁、淮、扬等地带，明廷的陵寝、留都、赋源和运道，同时告急。以抚、以贿消弭祸乱的主张，不得人心，遭到摒弃。因此，面对倭患危急态势，只能做出一种回答：抗御倭寇，卫国保民。戚继光就是在这样的情势下，开始受命抗倭的。他平倭十五年，可分作备倭山东、至浙练军、抗倭浙江和援闽御倭四个时期。

倭寇图卷（局部）

（明）仇英绘

① 孙承泽《山书》卷七，清抄本。
② 谷应泰《明史纪事本末》卷二四。
③ 《嘉靖东南平倭通录》。

备倭山东，海疆肃靖　嘉靖三十二年（1553）六月，戚继光“进署都指挥佥事，督山东备倭事”[①]。其时，倭犯重点在浙江。浙江王忬去职，张经与李天宠下狱。赵文华因祷祀东海以镇倭寇之猖獗，兼督察沿海军务而至浙，凌东官吏，公私告困，外患内扰，益无宁日。但山东所受干扰较少，戚继光得以施展才能。他熟悉海情、倭情。早在宣德八年（1433），其高祖戚珪即上言备倭事：

> 初山东缘海设十卫、五千户所，以备倭寇。其马步军专治城池器械，水军专治海运。后调赴京操备、营造，军士已少。而都指挥卫青，复聚各卫马步水军，于登州一处操备。遇夏分调，以守文登、即墨诸处，及秋复聚。若倭寇登岸，守备空虚，无以御敌；且倭船肆掠，无分冬夏，仓卒登岸，而官军聚于一处，急难策应。请以原设捕倭马步水军，各归卫所，如旧守备，且习海运，遇有警急，相互援应，则刍粮免于虚费，军民两便。[②]

疏上，命山东三司及巡按御史计议以闻。戚继光缵承先世历代御倭、治军、海运经验，设署于登州（今山东蓬莱）太平楼前。他振饬营伍，整刷卫所，清理钱粮，严明纪律，惩治闾里豪强，巡查海上营卫，所辖海疆平静，御倭卓有成绩。御史雍焯疏荐言：“海防之废弛料理有方，营伍之凋残提调靡坠。谋猷允济，人望久孚。”由是，调任浙江都司佥书。

浙戎初挫，募练新军　嘉靖三十四年（1555）七月，戚继光转浙江都司，管屯局事。翌年七月，进分守宁、绍、台三郡参将。后赵文华再视师至浙，凌胁百官，搜括库藏，“外寇未宁，内忧益甚”[③]。

---

① 《戚少保年谱耆编》卷一，崇勋祠重刻本，道光二十七年（1847）。

② 《明宣宗实录》卷九九，宣德八年二月甲辰，台北“中研院”史语所校勘本，1962 年。

③ 谷应泰《明史纪事本末》卷五五。

东南倭患之火又呈炽势。戚继光虽获龙山、缙云等小捷，但形势不利，兵不颐使，攻不克，坐免官，戴罪办倭，立功复官。挫折与困惑使戚继光认识到："今军书警报，将士忧惶，徒将流寄杂兵应敌，更取福、广舟师驱而陆战，兵无节制，卒鲜经练，士心不附，军令不知。况又赤体赴敌，身无甲胄之蔽，而当惯战必死之寇；手无素习之艺，而较精铦巧熟之技。且行无赍裹，食无炊爨，战无号令，守无营壁，其何以御寇?"[①] 于是，戚继光找到一件克敌制胜的法宝——募练新兵。嘉靖三十六年（1557）二月，戚继光违众排纷，上《练兵议》。议获准后，招募绍兵，经过训练，军容咸整；但兵员素质差，怯于短刃格斗。两年后，他再上《练兵议》，请招募金华、义乌矿工和农民等入伍，得到总督胡宗宪的支持。这支新军：

> 其选编之法，凡城居者不用，尝败于敌者不用，服从官府者不用，得四千余人。其前绍兵弊习，一切反之，遂以成军。练之期月，皆入彀。再易月，而偏部中法，无不以一当百也。[②]

戚继光招募新军获得成功，为他在浙平倭奏捷铸成了利剑。

抗倭浙江，战功卓著　戚继光在浙平倭，除募练"戚家军"外，还需有利的抗倭态势。先是，给事中孙濬上言，防倭诸臣事权不一，牵掣靡定，迄无成功。廷准兵部覆奏："诸臣职守：督察主竭忠讨寇，实核布闻；总督主征集官兵，指受方略；巡抚主督理军务，措置粮饷；总兵主设法教练，身亲战阵。"[③] 后胡宗宪为总督，赵文华得罪死。宗宪赂斩徐海、诱擒汪直，平之。浙江平倭形势发生变化。这为戚继光抗倭告捷提供了有利的条件。戚继光率领"戚家军"在浙抗倭的突出成绩是台州大捷。嘉靖四十年（1561）夏，倭盗船数百

---

① 《戚少保年谱耆编》卷一。
② 同上。
③ 谷应泰《明史纪事本末》卷五五。

艘、一二万人犯台州，分侵州治滨海之新河、桃渚、健跳和隘顽诸所。依总督胡宗宪部署，戚继光以“敌众我寡”[①] 之兵，分路应策，并力合击，先讨敌大股，后依次歼除。他急趋宁海，扼“三面阻山、一面滨海”[②] 的桃渚，败之龙山。倭分流七百余兵突袭新河。时城内空虚，戚继光夫人令“城守士卒及妇女，悉假兵装，布列城上，旌旗丛密，铳喊齐哄”[③]。敌疑未敢近城——演出一场“空城计”。戚继光率师回救，敌又乘虚袭台州。他身先士卒，手歼其酋，获花街之捷，败敌汩没瓜邻江[④]波底。“戚家军”又在健跳、隘顽，水陆并击，奇正相合，各路相继败敌。是役，历时四十天，九战皆捷，共斩俘 4 100 余人，释系男妇 8 000 余人，缴获器械无算，“所向以全取胜”[⑤]。“戚家军”班师入府城，“老稚士女欢呼，咸谓自罹倭毒以来，无如此捷大快也”[⑥]！这是戚继光在浙平倭中最为辉煌之役，由此，“戚家军”遐迩闻名。

福建御倭，连获三捷　浙东倭平，闽中告急。戚继光率“戚家军”转师福建，横屿、平海、仙游等屡相告捷。其时，浙闽总督胡宗宪因书通严嵩子世蕃被劾下狱，后“竟瘐死”[⑦]。但谭纶再起为福建巡抚，二人上下协和。继光在闽抗倭，得展其才。嘉靖四十一年（1562），倭盗大举犯闽，戚继光师至宁德。距城十里海中的横屿，倭踞三年，结营其中，潮长成海，潮退为泥。八月初八日，戚继光值

① 光绪《台州府志》卷二九，光绪二十三年（1897）修，民国铅印本，首都图书馆藏。

② 康熙《临海县志》卷二，清康熙二十二年（1683）刻本，故宫博物院图书馆藏。

③ 《戚少保年谱耆编》卷二。

④ 《明史·戚继光传》作“瓜陵江”。

⑤ 李贽《续藏书》卷一四《都司戚公传（附子继光传）》。

⑥ 《筹海图编》卷九，明嘉靖四十一年（1562）刻本。

⑦ 《明史》卷二〇五《胡宗宪传》。

潮退，督兵“阵列鸳鸯，负草填泥，匍匐而横进”[①]。抵岸后，戚兵南北夹击，背水血战；倭盗据城拒守，拼死顽抗。戚军力拔重城，焚其巢居，“如奔雷迅电，立见除扫”[②]，涨潮前回师。九月，捣牛田，夺林墩[③]，入兴化，勒石镌铭于平远台。四十二年（1563），倭于上年破兴化府（今福建莆田），至是又据平海卫。是为倭犯以来首陷府城，远近震动。巡抚谭纶令参将戚继光将中军，广东总兵刘显为左军，福建总兵俞大猷为右军，合攻兴化前哨之平海。戚军先登，左右军助击，克收全捷，擒斩 2 451 级，释还被掠者 3 000 余人，妇女裸跣者给衣布而遣之。兴化亦复。四十三年（1564），戚继光战仙游，用寡击众，以正为奇，破重围，收全捷。是役，“盖自东南用兵以来，军威未有若此之震，军功未有若此之奇也”[④]。戚继光晋总兵官，后与俞大猷战南澳，败吴平。至嘉靖末，东南沿海，“倭患始息”[⑤]。

戚继光在鲁、浙、闽、粤的抗倭，具有历史的正义性与民族性。或言史载“真倭十之三，从倭十之七”[⑥]，以此认为这是一场国内战争。实则不然。其一，上述《明史·日本传》引文前有地域限制，即太湖以北地区。其二，上述引文前有“大抵”二字，仅概略言之。其三，真倭为主，所俘大隅岛主之弟辛五郎等献首京师，蒋洲在倭中谕山口、丰后二岛主源义长、源义镇放还被掠人口而具方物入贡，即是例证。其四，汉人为从，所掠人口，“男则导行、战则令先驱，妇

---

① 《戚少保年谱耆编》卷三、《明史·戚继光传》作“人持草一束，填壕进”，“壕”似应为“泥”字。

② 《闽书》卷六七《武军志》，明刻本，北京图书馆善本部藏。

③ 《戚少保年谱耆编》卷六。

④ 《谭襄敏公奏议》卷二，明刻本，北京图书馆善本部藏。

⑤ 谷应泰《明史纪事本末》卷五五。

⑥ 金安清《东倭考》，不分卷，《中国历史研究资料丛书》，上海书店出版社，1982 年；又见《明史·日本传》。

人昼则操茧、夜则聚而淫之”[①]，当然也有甘心助纣为虐者。其五，掳掠子女送回日本，即“以所掠象、奉、泰、宁子女，附舟于巢，髡首跣足，定拟次年归国”[②]。所以，解民于倒悬、救民于水火的御倭战争，其性质是一场在中国土地上进行的，反抗早期外来侵略者的正义战争。戚继光在这场长达15年的御倭斗争中，铸成为中华民族的民族英雄。

三、镇蓟守边 鞠躬尽瘁

戚继光“边备修饬，蓟门宴然”[③]，在守边中有着重要的功绩。

先是自正统瓦剌部也先犯京师，边防独重宣与蓟。也先死后，瓦剌势力转衰，退至天山南北。后鞑靼部兴起，西败瓦剌部，东破兀良哈，驻帐河套，统一蒙古诸部。巴图猛克登鞑靼汗位，即达延汗。达延汗之孙俺答汗，兵精马强[④]，对明不满，庚戌（1550）之变，叩薄都城。而后，明之边防，独重蓟镇。戚继光守蓟，可分为嘉靖、隆庆、万历三个时期。

嘉靖中期，五戍蓟门 嘉靖二十七年（1548），戚继光受命戍守蓟门，至离任赴浙，历时五年。蓟门之危，在于俺答：“攻蓟镇墙，百道并进。警报日数十至，京师戒严。”[⑤] 大学士夏言、兵部尚书丁汝夔、总督三边侍郎曾铣和保定巡抚杨守谦，皆因俺答兵事诛斩或论死；总兵张达、林椿、李涞、岳懋等，亦俱因俺答犯边死之。嘉靖二

---

① 采九德《倭变事略》，不分卷，《中国历史研究资料丛书》，上海书店出版社，1982年。

② 《戚少保年谱耆编》卷二。

③ 《明史》卷二一二《戚继光传》。

④ 王世贞《北虏始末志》，《明经世文编》卷三三二，中华书局影印本，1962年。

⑤ 《明史》卷三二七《鞑靼传》。

十九年（1550），俺答率骑，逼蓟州塞，入古北口，进犯京师。这是明代北京自己巳“土木之变”后，所遇到最大的困扰。艰难的环境，使懦弱者怯缩，更使坚毅者刚强。时值戚继光会试京都，而京都九门戒严。他先在蓟镇，以京蓟唇齿，蓟无劲兵，著《备俺答策》，博得当道者的称赞。他这时又充“北京九门旗牌”，条陈《御虏方略》，部当其议，命刊以闻。俺答兵退之后，边势仍极紧张。他回戍蓟门，著《马上作》云：“南北驱驰报主情，江花边月笑平生。一年三百六十日，多是横戈马上行。”他年资英锐，耻同流俗，慷慨不羁之怀，勇往直前之概，抒成诗意，凝于笔端。戚继光在戍蓟期间，虽未与敌握刃格斗、马颈相交，却能奉职跋涉关隘、遍察军情，故得好评。兵部主事计士元疏荐云：“留心韬略，奋迹武闱。管屯而俗弊悉除，奉职而操持不苟。才猷虎变，当收儒将之功；意气鹰扬，可望干城之寄。”戚继光后南调平倭，终于练就干城之材。前述戎历，既为他嘉靖平倭，又为他隆庆守蓟，做了重要准备。

隆庆戍蓟，练兵修台　隆庆元年（1567），戚继光受命北调，镇守蓟门。翌年入京，遭忌任神机营副将，寻改总理蓟、昌、辽、保练兵事务，节制四镇。在戚继光南戎的十五年间，北部边防，岁无宁日。先是嘉靖四十二年（1563），北骑大掠顺义，京师戒严。隆庆元年（1567），蓟镇告警，京厅震动，明廷“增兵益饷，骚动天下。复置昌平镇，设大将，与蓟相唇齿。犹时躏内地，总督王忬、杨选并坐失律诛。十七年间，易大将十人，率以罪去”①。形势严峻，重任在肩，威继光荷圣命。赴蓟门，镇守京师北边。

蓟镇，“拱护陵寝，锁钥畿甸，所以保障万年根本之地，如人身之头目腹心是也”②。戚迷光莅职后，兢兢业业，频频上疏，论形势、议弊失，辨请兵、分路协，明阵法、练查伍、严纪律、信赏罚，筑边

---

① 《明史》卷二一二《戚继光传》。
② 《戚少保年谱耆编》卷七。

墙、建敌台，嘉南兵、修营房，买军马、备征饷，谕将士、恤病伤，设车营、增鹿角，办火器、筹武学等。他虽志气甚锐，但“纷纷掣肘，精神已减，至于病作”①，后上言兼摄事权。隆庆三年（1569）二月，命戚继光以总理兼镇守蓟州、永平、山海等处督率十二路军戍事。他兼秉事权后，创议建台。明自洪武以降，边墙虽修，敌台未建。京师御守在边，而守边在台。继光巡行塞上，奏《请建空心台疏》：“御戎之策，惟战守二端。除战胜之事，别有成议外；以守言之，东起山海，西止镇边地方，绵亘二千余里，摆守单薄，宜将塞垣稍为加厚，二面皆设垛口。计七八十垛之间……即骑墙筑一台，如民间看家楼。高五丈，四面广十二丈，虚中为三层；可住百夫，器械、糇粮、设备具足；中为疏户以居；上为雉堞，可以用武。虏至即举火出台上，瞰虏方向高下，而皆以兵当埤。……如此则边关有磐石之固，陛下无北顾之忧矣。”疏上，议准。至隆庆五年（1571）八月，台工基本告成，蓟、昌二镇共建台一千零一十七座。后又增建，至翌年十一月，共建台一千二百余座。墩台耸立，精坚雄壮，二千余里，声势连接，其建台之举，垂永世之功。他兼摄事权后，还募练南兵，“浙兵三千至，陈郊外。天大雨，自朝至日昃，植立不动。边军大骇，自是始知军令”②。蓟门军容由是为九边之冠。

在戚继光镇蓟的隆庆年间，京师未警，蓟门晏安。这主要由于戚继光勤职戍守。戚帅除在隆庆二年（1568）冬，拒长昂、董狐狸于青山口外，几未同北骑接战。但他闲暇练兵筑台，按期告成，边备益为坚固，北骑未敢轻犯。蓟门未警，除上述原因外，还有三个因素：其一，俺答封贡。隆庆四年（1570），俺答集团内讧，其孙把汉那吉降。明廷以此为契机，调整三十余年斩使绝贡之策，封俺答为顺义王，纳款贡市，得以乘暇修备。其二，动无掣肘。戚继光在蓟，有

① 《戚少保年谱耆编》卷六。
② 《明史》卷二一二《戚继光传》。

"钧台破格知遇于上，总督为知己忧焦于外，抚院幸同乡无猜嫌"[1]，三端鼎合而一，得以施展所为。其三，成梁镇辽。漠南蒙古东面诸部，不相统一；辽东总兵李成梁屡获大捷，从关外牵制蒙骑南犯。综上，内因与外因，主观与客观，诸多因素，相为统一，从而使戚继光在隆庆年间守蓟，施展才能，获得成功。

万历镇蓟，修墙著书　隆庆帝死，万历帝立，戚继光进入他守蓟的第三个时期，共十年零二个月。他在此间，第一，稍历战阵。万历初，蒙古朵颜、土蛮常为北患。万历元年（1573），戚继光相继获挐子谷、桃林和窟窿台三捷。翌年，朵颜部长秃受其兄董狐狸、侄长昂意入犯，为戚继光所获。董狐狸与长昂叩关请罪。继光与总督刘应节等议，允释长秃，许其通贡；还掠边民，"攒刀设誓"。经继光在镇，朵颜部不敢犯蓟门。万历七年（1579）土蛮犯辽东，他率师往援取胜。第二，增台修墙。蓟镇之守，所最要者，一为修台，一为修墙。修台，初工告成，只在增建；修墙，工程浩繁，所费甚巨。万历四年（1576），于长城"始有折旧修新之议。新墙高广，皆以三合土筑心，表里砖包，垛口纯用灰浆，与边腹砖城，比坚并久"[2]。二千里间，分期修新，在古北、黄花两镇，增台、修墙为先。这是明代自徐达经略以来二百余年未有的大工程。戚继光创议修工，亲自督察，独任其事，备极劳瘁。第三，操练营伍。戚继光长于练兵，善于练兵，凡营伍、阵列、分合、应援、号令、赏罚、破格、握算等不胜枚举，节制精明，器械锋利，并多次大阅，卓著成效。第四，著书立说：他切合实际，总结经验，著《练兵实纪》（详后文）。他又值戎暇之机，览山川险隘，游湖泉胜境，帐灯撰文，马上赋诗，"著作甚盛"[3]，"几

① 《戚少保年谱耆编》卷七。

② 《戚少保年谱耆编》卷一一。

③ 董承诏《戚大将军孟诸公小传》，《重订批点类辑练兵诸书》。

于充栋”[①]，并著《止止堂集》。

一代名将戚继光戍蓟先后21年，而在镇蓟的16年中，练南兵与建敌台，是其两件得意之作。他有幸的是，修新台墙，固若金汤，部伍整肃，蓟门泰安；不幸的是，未历大阵，展示军容，因功遭忌，心怀不畅。他说：操练营伍，“方期一战，以报主恩，在其时矣，乃计出塞，或援辽以试。状上，政府不主之。虏竟亦不犯蓟，徒有封拜之具，无可措手之会”[②]。是为大将内心的悲苦。他的悲苦还表现在被小人算计。小人像影子总跟着君子转，所以“阴在阳之内，不在阳之对”。戚继光还遭到争者、忌者、异者和怪者之龃龉。张居正死后六个月，他被谗改调广东。戚继光拖着垂暮之体、伤病之躯，以未能在蓟结局为憾，受命南行。他的一首七绝《病中偶成》云：

风尘已老塞门臣，欲向君王乞此身。
一夜零霜侵短鬓，明朝不是镜中人。

他在怅惘与悲冷的思绪中赴粤半载后，上引告疏，又过半年，旨准归里。但戚继光得以骨骸还里，苟完名节，尚可自慰矣。

四、撰著兵书　垂范后世

万历十五年十二月初八日（1588年1月5日），“鸡三号，将星殒”[③]，明代伟大的军事家戚继光去世，享年60岁。

---

① 《重订批点类辑练兵诸书》卷首“吴序”，明天启二年（1622）董承诏刻本。

② 《戚少保年谱耆编》卷一二。

③ 汪道昆《孟诸戚公墓志铭》，《汪太函集》卷五九，明万历辛卯（1591）刻本。

伟大的军事家戚继光，自17岁袭职从戎，至58岁告病引退，历事三朝，征战40年，驰驱南北，水陆兼及，身经百战，屡建大功，声誉传华夏，威名震域外，在中国古代军事史上占有重要的地位。他临终前半年，总结自己的征战经历道：

> 三十年行间，先后南北水陆大小百余战，未尝遭一劫，馘倭首殆万计，覆之水火者以数万计，土贼平者殆十余万，返我俘掳无能数计。凡兵临妄杀被掳、动人一物者，皆立诛之。救一生命，赏金五钱，不乐战胜而乐俘归，未敢费先世之积也。部曲起家为大将者十人，内围玉者五人；副总、参、游而下，无虑百计；得卫、所世官者数百计。东南数省离任后，为尸祀庙宇者不可数计。离蓟塞今复四祀而起宏宇崇祀者亦比比。①

上述戚继光的自我评估，只述其戎事战绩，未语其军事著作。客观地评价戚继光，还要考虑他的军事论著在中国古代军事史上的位置等因素。

我国是一个历史悠久、幅员辽阔、人口众多、民族繁盛的大国，历史上战争规模之大、次数之多、争局之激烈、情势之复杂，为世界古代历史所罕见。长期而剧烈的战争，既培育出骁勇将帅，又凝晶出军事著作。《四库全书总目·子部·兵家类》正目收兵书20部，戚继光的《纪效新书》和《练兵实纪》被收录，占其所收兵书总数的十分之一。且一人被著录两部，是为本目所仅见。我国的兵书，风后以下，皆出依托，《孙子》为古代兵书之祖。秦汉以降，隋代之前，兵书或系佚名伪托之卷，或为后人摭拾之作，或为儒士辨谬之著，不可深论。唐代《李卫公问对》，疑为宋人掇拾之作；《太白阴经》著者李筌，入山访道，蒙上仙气，且“其人终于一郡，其术亦未有所

① 《戚少保年谱耆编》卷一二。

试”。宋代四部兵书，其撰者或未娴将略，或汇前人之说，或评论古人之作，或囿于一城一障而未成大家手笔。至于明代五部兵书，唐顺之著《武编》，其人一战而几为敌困，被讥为“纸上之谈”。何良臣之《阵记》、郑若曾之《江南经略》，虽均为平倭之书，然二人《明史》未列传，其名不显，与戚继光层次不同，亦当别论。上面简析《四库全书总目》卷九九所录二十部兵书，虽其所著录未尽合理，但从一个侧面可以看出戚继光的《纪效新书》和《练兵实纪》，在中国古代军事思想史上所占的重要位置。

伟大的军事家戚继光所著《纪效新书》与《练兵实纪》，突出“新”“实”二字，这是他军事思想的两个闪光点。戚继光所处的嘉、隆、万三朝，朝政日益腐败，社会危机四伏。文武官员多浑噩混冥，阿谀媚上，侈谈大言，以娱朝廷。理学“天不变道亦不变”的教条禁锢头脑，王守仁的心学又笼罩士林。他说：“物理不外吾心，外吾心而求物理非物理矣。”[①] 这就摆错了心与理、主观与客观的关系。戚继光从戎马实践中认识到，一切泥法与唯心的东西，都必然在对敌交锋中碰壁。他说兵事必须真实，不可虚戏：兵士习弄虚套，将军务弄虚欢，一遇敌来，不能实战，只有失败。戚继光以“新”对泥旧，以“实”对唯心，勇于创革，敢于实践，从而使其在军事理论与军事实践中，取得了超越同时代人的卓越成就。他所著的《纪效新书》与《练兵实纪》，则是这一成就的记录。

《纪效新书》是戚继光的发愤之作。司马迁尝言，“人皆意有所郁结，不得通其道”[②] 而著书立说。戚继光也是这样，他说，“岁丁巳，幸有舟山之役，三折肱始得其彀，三易其人始成，遂著《纪效新书》，俾共习之”[③]。丁巳即嘉靖三十六年（1557），他在舟山岑港受挫，遂发愤募兵、著书。至三十九年（1560）正月，“创鸳鸯阵，

① 黄宗羲《明儒学案》引《传习录》，世界书局本，民国二十年（1931）。
② 《史记》卷一三〇《太史公自序》，中华书局，1959 年。
③ 《戚少保年谱耆编》卷一二。

著《纪效新书》”[①]。他说：“夫曰纪效，所以明非口耳空言；曰新书，所以明其出于法，而不泥于法，合时措之宜也。”[②] 可见戚继光以其书的“新”与“实”而自况。其时谈兵之家，“往往捃摭陈言，横生鄙论，如汤光烈之掘穽〔阱〕藏锥，彭翔之木人火马，殆如戏剧”[③]。《纪效新书》则不然，其说皆为“阅历有验之言”[④]。全书分束伍、操令、阵令、谕兵、法禁、比较、行营、操练、出征、长兵、牌筅、短兵、射法、拳经、诸器、旌旗、守哨和水兵十八篇，内容广博，不乏新见。诸如创练浙兵、鸳鸯阵法、节制营伍、武器配置、新型舰船和水兵治制等，都对古代军事历史发展做出了新的贡献。《纪效新书》源自戎旅，又用于兵阵，先鲁、次浙、复闽、再粤，所战皆验，倭平而安。

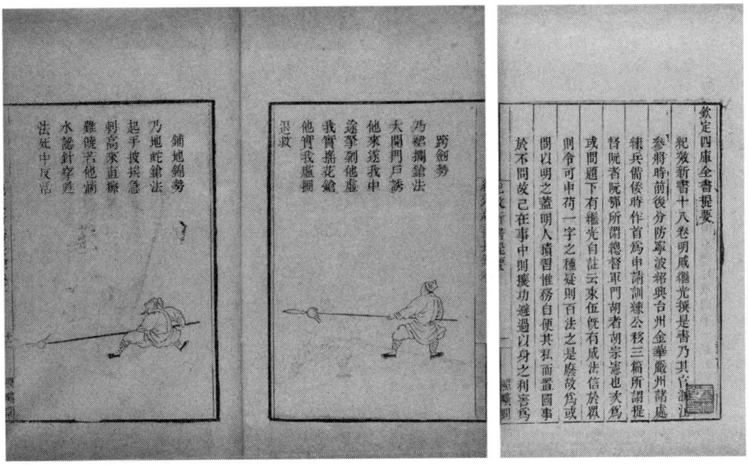

《纪效新书》

① 《戚少保年谱耆编》卷一。

② 《纪效新书》卷首“自序”，影印文渊阁四库全书本，台湾商务印书馆，1986 年。

③ 《四库全书总目》卷九九《〈阵纪〉提要》，中华书局影印本，1965 年。

④ 《四库全书总目》卷九九《〈纪效新书〉提要》。

《练兵实纪》也是戚继光的发愤之作。他莅镇后，多所建树，“致有飞语上达宸听，数滨斛氏之危，乃著《练兵实纪》”①。戚继光受三镇练兵，但“蓟边兵政废弛已久，一切营伍行阵、志趋识见，类皆延袭旧套，是以将不知兵，兵无节制，已非一日”②。他既始终以练兵为本，便师取兵籍中的精华，总结南北兵事经验，依照蓟镇实情，著《练兵实纪》。书分练伍法、练胆气、练耳目、练手足、练营阵，终之以练将，篇篇精彩，练将尤精。“将者，三军司命”③；将之于兵，犹如人之心与身。故兵家历来重练将，兵书有《将苑》《将鉴》《将纪》和《将略》等可为明证。但戚继光的《练将》，练将的德、才、学、艺，重在将德。此篇声色害、货利害、刚愎害、胜人害、逢迎害、委靡害、功名害等二十六条，其中二十四条讲的是将德。这是一篇著名的“将箴”。戚继光既重练将，又重练兵。练兵之要在实：“教兵之法，美观则不实用，实用则不美观。”④ 书以“实纪”为名，旨在征于实用。在实际中练的兵将，万众一心，节制精明。他在蓟练兵，“练至八载，将士实无二心，而有死心。登坛则大将之威仪，卓有可观。其车营十二，精甲十万，可联营数十里，指呼如一人之牧羊群，絜长度短，至无隙漏”⑤，攻无不克，战无不胜。其法“后多遵用之”⑥。戚继光的选兵练兵，实践与理论相结合，达到了我国古代军事史上的高峰。戚继光于兵事多有建树，《明史·兵志》在四处肯定了他在练伍、台墙、车营和舰船等方面的新贡献。他于战略战术也多有新见，巧妙运用，诸如大创尽歼、水陆配合、迅击速决和算定而战等，不胜枚举。

---

① 《戚少保年谱耆编》卷一二。
② 《练兵实纪》卷首《公移》。
③ 《练兵实纪杂集三》卷三《将官到任宝鉴》。
④ 《四库全书总目》卷九九《〈练兵实纪〉提要》。
⑤ 《戚少保年谱耆编》卷一二。
⑥ 《明史》卷九二《兵志四》。

综上，戚继光在《纪效新书》和《练兵实纪》中闪出“新”与“实”的思想光华，使其在军事理论上有了新发明，在军事实践上做了新贡献。有人说：中国古代十大兵书，戚继光所著占其二。中国古代大兵书为哪几部尚可讨论，但这说明戚继光在军事史上的地位。在我国古代军事史上，著名将领多无兵书，兵书著者又多非名将。自秦汉迄明季，近两千年间，为我国著名将领而有著名兵书，唯戚继光一人。他既出身将门，躬历百战，显名于世；又勤于总结，撰著兵书，垂之于后。戚继光其人，为民族之精英；其书，为传世之佳作。可以得出一个结论：戚继光是我国古代伟大的军事家。

第九讲
袁崇焕：爱国将领志未酬

袁崇焕（1584—1630），字元素，号自如，祖籍东莞，落籍藤县，曾居平南。崇焕官至督师，抗战八年，“杖策必因图雪耻，横戈原不为封侯”[①]，只念社稷安危，不计个人荣辱。他身戎辽事，忠于职守，其“父母不得以为子，妻孥不得以为夫，手足不得以为兄弟，交游不得以为朋友”[②]，体现了高尚的爱国精神。这是袁崇焕留给后人重要的精神财富。

本文就袁崇焕辽事活动的历史条件、军功业绩及其含冤死因等问题，提出浅见，以冀教正。

一、生逢乱世　矛盾丛生

列宁在《什么是“人民之友”以及他们如何攻击社会民主主义者?》一文中说：“历史必然性的思想也丝毫不损害个人在历史上的作用，因为全部历史正是由那些无疑是活动家的个人的行动构成的。在评价个人的社会活动时会发生的真正问题是：在什么条件下可以保证这种活动得到成功呢？有什么东西能担保这种活动不致成为孤立的

① 袁崇焕《边中送别》，《袁督师事迹》，道光三十年南海伍氏粤雅堂刻本。

② 程本直《漩声记》，载《袁督师事迹》，道光三十年南海伍氏粤雅堂刻本。

行动而沉没于相反行动的汪洋大海中呢?”这就启示人们，在评价历史人物的活动时，既要分析保证其活动成功的历史条件，又要分析造成其活动失败的历史因素。作为明代杰出军事家、民族英雄的袁崇焕，不仅有羽书奏捷的欢乐，而且有落狱磔死的悲苦。归根结底，袁崇焕是一位悲剧式的英雄人物。这自然有其历史条件。

袁崇焕像

中国自明万历十一年（1583）努尔哈赤起兵，至清康熙二十二年（1683）玄烨统一台湾的整整一百年间，是处于外敌入侵、民族纷争、阶级搏斗、九鼎频移的历史巨变时代。在这一历史时期，西方在资本原始积累的基础上，资本主义生产方式逐渐发展，先后发生了尼德兰资产阶级革命和英国资产阶级革命。此后，西方各国逐步地建立起资本主义的社会秩序。资产阶级争得自己的阶级统治地位还不到一百年，“它所造成的生产力却比过去世世代代总共造成的生产力还要大，还要多”①。然而，中国却处于连绵不断的国内战争时期。满

① 《马克思恩格斯全集》卷4，人民出版社，1953年，第471页。

洲兴起，农民起义，清军入关，抗清斗争，三藩之乱，统一台湾，经过百年的战争与整合，激进与回旋，中华民族重新统一，形成一个强大的清帝国。清代这个统一的多民族的封建帝国的起点，是努尔哈赤的勃兴。

袁崇焕生活时代的一个特点是满洲崛兴辽东。万历十一年（1583），女真首领努尔哈赤以父塔克世“遗甲十三副”① 起兵，是中国 16 世纪最重大的政治事件之一。努尔哈赤起兵后，统一建州女真，吞并扈伦四部，征抚东海女真，降附黑龙江女真，绥服漠南蒙古，结好东邻朝鲜，创建八旗制度，主持制定满文。万历四十四年（1616），努尔哈赤为“（安巴）庚寅汗”，即“（大）英明汗”②，黄衣称朕，建立后金，指明朝为南朝。万历四十六年即天命三年（1618），后金汗努尔哈赤以“七大恨”告天，随后计袭抚顺，智取清河。败报迭至，明廷震惊。翌年，明派杨镐为经略，率 11 万大军，号称 47 万，兵分四路，分进合击，进攻后金政治中心赫图阿拉。但明军初动，师期已泄。努尔哈赤采取“任他几路来，我只一路去”③的策略，集中兵力，以逸待劳，逐路击破明军的攻剿，取得萨尔浒大捷。后金军接着占开原，据铁岭。天启元年（1621），后金兵东犯，破沈阳、陷辽阳。辽阳是明朝辽东的首府，辽阳的失陷，标志着明在辽东统治的结束。随即辽河以东 70 余城堡全为后金占领。天启二年（1622），后金军又进犯河西，占领广宁。明辽东经略王在晋说：

> 东事一坏于清、抚，再坏于开、铁，三坏于辽、沈，四坏于广宁。初坏为危局，再坏为败局，三坏为残局，至于四坏则弃全

---

① 《清太祖武皇帝实录》卷一，癸未年（万历十一年）五月，台北广文书局影印本，1970 年。

② 《满文老档·太祖》第 5 册，天命元年正月壬申朔。

③ 傅国《辽广实录》上卷，《清入关前史料选辑》第一辑，中国人民大学出版社，1984 年。

> 辽而无局，退缩山海，再无可退。[①]

明军失陷广宁，丢掉全辽，退缩山海，无局可守。这就是袁崇焕荷任辽职时王在晋所分析的辽东形势。

但是，上述辽东形势的出现，是明代辽东地区历史发展的必然结果。在东北地区，居住着女真等少数民族。明廷除加强对女真等族的管辖外，还采取“分其枝，离其势，互令争长仇杀”[②] 的政策。明朝封建统治者对女真等族实行的民族分裂和民族压迫政策，必然引起女真人的反抗。所以，明朝后期主昏政暗，国力衰弱，边备废弛，将骄卒惰，以努尔哈赤为首的女真人乘机起兵反明。然而，明朝与建州的纠纷尽管都是中华民族内部的矛盾，但这里也有个是非问题。明朝与建州的战争，有进犯与防御、侵扰与抵抗、非正义与正义的区别。大体说来，明朝与建州的战争，可以分作前后两期：前期女真军事贵族反抗明廷民族分裂与民族压迫的战争，是正义的战争；后期女真军事贵族掠夺明朝土地、人口、财畜的战争，则是非正义的战争。袁崇焕从天启二年即天命七年（1622）至崇祯二年即天聪三年（1629）任辽职的八年间，加强防戍，守卫宁远，营救十三山难民，抗击后金军南犯，维护长城内外汉族等民族的利益，其所进行的战争，完全是正义的战争。正义的战争，为袁崇焕成为军事家和爱国将领提供了历史的前提。

袁崇焕生活时代的又一个特点是社会矛盾尖锐。明末以皇帝、宗室、宦官、勋戚为主体的皇家官僚地主集团，是当时社会上最反动腐朽的大地主集团。袁崇焕身经万历、泰昌、天启、崇祯四朝，至他任辽职时，明祚已传十五代，纪纲败坏，积弊深重，中空外竭，危机四

---

① 《明熹宗实录》卷二〇，天启二年三月乙卯，台北“中研院”史语所校勘本，1962 年。

② 《神庙留中奏疏汇要·兵部类》卷一，明抄本，北京图书馆善本部藏。

伏。本文不拟全面论述明末社会矛盾，仅对其财政支绌略做侧面分析。《明史·食货志》载："国家经费，莫大于禄饷。"在诸禄之中，举宗禄为例。明制宗藩世世皆食岁禄，然天潢日繁，奸弊百出。御史林润言：

> 天下之事，极弊而大可虑者，莫甚于宗藩禄廪。天下岁供京师粮四百万石，而诸府禄米凡八百五十三万石。以山西言，存留百五十二万石，而宗禄三百十二万；以河南言，存留八十四万三千石，而宗禄百九十二万。是二省之粮，借令全输，不足供禄米之半，况吏禄、军饷皆出其中乎？①

虽郡王以上，犹得厚享；但将军以下，多不能自存，饥寒困辱，号呼道路。

在诸饷之中，举三饷为例。御史郝晋言：

> 万历末年，合九边饷止二百八十万。今加派辽饷至九百万；剿饷三百三十万，业已停罢；旋加练饷七百三十余万。自古有一年而括二千万以输京师，又括京师二千万以输边者乎？②

以上宗禄和边饷两例说明，明廷竭天下之力，以供禄饷，致财尽民穷，帑藏匮绌，海内困敝，明社将倾。其时社会矛盾的表现，譬之一身，中原为腹心，西北与东北为肩臂；腹心先溃，肩臂立危。先以东北地区为例，明统治者对辽民剜肉剥肤，啄骨吸髓，迫使大量汉人进入建州地区：

① 《明史》卷八二《食货志六》，中华书局点校本，1974 年。
② 《明史》卷七八《食货志二》。

> 建州彝地有千家庄者，东西南北周回千余里，其地宽且肥。往年辽、沈以东，清河、宽奠等处，与彝壤相接，其间苦为徭役所逼者，往往窜入其中，任力开垦，不差不役，视为乐业。彝人利其薄获，阳谓天朝民也，相与安之，而阴实有招徕之意。然矿税未行，人重故土，去者有禁，就者有限，即官司有事勾摄，犹未敢公然为敌也。乃今公私之差，日增月益，已不自支，而矿税之征，朝加夕添，其何能任！况在此为苦海，在彼为乐地。彼方为渊为丛，民方为鱼为雀，而我为獭为鹯。以故年来相率逃趋者，无虑十万有余。[①]

辽民为鱼为雀，建州为渊为丛，而明朝统治者却是为獭为鹯。

辽民逃入建州，社会矛盾激化民族矛盾；辽左连年用兵，民族矛盾又激化社会矛盾。万历末年巡按张铨说：“竭天下以为辽，辽未必安，而天下先危。”其后御史顾慥又说：“竭全宇以供一隅，今年八百万，明年八百万，臣恐财尽民穷，盗贼蜂起，忧不在三韩，而在萧墙之内也。”

再以西北地区为例。陕西北部，地瘠民穷，科敛过重，“户口萧条，人烟稀少”[②]。明加辽饷，前后三增，至天启七年即天聪元年（1627），加派于陕西省，为银 263 613 两。又值连年灾荒，至人相食。天启六年即天命十一年（1626）八月，陕西发生纪守司等小股农民起义。翌年，陕西大旱，澄城知县张斗耀，“催科甚酷，民不堪其毒。有王二者，阴纠数百人，聚集山上，皆以墨涂面”[③]，冲入县衙，将斗耀砍死，聚众举义。崇祯元年即天聪二年（1628），全陕

① 何尔健《按辽御档疏稿·直陈困意》，何兹全、郭良玉校编本，中州书画社，1982 年。

② 民国《续修陕西通志稿》卷八六，民国二十三年铅印本。

③ 文秉《烈皇小识》卷二，上海书店出版社，1982 年。

“连年凶荒，灾以继灾”[①]。继王二首义之后，王嘉胤起府谷，不沾泥起西川，王自用起延川，王左挂起宜川，高迎祥起安塞，举义之火，势如燎原。第二年，当袁崇焕入援京师时，陕西义军风驰电掣，纵横全省，致明廷惊叹：“全陕无宁宇矣！”[②] 各路“勤王之师”，因粮饷无着，相继中途哗变。如山西巡抚耿如杞统五千援军，哄然溃归；甘肃巡抚梅之焕所统援兵，哗变逃归；延绥总兵吴自勉带领之师，溃走陕西。许多溃兵相继参加了农民义军。

上述可见，明末社会矛盾与民族矛盾交互激化，是导致袁崇焕悲剧结局的重要社会因素。袁崇焕被起用为蓟辽督师后，面奏“五年复辽”方略，以解天下倒悬之苦。但辽东之局，建州蓄聚，四十余年，原不易结；而中原地区，财竭民穷，义旗遍举，势成燎原。明廷腹心早溃，肩臂已危，辽东陕北，首尾难顾。袁崇焕已经失去辽东取胜的经济前提与社会基础，其“五年之略”，难以按期责功，报之寸磔非刑。

袁崇焕生活时代的另一个特点是明末党争激烈。随着明末民族矛盾与社会矛盾日益激化，明统治者更加腐败，朝政日弛，臣工水火，议论角立。万历十七年（1589）后，朱翊钧怠于政事，二十余年不临朝议政。朱赓为首辅三年，未曾见帝一面，疏奏屡上，十不一下。时“政权不由内阁，尽移于司礼”[③]。朱赓死后五年间，内阁唯叶向高一人，杜门者已三月，六卿只赵焕，户、礼、工三部亦各只一侍郎，都察院八年无正官，原额给事中五十人、御史百一十人，其时皆不过十人。“在野者既赐环无期，在朝者复晨星无几”[④]。于是，大小臣工，日相水火，党人势成，清流逐尽。

天启初，东林党人柄政。天启二年即天命七年（1622），东林党

① 孙承泽《山书》卷一，清抄本。
② 吴伟业《绥寇纪略》卷一，《丛书集成》本，商务印书馆，1936年。
③ 《明史》卷二一九《朱赓传》。
④ 《明史》卷二二五《赵焕传》。

人御史侯恂以袁崇焕“英风伟略”①，加以疏荐，袁被擢为兵部职方司主事。袁崇焕虽非东林党人，却倾向于东林，他的座师韩爌等都是东林党。同年二月，东林党魁孙承宗为兵部尚书兼东阁大学士，预机务。八月，命大学士孙承宗督师。后孙承宗巡边，支持袁崇焕守宁远之议。翌年九月，孙承宗决守宁远，命袁崇焕等营筑宁远城，期年竣工，遂为关外重镇。但是，天启四年即天命九年（1624）正月，阉党顾秉谦、魏广微入阁，后魏忠贤提督东厂。“自秉谦、广微当国，政归忠贤”②。六月，杨涟等疏劾魏忠贤二十四大罪，东林党与阉党公开冲突。不久，杨涟、左光斗被削籍，东林党人被逐一空，阉党专政。阉党决心惩治熊廷弼等，以张威固势。顾大章说：“熊、王之案，诛心则廷弼难末减，论事则化贞乃罪魁。”但阉党不甘心，诬其贿东林党求免，终将熊廷弼杀死，并传首九边。随之，孙承宗以不阿附阉党而被迫去职，换以阉党高第为经略。高第令尽撤锦州等城守具，驱屯兵、屯民入关。袁崇焕力争兵不可撤，决心“独卧孤城，以当虏耳”③。后袁崇焕虽连获宁远和宁锦两捷，终因被魏党所恶而引疾去职。

崇祯初，魏忠贤被赐死，阉党谋团受到打击，东林党人再次柄政。袁崇焕被起用为蓟辽督师。魏忠贤伏诛，“忠贤虽败，其党犹盛”④；颁钦定逆案，“案既定，其党日谋更翻”⑤。阉党谋翻案，先攻辅臣刘鸿训，刘被遣戍，东林开始失势。崇祯二年即天聪三年（1629），后金军攻打京师，袁崇焕下狱。魏忠贤遗党温体仁、王永光等“群小丽名逆案者，聚谋指崇焕为逆首，龙锡等为逆党，更立

---

① 《明熹宗实录》卷一八，天启二年正月甲子。

② 《明史》卷三〇六《顾秉谦传》。

③ 周文郁《边事小纪》卷一，《玄览堂丛书续集》本，南京国立中央图书馆影印本，民国三十六年。

④ 《明史》卷二五一《刘鸿训传》。

⑤ 《明史》卷三〇六《阉党列传》。

孙承宗像

一逆案相抵”[1]。翌年八月，袁崇焕被杀。寻，钱龙锡也被逮下狱，后遣戍。韩爌、李标、成基命等先后“致仕”，东林党内阁倒台。

在袁崇焕任辽事的九年间，正是明末党争最激烈的时期。明末辽东三位杰出的统帅熊廷弼、孙承宗、袁崇焕，都在东林党与阉党斗争中，因阉党的掣肘、干扰、排陷，或传首九边，或遭劾辞职，或寸磔于市。但是，东林党与阉党的斗争互有消长。袁崇焕的擢用、建功、告归、磔死，无不与东林党同阉党的斗争相联系。所以，袁崇焕在辽事上的建功与蒙辱，除受到民族矛盾和社会矛盾这两个因素的影响外，还受到东林党与阉党之争的制约。

袁崇焕生活时代的再一个特点是西方科技传入。西方殖民者借助大炮进行扩张，嘉靖初佛朗机炮传入中国，“然将士不善用”[2]。谭纶指出：“中国长技，无如火器。”万历十年（1582），耶稣会士利玛窦来华，其后艾儒略、邓玉函、汤若望、罗亚谷、阳玛诺等也相继来

① 《明史》卷二五一《钱龙锡传》。
② 《明史》卷三二五《外国列传六》。

华。他们传来西方天文、数学、地学、机械、火器等科技知识。明臣徐光启、李之藻等力排徐如珂、沈漼等愚顽之见，推崇西学，从事翻译和研究。明失陷辽阳，徐光启“力请多铸西洋大炮，以资城守”①。后明廷以数万金调“澳夷”至京教习制作西洋大炮。茅元仪受李之藻嘱，“亲叩夷，得其法”②。后袁崇焕将运至关外的红夷大炮，安设于宁远城四面，并派家人罗立、通判金启倧等学习燃放。后金军力攻宁远，“城中用红夷大炮及一应火器诸物，奋勇焚击，前后伤虏数千”③，致努尔哈赤大败而回。袁崇焕使用随西方科技传入而购进的红夷大炮，成为其夺取宁远和宁锦两捷的重要因素。

前述民族矛盾激化，社会矛盾尖锐，朋党之争酷烈，西方科技传入，以及其错综复杂的关系，是袁崇焕宦海浮沉的客观因素。但袁崇焕自身的经历，则是其辽事功业的主观因素。袁崇焕万历三十四年（1606）举于乡。万历四十七年即天命四年（1619）成进士，后官邵武县令。他作为一名下级封建官员，能体恤民情，“明决有胆略，尽心民事，冤抑无不伸；素矫捷有力，尝出救火，着靴上墙屋，如履平地”④，是一名清官。他虽身居八闽，却心系辽事，“日呼一老兵习辽事者，与之谈兵”⑤。天启二年即天命七年（1622）大计至京，他单骑出阅边塞，关心社稷兴亡。所以，尖锐的民族矛盾激发了他的爱国热忱，促其弃文从戎，任职辽事。但是，袁崇焕对明末民族矛盾、阶级关系、朋党之争和西学东渐的复杂性认识不足，凭颇热肝肠与个人才智，杖策雪耻、图复全辽。上述诸种矛盾及其变化，既为他铸成英雄塑像，又使他扮演悲剧角色。

---

① 《明史》卷二五一《徐光启传》。
② 茅元仪《督师纪略》卷二〇，北京图书馆善本部藏。
③ 《明熹宗实录》卷六八，天启六年二月甲戌朔。
④ 《乾隆邵武府志》卷一五，清乾隆三十五年刻本，故宫博物院图书馆藏。
⑤ 夏允彝《幸存录》卷上，清抄本，北京图书馆善本部藏。

二、镇守辽东　军功斐然

明代杰出的军事家袁崇焕，重建一支辽军，组成一条宁锦防线，提出一套军事原则，指挥三次重大战役，在军事理论与军事实践上均做出了可贵的贡献。

袁崇焕重建了一支辽军。明朝辽东军队在明代初期和中期，对抵御蒙古和女真贵族骑兵的“骚掠”和“犯抢”，入援朝鲜抗击倭军侵略，俱起过重要作用。但万历后期以降，辽军将贪、兵惫、饷缺、马羸、器窳、甲敝，边备废弛，日益腐败。万历四十七年即天命四年（1619）以后，明军陷城失地，将奢卒掠，“将不习于斗而习于奢，卒不善于攻而善于掠”[①]。明军如乱絮纷丝，似乌合之众，兵无纪，饷不清，“且有缚镇杀抚之事”[②]。袁崇焕要抵御后金军南犯，画程复辽，当务之急是改造和重建辽军。

第一，选将。他按兵之多寡设官，按官之德才择将，遴选赵率教、祖大寿、何可纲等五十员将领，皆获旨允。如赵率教分数明白、纪律精详、猷略渊远、着数平实，祖大寿英勇矫捷、腔子玲珑且与士卒通肺腑、同甘苦，何可纲不破公钱、不受私馈、敝衣粝食、韬钤善谋。袁崇焕与三将倚为股肱，誓与始终。

第二，精兵。他汰冗卒，补新兵。“请以十万五千官兵，汰为八万，以二万留关内，六万布关外。”[③] 袁为带兵之人，悉知兵多而自稳。但他汰冗兵不仅可减轻各省征调转输之苦，而且能使部伍“焕然一新，数万之兵而有一二十万之用”[④]。他并以广西狼兵、关外辽

---

① 《明熹宗实录》卷七五，天启六年八月乙卯。

② 《崇祯长编》卷二五，崇祯二年八月乙卯，台北“中研院”史语所校勘本，1962 年。

③ 《明熹宗实录》卷六八，天启六年二月戊戌。

④ 《明熹宗实录》卷七一，天启六年五月庚申。

兵，充实辽伍，组成辽军。

第三，措饷。明军缺饷，数月不发，激起兵变，吊捶抚臣。他起复后，仅在崇祯元年即天聪二年（1628）下半年，即几乎无月不请饷催饷。

第四，治械。明军失陷清、抚后，军士“弓皆断背断弦，箭皆无翎无镞，刀皆缺钝，枪皆顽秃”[①]。袁崇焕疏请工部制造器械，将监督、主事、匠役等名勒上，“倘造不如法，容臣指名参核”[②]。又请工部所制甲械，依祖大寿式，交关内外分造，并极力运用新造西洋大炮。

第五，赏勇。“战争为最危险的领域，所以勇气是超越一切事物之上而成为战士的第一素质。”[③] 袁崇焕在守宁远时，置银于城上，“有能中贼与不避艰险者，即时赏银一锭。诸军见利在前，忘死在后，有面中流矢而不动者，卒以退虏”[④]。他既赏勇敢，又罚贪怯，平素驭军最严格，以便法行而实施。

总之，袁崇焕在选将、汰冗、征召、饷粮、炮械、训练、军纪等方面极为严肃，从而重建一支在适当的时间和地点同后金兵进行殊死搏斗的辽军。

袁崇焕建成了一条宁锦防线。先是，明军在辽东，熊廷弼设三方布置策，未能实施而兵败身死；王化贞沿辽河设一字形防线，广宁兵败而身陷囹圄；孙承宗策划关外防线，戎业未竟而愤然告归。明诸将于后金军的进攻，罔敢议战守，“议战守，自崇焕始”[⑤]。袁崇焕议辽东战守有个过程。在宁远之战前，他主要营筑并坚守宁远。宁远之捷

① 熊廷弼《熊襄愍公集》卷三，清道光二十一年刻本。

② 佚名《今史》卷四，清刻本。

③ 克劳塞维茨《战争论》（精华）中译本，第一章第二节，商务印书馆，1978年。

④ 《明熹宗实录》卷七〇，天启六年四月己亥。

⑤ 《明史》卷二五九《袁崇焕传》。

表明，明军“文武将吏，从此立脚”①。在宁锦之战前，他主要缮守锦州等城。宁锦之捷表明，宁锦防线初步确立。在保卫京师之战前，袁督师为结五年复辽之局，重新部署关外防线，建成锦州、宁远、关门防御体系，并着手整顿蒙古和东江两翼。袁崇焕所建宁锦防线，包括“一体两翼”。“一体”即纵向，由总兵赵率教驻关门，为后劲；自率中军何可纲驻宁远，以居中；总兵祖大寿镇锦州，为先锋。其军队则分为马兵、步兵、车兵、水兵，计二十四营。各将领画地信守，缓急相应，且筑且屯，亦守亦战，逐步而前，更迭进取，战则一城接一城，守则一节顶一节。“两翼”即横向，其左翼为蒙古拱兔等部，采取“抚西虏以拒东夷”的策略；其右翼为东江，实行斩帅抚众、整顿部伍，以挠敌后的措施。这就是袁崇焕所建辽东“一体两翼”的十字形防线。袁崇焕辽东宁锦主体防线的建成，阻挡了后金军的南进。然而其两翼未成，东江一翼杀毛文龙后未及整顿而含冤身死；蒙古一翼，亦未能如愿，致皇太极绕道蒙古，破塞入犯，兵指京师。然而，袁崇焕倚靠重建的辽军，守御宁锦防线，堵御后金军八年之久不得逾越南进，其功不可泯。在袁崇焕身后，祖大寿得以其余威振于边，辽军守御的宁锦防线仍坚不可摧。直至崇祯十五年（1642），锦州才被攻陷，而宁远、关门则几与明祚同终。

袁崇焕提出了一套军事原则。这些重要的军事思想和原则是：

第一，“守关外以御关内”的积极防御方针。袁崇焕在任宁前兵备佥事时，经略王在晋议筑重城八里铺，退守山海关。崇焕以为非策，人微言轻，力争不得，奏记首辅叶向高。寻孙承宗行边纳其主守宁远之议，营筑宁远。后高第又谓关外必不可守，尽撤锦州等城守具，驱屯兵屯民入关，独崇焕孤守宁远不从命。所以关外宁锦防线的建立，是袁崇焕“守关外以御关内”积极防御方针实施的结果。

第二，“以辽人守辽土，以辽土养辽人”的战略原则。大学士孙

---

① 《明熹宗实录》卷七〇，天启六年四月辛卯。

承宗曾言："无辽土何以护辽城？舍辽人谁与守辽土？"这个问题的提出，是因为从关内调募之兵将出戍数千里以外，"兵非贪猾者不应，将非废闲者不就"[①]，即调募往辽东的兵将，非但不能为辽援而且为辽扰。袁崇焕深悉调募守辽之弊，他说："宁远南兵脆弱，西兵善逃，莫若用辽人守辽土。"袁崇焕敢于陈其弊，破成议，疏请撤回调兵，招辽人填补，以得两利。他奏请主张"辽人复辽，此其首选"[②] 的祖大寿任总兵官，统率辽人以守辽土，即为突出一例。他不但要以辽人守辽土，而且要以辽土养辽人。袁崇焕简述"以辽土养辽人"，行则有"七便"，否则有"七不便"[③]。对于一个军事统帅来说，其最高境界就是政策。通过选辽兵实辽伍，屯辽土养辽人的政策，足见袁崇焕卓识深谋，迥出流辈。而这一政策的指导思想则是"以辽东护神京，不以辽东病天下"[④]。

第三，"守为正着，战为奇着，款为旁着"的策略原则。守、战、款三者，包含着防御与攻击、战争与议和两对既相区别又相联系的范畴。以攻击与防御来说，攻击是重要的战争形式，防御也是重要的战争形式。攻击或防御的选择，依时间、地点和双方力量对比而定。其时，"夷以累胜之势，而我积弱之余，十年以来站立不定者，今仅能办一'守'字，责之赴战，力所未能"[⑤]。这里的守，是积极的防守。彼强己弱，以守为主，以攻为辅，即守为正着，战为奇着。尽管阉党指斥他的积极守御为"暮气"，但在不具备以攻击为主的条件下，他仍坚守这一原则。另以战争与议和来说，为着政治目的实现，战争与议和只是两种不同的手段。袁崇焕为了实施政策和夺取胜利，不但敢于并善于防守和攻战，而且敢于并善于议和。袁崇焕能依

① 《明熹宗实录》卷七九，天启六年十二月丁未。
② 《崇祯长编》卷一二，崇祯元年八月丙辰。
③ 《明熹宗实录》卷七八，天启六年十一月乙未。
④ 《明熹宗实录》卷七一，天启六年五月庚申。
⑤ 《明熹宗实录》卷八四，天启六年五月甲申。

具体条件，将守、战、和三者，加以巧妙地运用，可防则守，可攻则战，可和则议，表现出军事策略思想的主动性和灵活性。

第四，“凭坚城、用大炮”的战术原则。后金军是一支以骑兵为主的军队。铁骑驰突、野战争锋为后金军所长，但皮弦木箭、短刀钩枪，射程近，威力弱，又为后金军所短。相反，平原作战、摆列方阵、施放火铳、行动速率，为明军所短。而坚城深堑、火器洋炮，又为明军所长。袁崇焕总结明朝与后金战争的历史经验，第一个提出“虏利野战，惟有凭坚城以用大炮一着”[①]。后金的骑兵、弓箭，在明军坚城、大炮之下，以短击长，反主为客，犯下兵家大忌。宁远大捷是袁崇焕“凭坚城、用大炮”战术原则的典型战例。

上述由积极防御方针和战略、策略、战术原则等组成的袁崇焕的军事思想是极为丰富的。他不仅在战争实践中总结出军事思想理论，而且亲自指挥了重要战役。

袁崇焕指挥了著名的宁远、宁锦和保卫京师等重大战役。

宁远之战。天启六年即天命十一年（1626）正月，后金汗努尔哈赤值明辽东经略孙承宗易为高第之机，亲率六万大军至宁远，悉锐一攻。他自犯其“攻城必操胜算而后动”之典则，结果遭到致命打击。袁崇焕获宁远之捷，有其政治与军事、策略与武器、思想与指挥[②]等六个方面的因素。但论者或谓“此系红夷大炮之威力”，或谓“在人心之齐，不在枪炮之多”[③]。至于红夷大炮，有人认为，“查红夷炮，明军使用已久，萨尔浒之战各军皆用之。萨尔浒战役之后，后金军将明军之红夷炮，用以攻打沈阳、辽阳，故两方皆常使用红夷炮”[④]。据《明史》载，嘉靖二年（1523），逐寇于广东新会西草湾，

---

① 《明熹宗实录》卷七九，天启六年十二月庚申。

② 参见拙著《努尔哈赤传》，文史哲出版社，1992年，第339—340页。

③ 辽宁大学历史系编《天聪朝臣工奏议》卷中，铅印本，1980年。

④ 《中国历代战争史》第15册，黎明文化事业股份有限公司，1979年，第161页。

敌遁，明军得其炮，即名为佛朗机炮，汪鋐进之入朝。嘉靖九年（1530），汪鋐疏请依其式铸制，旨允，“火炮之有佛朗机自此始”①。但将士不善用。至“天启、崇祯间，东北用兵，数召澳中人入都，令将士学习”②，购进洋炮，时称红夷大炮。袁崇焕将红夷大炮用于宁远保卫战。其使用方法，据云：

在袁崇焕指挥之下，使用沉着，瞄准精确，加以炮位安置适当，炮手训练精良，懂得敌人习惯战法，选定适当的时机射击，故一炮发出即开出一条血渠。是其炮位甚低，炮口正对来攻之敌也。亦即是城中穿穴于城墙根而推炮口至墙表皮位置，临发射之时始穿城成孔向外射击也，故有此等奇袭射击之效。惟使用之炮同是旧日之炮，用炮之人亦是旧日之人，所对之敌仍是旧日之敌，所不同者即在于发射时机与使用方法而已。实则只是昔日不曾想，于今想出实用之而已。③

实际上，袁崇焕所用之炮，炮身长、威力大，并非旧日之炮；所用之人，为罗立、金启倧，也非旧日之人；所用之法，将炮牵引至城上，而不是置于城墙穿穴之中，亦非旧日之法。明军在萨尔浒之战中使用的洋炮，为身短体轻、火力较弱的佛朗机炮；而在宁远之战中使用的洋炮，为身长体重、火力强大的红夷大炮。所以，将红夷大炮用于守城并取得射击之效，实由袁崇焕为始。

对红夷大炮在宁远之战中的作用应取分析的态度，否认或夸大红夷大炮在宁远之战中的作用都是不符合历史实际的。大量历史事实表明，红夷大炮是袁崇焕在宁远之战中克敌制胜的重要因素，但不是唯一因素。

---

① 《明史》卷三二五《外国列传六·佛朗机》。
② 《明史》卷三二六《外国列传七·意大里亚》。
③ 《中国历代战争史》第 15 册，第 161 页。

那么，宁远之战明军获胜的主要因素是什么呢？在明军获胜的诸因素中，如民心、士气、军事、策略、坚城、大炮、天时、地利等，都只有同袁崇焕的指挥相联系，并通过其运筹帷幄才能产生作用。在明军与后金军宁远决死生成败之际，“克敌在兵，而制兵在将；兵无节制则将不任，将非人则兵必败”①。萨尔浒之战的杨镐、沈辽之战的袁应泰、广宁之战的王化贞，都因将非其人而兵败。可以说，袁崇焕的正确指挥，是宁远之战明军获胜的主要因素。

宁锦之战。天启七年即天聪元年（1627）五月初六日，皇太极亲率诸贝勒将士起行往攻锦、宁。其时明祚以榆关为安危，榆关以宁远为安危，宁远又以锦州为安危。袁崇焕决心坚守宁、锦，“战则死战，守则死守”②。他命赵率教镇锦州，自坐守宁远，并“已令舟师绕后，复令西虏声援”③。十一日，后金军围锦州城。翌日，皇太极一面遣使至锦州城守太监纪用等处复书，称“或以城降，或以礼议和”④，一面派兵攻城。明军炮火矢石俱下，后金军后退五里扎营。皇太极兵攻锦州半月不下，命兵士于锦州城外凿三重濠，留兵困之；自己亲率三大贝勒代善、阿敏、莽古尔泰等进攻宁远。是役，《三朝辽事实录》载袁崇焕疏言：

> 十年来尽天下之兵，未尝敢与奴战，合马交锋。今始一刀一枪拼命，不知有夷之凶狠骠悍。职复冯堞大呼，分路进追。诸军忿恨此贼，一战挫之。

《两朝从信录》亦载：“参将彭簪古三次用红夷大炮，击碎奴营

① 《明太祖实录》卷三一，洪武元年四月乙酉，台北“中研院”史语所校勘本，1962 年。

② 《明熹宗实录》卷八四，天启七年五月戊辰。

③ 同上书，天启七年五月丙戌。

④ 《清太宗实录》卷三，天聪元年五月丁丑，中华书局影印本，1985 年。

大帐房一座、四王子伪白龙旗，奴兵死者甚众。”清官书所记宁远一役，其“贝勒济尔哈朗、萨哈廉及瓦克达俱被创”[①]。

皇太极攻宁一日，军受重创，回师锦州，再攻锦州南城。明军记载：“奴贼提兵数万蜂拥以战。我兵用大炮与矢石打死奴贼数千，中伤数千，败回营去，大放悲声！”[②] 后金军围攻锦州二十五日，双方战斗异常激烈，“逆奴围锦州，大战三次，小战二十五次，无日不战”[③]。皇太极攻宁锦不克，愤愧地说：“昔皇考太祖攻宁远，不克；今我攻锦州，又未克。似此野战之兵，尚不能胜，其何以张我国威耶！”明军抵挡住了后金军对宁远、锦州的进犯，获“宁锦大捷”。

宁锦之役中，皇太极有三个错误：于时间，酷暑兵疲，驱师西进，触犯兵家所讳；于空间，以骑攻城，以矢制炮，重蹈其父故辙；于方法，先锦后宁，弃宁攻锦，自吞分兵毒果。相反，辽东巡抚袁崇焕却值后金军有事江东之机，修缮城池，训练士马，治炮备饷，抚赏蒙古。结果，袁崇焕凭城用炮，以逸待劳，反客为主，以长制短，打败皇太极军，建成宁锦防线。

京师之战。崇祯二年即天聪三年（1629）十月，皇太极发兵攻明，其借口之一是明朝不予议和、通市。他说：

> 从前遣白喇嘛向明议和，明之君臣，若听朕言，克成和好，共享太平，则我国满、汉、蒙古人等，当采参开矿，与之交易。若彼不愿太平，而乐于用兵，不与我国议和，以通交易，则我国所少者，不过缎帛等物耳。我国果竭力耕织，以裕衣食之源，即不得缎帛等物，亦何伤哉。我屡欲和，而彼不从，我岂可坐待，定当整旅西征。[④]

① 《清太宗实录》卷三，天聪元年五月癸巳，中华书局影印本，1985 年。
② 沈国元《两朝从信录》卷三四。
③ 同上。
④ 《清太宗实录》卷五，天聪三年六月乙丑。

二十六日，后金军破龙井关和大安口，寻陷遵化、略通州。袁崇焕闻警，“心焚胆裂，愤不顾死，士不传餐，马不再秣”①，日夜兼驰，回救京师。袁崇焕入蓟部署战守后，至河西务集诸将会议进取。诸将多云宜径趋京师，以先根本。周文郁等谓：“大兵宜向贼，不宜先入都。”并建议横兵通州，与敌决战。袁崇焕欲“背捍神京，面拒敌众”。议者言：“外镇之兵，未奉明旨，而径至城下，可乎？”袁督师斩钉截铁地说：“君父有急，何遑他恤？苟得济事，虽死无憾！”袁崇焕置自身生死于度外，其忠悃可嘉；但未奉明旨而入卫，其韬略有失。袁崇焕率九千骑兵驰京，露宿郊外，缺粮断薪，忍馁茹疲，背城血战，在广渠门与左安门挫败敌军，连获两捷。但袁崇焕于十二月初一日平台召对时，被下诏狱。保卫京师之战，尽管满桂等先后有德胜门与永定门两败，但由于袁崇焕统率辽军连获广渠门与左安门两捷，北京赖以转危为安。后皇太极见京城难以攻陷，且“勤王之师”四集，令在安定门外和德胜门外留下两封议和书后，率军撤出京师。

综上，袁崇焕依靠全国人民的力量和辽军将士的奋战，首撄努尔哈赤的雄锋于宁远，再挫皇太极的锐气于宁锦，鼓舞了举朝上下的精神，振奋了关外辽军的士气，创建了明季辽东宁锦防线，阻塞了后金军由山海关入关的通道。特别是他在都门的双捷，不仅捍卫了北京的安全，而且终明之世后金军未敢再犯京师。袁崇焕以其卓越的军事思想和卓著的军事功绩表明，他是明代当之无愧的杰出军事家。

三、平台落狱　含恨屈死

督师袁崇焕于崇祯二年即天聪三年（1629）十二月初一日，被下诏狱；翌年八月十六日，遭磔于市。《明史·袁崇焕传》载：“自

① 程本直《白冤疏》，载《袁督师事迹》，清道光三十五年南海伍氏粤雅堂刻本。

崇焕死，边事益无人，明亡征决矣！”但袁崇焕落狱与磔死的原因，是既相联系又相区别的；其谕定罪状与屈死原因，也是既相联系又相区别的。

袁崇焕落狱与磔死之因并不雷同，然官私史书常混而为一。如《清太宗实录》载，皇太极设间，寻“纵杨太监归。后闻杨太监将高鸿中、鲍承先之言，详奏明主。明主遂执袁崇焕入城，磔之”[①]。又如《廿二史札记》载，皇太极设间后，阴纵杨太监去，“杨太监奔还大内，告于帝。帝深信不疑，遂磔崇焕于市”[②]。上举两例，前者或由于撰者为宣扬后金汗的聪睿，而将崇焕入狱，磔死盖归之于设间；后者或由于赵翼重在说明后金间计，而将崇焕入狱、磔死原因加以混淆。

崇祯帝在平台命将袁崇焕下狱时，曾“问以杀毛文龙今反逗留”事，并未宣谕其“罪状”。事后谕各营和谕孙承宗两旨，其一旨称：“朕以东事付袁崇焕，乃胡骑狂逞。崇焕身任督师，不先行侦防，致深入内地。虽兼程赴援，又钳制将士，坐视淫掠，其罪难掩，暂解任听勘。”这道“谕旨”并未将其内在原因剖明。因在此前，崇祯帝曾对督师袁崇焕“三日五赐金币宣劳”[③]，所以袁崇焕下狱的真正原因在崇祯之世始终不清。明之士夫、明之清议，竟无有恕袁崇焕之冤者。直至修《明史》时，参校《清太宗实录》，方知此事始于皇太极设间。检天聪朝《满文老档》，仅记纵杨太监归，告以所听高、鲍之言，缺载其言内容。《清太宗实录》却详载此事，云：

> 先是，获明太监二人，令副将高鸿中，参将鲍承先、宁完我、巴克什达海监守之。至是还兵，高鸿中、鲍承先遵上所授密

---

① 《清太宗实录》卷五，天聪三年十一月庚戌。

② 赵翼《廿二史札记》卷三一，中华书局，1984 年。

③ 《崇祯实录》卷三，崇祯三年八月癸亥，台北“中研院”史语所校勘本，1962 年。

> 计，坐近二太监，故作耳语云："今日撤兵，乃上计也。顷见上单骑向敌，敌有二人来见上，语良久乃去，意袁巡抚有密约，此事可立就矣。"时杨太监者，佯卧窃听，悉记其言。

皇太极于十一月二十七日设间，二十九日阴纵杨太监归。下月初一日，崇祯帝借召对议饷为名，在平台将袁崇焕下狱。

崇祯帝执捕袁崇焕，不仅限于上述一个原因。《资治通鉴纲目三编》析其原因为四，云："崇焕千里赴援，自谓无罪。然都人骤遭兵，怨谤纷起，谓崇焕纵敌。朝士因前通和议，诬其引敌胁和。会我大清设间，谓与崇焕有成约。语闻于帝，帝信之，遂执下诏狱。"可见，都人的责怨、朝士的诬陷、崇祯的刚愎、后金的设间，综为一个结果：袁崇焕被缚下狱。但上述各因素有内有外，有主有从。后金汗的设间和崇祯帝的误信，成为袁崇焕被下诏狱诸因素中的决定因素。

袁崇焕的谳定罪状与屈死之因也并不雷同。崇焕从下诏狱到遭非刑，历时八个半月。其间经过极为错综复杂的政治斗争。崇祯帝对袁崇焕的谳定罪状，尽管《今史》《崇祯朝记事》《幸存录》《崇祯实录》《崇祯长编》《国榷》《石匮书后集》《明季北略》和《明通鉴》等书所载文字略异，但其九派源一。诸如"既用束酋、阳导入犯"，"纵敌长驱、顿兵不战"，"援兵四集、尽行遣散"，"暗藏夷使、坚请入城"等，早已为史实和公论所否定，不需赘述。但"市米资盗""擅主和议"和"斩帅践约"等至今尚惑人耳目，故略做辨析。

所谓"市米资盗"。"抚虏拒奴"和"用虏攻奴"为明末统治者对漠南蒙古哈喇慎三十六家等部的"国策"。辽东督师王之臣请发银，以"驾驭诸虏，庶得操纵如意"[1]，并获旨允。但崇祯二年即天

[1] 《明熹宗实录》卷七〇，天启六年四月己亥。

聪三年（1629）春，“夷地荒旱，粒食无资，人俱相食，且将为变”[1]。蒙古哈喇慎等部室如悬磬，聚高台堡，哀求备至，乞请市粟。袁崇焕先言：“人归我而不收，委以资敌，臣不敢也。”其疏云：

> 惟蓟门陵京肩背，而兵力不加。万一夷为向导，通奴入犯，祸有不可知者。臣以是招之来，许其关外高台堡通市度命。但只许布米易柴薪，如违禁之物，俱肃法严禁，业责其无与奴通。[2]

各部首领指天立誓，不忘朝恩，愿以妻子为质，断不敢诱敌入犯蓟、辽。此疏目的在于“西款不坏，我得一意防奴”[3]。但疏入，奉旨：“着该督、抚，严行禁止。”崇祯帝既绝哈喇慎等部活命之方，其岂肯坐以待毙？果如袁崇焕在上疏中所预言：“我不能为各夷之依，夷遂依奴以自固。”哈喇慎各台吉纷投后金：

> 六月：“蒙古喀喇沁[4]部落布尔噶都戴青、台吉卓尔毕，土默特部落台吉阿玉石、俄木布、博罗等，遣使四十五人来朝，贡驼马彩缎等物，并以归附圣朝之意具奏。”[5]
>
> 八月：“遣喀喇沁部落苏布地杜棱归国，上御便殿，赐宴，厚赍之。”[6]
>
> 九月：“蒙古喀喇沁部落台吉布尔噶都来朝，贡币物。”[7]

---

① 《明清史料》甲编，第 8 本，中央研究院历史语言研究所刊印，1931 年，第 207 页。

② 《明清史料》甲编，第 8 本，第 707 页。

③ 《明熹宗实录》卷七二，天启六年六月戊子。

④ 喀喇沁是哈喇慎的分支。

⑤ 《清太宗实录》卷五，天聪三年六月丁卯。

⑥ 《清太宗实录》卷五，天聪三年八月庚申。

⑦ 《清太宗实录》卷五，天聪三年九月癸卯。

哈喇慎等部归己而不收，委以资彼，其责任在崇祯帝。因此，“市米资盗”实为袁崇焕“莫须有”之一罪。

所谓“擅主和议”。袁崇焕同后金“谋款”即议和，已著文《袁崇焕“谋款”辨》[1]，兹略做补充。在天启朝，袁崇焕于天启六年即天命十一年（1626）九月二十八日，奏报努尔哈赤死于沈阳。翌日，又奏：“臣正与经、督及内臣谋其能往者，万一此道有济，贤于十万甲兵。且乘是以观彼中虚实。臣敕内原许便宜行事，嗣有的音，方与在事诸臣会奏。”疏入，旨称“阃外机宜，悉听便宜行事”。袁崇焕得旨后，始遣李喇嘛及都司傅有爵等三十四人至沈阳。其后袁崇焕多次疏报，并屡奉谕旨。《明史·袁崇焕传》载：“崇焕初议和，中朝不知。”此系撰者未细检《明熹宗实录》和《清太宗实录》，而为“擅主和议”说所羁绊。在崇祯朝，袁崇焕于平台受召对后两天，即疏言：辽事恢复之计，“以守为正着，战为奇着，款为旁着”[2]。旨称：“悉听便宜从事。”

袁督师出镇行边后，皇太极频繁致书“议和”。以崇祯二年即天聪三年（1629）为例，皇太极先后遣白喇嘛、郑伸、赵登科等致袁崇焕书六封，袁崇焕答书四封。这些往来信札为《明实录》和《清实录》所缺载，但保存于《旧满洲档》和《满文老档》中，现摘引如下。为“钦命出镇行边督师尚书袁”“复汗帐下”书，第一书云：“来书所言议和者，盖不忍两家之赤子屡遭锋镝也。汗之美意，天地共鉴之。但和亦有道，非一言可定也。我帝继位以来，明哲果断，严于边务。若非十分翔实，则不便奏闻。”第二书云：“辽东之人西来，坟墓皆在于彼，其心能不思先人之遗骨乎？因不合众意，我受之未便言，是以未奏于帝。……至铸印、封典之事，则非一言可尽也。”这封信重申要恢复辽东土地、人口，并驳回其铸印、封典之请。第三书

---

① 《光明日报·史学》1984年6月6日。

② 佚名《今史》卷四，清刻本。

与上书同日到达，解释使臣久住之因。第四书云："惟十年战争，今欲一旦罢之，虽出大力，亦非三四人所能胜任，更非二三言所能了结。"袁崇焕的上述书札，既不违背谕旨之意，更无擅主和议之嫌。因此，"擅主和议"实为袁崇焕"莫须有"之又一罪。

天聪汗皇太极像

所谓"斩帅践约"。上已述及，袁崇焕同皇太极有"款议"，而无"款约"。既无"款约"，则无须"践约"。所以，"践约"与"斩帅"并不发生因果联系。袁崇焕"斩帅"的功过，迄今公论不定。本人拙见，将另文论述。"斩帅践约"之说，《国榷》载："至擅杀毛文龙，朝议谓践敌宿约。"《石匮书后集》也载：努尔哈赤死后，"崇焕差番僧喇嘛镏南木座往吊，谋以岁币议和。女真许之，乃曰'无以为信，其函毛文龙首来'"。尔后，《明史纪事本末·补遗》载：崇焕再出，"无以塞五年平辽之命，乃复为讲款计。建州曰：'果尔，其以文龙头来。'崇焕信之"。上述说法，朝鲜《荷潭录》亦载：后金汗“欲杀文龙，结于崇焕；费尽心机，今始幸得杀之”[①]。上引明末清初时之记载，使人如坠云雾中。

以上所载，第一，所谓“朝议”云云。明末门户水火，党争激烈，恩怨是非，尤为纠葛。“而崇焕之被谤，则于温体仁与钱龙锡门户相倾之旧套以外，又多一虚爱国者之张派脉兴，为清太宗反间所中，久而不悟。虽有正人，只能保钱龙锡之无逆谋，不敢信袁崇焕之不通敌。”[②] 故而“朝议”既有阉孽之诬谤，也有正人之偾语，均不能作为袁崇焕“斩帅践约”之史据。第二，袁崇焕遣李喇嘛等往吊努尔哈赤丧，事在天启六年即天命十一年（1626）十月，其时明朝与后金久不通使，双方隔阂颇深，态度谨慎，并未言及“岁币议和”之事，更未有“其函毛文龙首来”之记载。第三，袁崇焕再起赴辽至毛文龙被杀，为时仅十个月，尚不存在“无以塞五年平辽之命”的忧虑。且从这段时间皇太极与袁崇焕往来书札中，得不出袁崇焕以毛文龙之头，换取同皇太极“讲款”的结论。第四，翻检《满文老档》，未见载录袁崇焕与皇太极杀毛文龙以求款之密约，也未见载述皇太极借袁崇焕尚方杀毛文龙之秘计，而《明实录》《清实录》以及所见明季内阁大库档案于此均无记载。第五，袁崇焕“斩帅践约”说，不仅崇焕同时人以为可信，至明亡后尚欲传为信史。于此，孟森言：“天启朝实录中，多有毛文龙之罪状；至归恶崇焕以后，反以文龙为贤，谓文龙为建州所深忌，非杀文龙，必不能取信于建州。夫而后崇焕之杀文龙，乃与通敌胁和并为一事。此不必佥邪为是言，贤者亦为是言，是可惘矣！”[③] 因此，“斩帅践约”实为袁崇焕“莫须有”之另一罪。

由此可见，袁崇焕为崇祯帝所屈杀。然而，崇祯帝为何必杀袁崇

① 李肯翊《燃藜室记述》（朝文本）卷二五，朝鲜古书刊行会本，大正元年。

② 孟森《明清史论著集刊》上册，中华书局，1959 年，第 24 页。

③ 孟森《明清史论著集刊》上册，第 20 页。

焕？这需要从当时的历史环境中加以考察。

四、权争祭品　丹心永存

袁崇焕之死，既有其历史的偶然性，也有其历史的必然性。皇太极设间陷袁崇焕，为其屈死的偶然因素；崇祯初各种社会矛盾焦点聚于袁崇焕，则为其屈死的必然因素。袁崇焕曾预言：

> 盖勇猛图敌，敌必仇；振奋立功，众必忌。况任劳之必任怨，蒙罪始可以有功。怨不深，劳不厚；罪不大，功不成。谤书盈箧，毁言沓至，从来如此。[①]

后金的仇恨，都人的怨愤，中贵的不满，同僚的旧怨，阉孽的忌恚，崇祯的昏聩，一句话，袁崇焕的悲剧结局是由历史偶然性与历史必然性相扭结而造成的。

后金的仇恨。袁崇焕先败努尔哈赤于宁远，又败皇太极于宁、锦，再败后金军于都门。后金欲打开山海关通道，夺占燕京，入居中原，其军事上的最大障碍就是袁崇焕。皇太极既然在战场上不能打败袁崇焕，便在政治上设计陷害他。袁崇焕疏言："况图敌之急，敌又从外而间之。"果然，崇祯帝庸而愎，为敌所用。袁崇焕在民族矛盾中，铸成为民族英雄；又在民族矛盾中，被寸磔而屈死。

都人的怨愤。自嘉靖庚戌年（1550）至崇祯己巳年即天聪三年（1629），都人八十年不见敌兵。皇太极兵薄城下，焚掠四郊，九门戒严，一日三惊。关厢居民，先受其害，牛羊粮柴，惨遭劫掠。城内市民，闻敌围城，昼夜惶恐，寝食不宁。上学者，不敢出门；患病者，不敢求医；嫁娶者，不能如期；殡葬者，不能出城。京师居民，

① 沈国元《两朝从信录》卷三一，明崇祯刻本，北京图书馆善本部藏。

谈敌色变，积恐成愤，怨气沸腾。京师传闻袁崇焕“通敌”“胁和”，一时“难民忿祸，众喙漂山”[①]。都人不明真相，而将怨愤的怒火喷向袁崇焕。

中贵的不满。后金军入犯京畿后，恣意俘掠，曾两次将俘获牲畜分赏兵丁。又焚通州河内船千余艘，京畿布散的皇庄及公主、宗室、勋臣、戚畹、中官庄田，遭受后金军事贵族的蹂躏。文秉言：“城外戚畹中贵园亭庄舍，为虏骑蹂躏殆尽，皆比而揭其状入告。”李逊之亦言：“郊外彻侯中贵之园囿坟墓，为虏兵践踏毁拆，各中贵因环诉督师卖好，不肯力战，上已心疑动矣。”后金军事贵族铁骑践踏京畿地区，严重地损害了皇室、勋戚、缙绅、中官的利益，其一切怨恨倾泻于袁崇焕。

同僚的旧怨。袁崇焕矢心报国，性颇疏直，但未能妥善地处理同满桂等将领的关系。满桂“谋潜九地，勇冠万夫”[②]，筑守宁远，屡建殊勋。后满桂意气骄矜，与赵率教不和。寻崇焕与桂不谐，请调他镇。后在入卫京师时，桂先败于顺义，又败于德胜门，伤卧关帝庙，入休瓮城。但桂军违纪，嫁祸于“袁军”。及平台召对，“桂解衣示创”[③]，使崇祯帝对袁崇焕更加不信任。崇焕下狱，则命满桂总理援兵、节制诸将。

阉孽的忌恚。天启帝死，崇祯帝立，即正阉党罪，起用袁崇焕。崇祯初，东林党再次柄政，袁崇焕成为东林党依恃的长城。魏忠贤遗党王永光、高捷、袁弘勋、史𡐓等，乘后金兵薄都门社稷之危，利用勋戚、朝士、缙绅和市民的不满，阿媚帝意，借袁崇焕议和、诛毛文龙做题目，指袁崇焕为逆首，并及曾主定逆案之辅臣钱龙锡，进而打击东林党。阁臣温体仁、吏部王永光图另立一案，以翻前局。致崇焕被磔死，钱龙锡遭遣戍，东林党阁臣先后去职，东林内阁被挤垮。

---

① 谈迁《国榷》卷九一。

② 《明熹宗实录》卷七〇，天启六年四月己亥。

③ 《明史》卷二七一《满桂传》。

崇祯的昏聩。崇祯帝即位后，钦定“逆案”，整顿吏治，忧勤惕励，向望治平。但登极两载，后金兵叩都门。自建州兴起，经万历、泰昌、天启三朝，明虽屡次兵败、地失，但后金军从未入塞。后金军首次破塞犯阙，群情极郁，陵庙为惊。这对欲励精图治、慨然有为的崇祯帝是最沉重的打击。本来，后金军入犯京师是明廷腐败政治的一个必然结果，但崇祯帝把责任完全推给袁崇焕，称袁崇焕付托不效、纵敌长驱，致“庙社震惊，生灵涂炭，神人共忿，重辟何辞”①！因此，崇祯帝将后金的设间，都人的怨怼，朝士的愤懑，中贵的环诉，阉孽的诬谤，自身的愧赧，都集中到袁崇焕身上，命杀崇焕以“慰”庙社，磔崇焕以“谢”天下。袁崇焕成为都门受辱的替罪羊，明末党争的牺牲品。

诚然，袁崇焕是一位历史人物，有其历史的、社会的与民族的局限性，也有其军事失误和举措失当之处，但瑕不掩瑜。袁崇焕作为明代杰出的军事家和著名的英雄而永垂史册。

① 谈迁《国榷》卷九一。

第十讲
明珠：辅臣功高谤满身

纳兰明珠像

在评价历史人物时，要确定纵的和横的两个坐标。纵的坐标是指历史人物所处的历史条件，横的坐标是指历史人物所处的社会环境。这两个坐标的交叉，予历史人物以重要的影响；而历史人物表现出来的主观能动性，又影响着历史的发展。

清代名君康熙帝的权相明珠，有辅君开拓一朝新政之功；但旧史及前论多对其抑功扬过，均不足为训。以往对明珠的偏颇评价，是由于未能从纵的和横的坐标去分析，即未能对其进行历史与社会的层次分析，尤未能对其做民族的、家族的、旗分的和派别的分析，因而顾此失彼，捉襟见肘。本文以明珠为例，着重从民族与家族、旗分与派别的分析入手，就明珠的评价及清初百年社会发展趋势以及与之相关的诸多问题，略做阐述。

一、百年恩怨　党争暗伏

历史人物的社会活动，既要有纵向历史条件的坐标，又要有横向社会环境的坐标。在这纵横坐标组成的历史舞台上，展现自己所扮演的角色。

对于明珠政治活动的历史条件，要做纵向的考察。自明万历十一年（1583），努尔哈赤起兵，至清康熙二十二年（1683），玄烨收复台湾，整整一百年。这一百年间，统一多民族的封建中央集权国家，由统一而发生分裂，又由分裂而走向统一。民族战争、农民战争、捍卫民族独立战争、统治集团内部战争，此起彼伏，相互交错。社会的稳定局面受到战争的震荡，社会的发展车轮又在战争震荡中前进。这场巨大的社会变动，其时间、其规模、其深度、其层次，都超过了元明时期。西方与东方、塞北与江南、民族与阶级、文官与军人、皇帝与贵胄、开明与守旧，一句话，各种政治集团和社会力量，都在社会动荡的漩流中，互相冲击，反复较量，或升腾，或沉降。

在上述百年间，以满洲历史发展线索而言，大体上经历了三个阶段：其一为统一内部，立权自固。由努尔哈赤起兵至建立后金的三十余年间，建州朝贡明廷，统一女真，绥服蒙古，结好朝鲜，发展生产，积聚力量，创建八旗，制定满文，形成满族共同体。其二为统一关外，反抗明朝。后金汗黄衣称朕，同明抗争，先立足辽左，后伺机叩关。在天命、天聪、崇德三朝的近三十年间，后金最大的贡献是接管了明辽东都司和奴儿干都司的辖地，绥服漠南蒙古，重新统一整个东北地区。虽然八旗军多次入关扰明，但终未改变明主金客的政治格局。其三为统一中国，巩固皇权。李自成农民军攻占北京，推翻明朝，为清军入关提供了历史契机。从清军入关至收复台湾的近四十年间，清基本实现国家统一，后又多次用兵边陲，奠定了统一多民族封建国家的版图。

在满洲历史发展中，叶赫那拉氏家族与建州爱新觉罗氏家族之间亲与仇的矛盾，是制约和影响明珠政治活动的一个历史因素。明珠的始祖为明海西女真叶赫部长星根达尔汉："灭呼伦国内纳喇姓部，遂居其地，因姓纳喇。后移居叶赫河，故名叶赫。"① 星根达尔汉五传至太杵，太杵有二子——清佳努和扬佳努，皆称贝勒，各据山城，能声气相通，与哈达争雄。清太祖努尔哈赤早年从明辽东总兵李成梁帐下走脱，途经叶赫部，贝勒扬佳努以爱女许之。史载："太祖如叶赫国。时上脱李成梁难而奔我，贝勒仰佳努识上为非常人，加礼优待。"② 后努尔哈赤迎娶之，生皇太极。清皇室爱新觉罗氏与叶赫那拉氏始结为懿亲。清佳努和扬佳努死后，其子布寨和纳林布禄分别继为贝勒。但在叶赫与建州的战争中，努尔哈赤杀死叶赫贝勒布寨。布寨被杀后，"北关（叶赫）请卜酋（布寨）尸，奴酋（努尔哈赤）剖其半归之。于是北关遂与奴酋为不共戴天之仇"③。叶赫另一贝勒纳林布禄见兄被杀，愤郁成疾，后来死去。后建州进攻叶赫，破其两山城，杀死布寨之子布扬古贝勒和纳林布禄之弟金台石贝勒。金台石身死城陷，其子倪迓汉随叶赫部民被迁至建州，后任佐领。倪迓汉于顺治三年（1646）死，其子明珠在顺治朝亦未受重用。明珠家族与清朝皇室既为懿亲，又结世仇，这予明珠的政治生涯及其政治活动以重要的影响。

康熙中另一权相索额图则与明珠相反，他的哈达赫舍里氏家族与建州爱新觉罗氏家族之间只亲无仇，也是制约和影响索额图政治活动的一个历史因素。索额图的父祖索尼、硕色，早在努尔哈赤时便携家归附。后硕色直文馆，索尼官一等侍卫。索尼为清初五朝重臣，两辅幼主。皇太极死后抢攘之际，多尔衮诣三官庙，召索尼议册立。索尼

---

① 《满洲实录》卷一，辽宁通志馆影印本，1930 年。

② 《叶赫国贝勒家乘》，清抄本，第 2 页，北京图书馆善本部藏。

③ 《明神宗实录》卷五二八，万历四十三年正月乙亥，台北"中研院"史语所校勘本，1962 年，第 12 页。

以“先帝有皇子在，必立其一，他非所知也”[1]，而严拒多尔衮对皇位的涎贪。索尼与图赖等“不惜性命，勠力皇家”。经过激烈争执，议立福临即位。索尼等又盟于三官庙，誓辅幼主。顺治帝死，遗诏年八岁的玄烨继承皇位，以索尼与苏克萨哈、遏必隆、鳌拜共同辅政。索尼辅理政务，毕殚忠悃，奏请康熙帝亲政，被授为一等公。索尼子领侍卫内大臣噶布喇之女，为康熙帝孝诚仁皇后。孝诚仁皇后生子胤礽，受命立为皇太子。索额图家族于清皇室既为勋臣，又结懿亲，这不仅予索额图的政治生涯，而且予明珠的政治活动以重要的影响。

同明珠政治活动密切相关的满洲旗分政治地位变化，在这里也略做历史的考索。满洲旗分的政治地位，已先后经过五次大的变动。第一次是天命十一年（1626），努尔哈赤死后，诸子争夺汗位。皇太极袭受汗位，亲掌两黄旗；代善在汗位角逐中失败，所掌正红旗及其子岳讬所掌镶红旗处于劣势。这是一次满洲的黄旗对红旗的胜利。第二次是崇德八年（1643），皇太极死后，“国势抢攘无主，宗室昆弟各肆行作乱，争窥大宝”[2]。这在满洲旗分上，主要表现为皇太极的两黄旗与多尔衮（正白旗）及其同母弟多铎（镶白旗）的两白旗之争。为定立皇位，两黄旗大臣在议立新汗会议之日的黎明时分，盟誓于盛京大清门，并派两黄旗巴牙喇兵张弓挟矢，环立宫殿。因黄、白两方实力相埒，又各自让步，由福临登极，多尔衮摄政，两黄旗与两白旗暂时势相均衡。第三次是顺治七年（1650），多尔衮死（其同母弟多铎于上年死去），翌年定多尔衮罪，两白旗受到沉重打击。后正白旗归皇帝自将，连同其原自将的两黄旗，称为上三旗。第四次是顺治十八年（1661），福临死，遗诏索尼（正黄旗）、苏克萨哈（正白旗）、遏必隆（镶黄旗）、鳌拜（镶黄旗）四臣辅政。虽然上三旗大体维持均衡局面，但辅臣的争斗也在上三旗中进行。第五次是康熙八年

---

① 《清史稿》卷二四九《索尼传》，中华书局点校本，1977 年，第 9672 页。
② 《索尼诰封碑文》拓片。

(1669)，下诏逮治鳌拜，并下遏必隆狱，镶黄旗受到严重打击。正白旗辅臣苏克萨哈已先死。于是从康熙十六年（1677）至二十七年(1688)，在满洲大学士中，除觉罗勒德洪外，出现正黄旗独占的局面。这个时期朝廷权臣之争，便在满洲正黄旗内以明珠为代表的叶赫那拉氏家族，同以索额图为代表的哈达赫舍里氏家族之间展开。

明珠与索额图虽然都隶属满洲正黄旗，又都同清皇室结为懿亲，但他们分属于叶赫那拉氏和哈达赫舍里氏两个不同的家族。这两个家族同清皇室有着不同的历史渊源关系和现实利害关系。这就使明珠与康熙帝、索额图与康熙帝以及明珠与索额图之间的关系，呈现出异常的复杂性。康熙帝与明珠、索额图三方面的关系，不是简单的三角形关系，而是以康熙帝为主体，以明珠和索额图为两个侧翼，从而形成康熙中期，康熙帝与权相明珠和索额图的“一体两翼”关系。这种关系又同当时各种社会矛盾相联结，受着阶级矛盾与民族矛盾的影响和制约，组成康熙朝中期错综复杂社会矛盾的网络。在当时的社会环境中，上述复杂矛盾表现尤为突出。

二、出身旧家　面临新局

明珠政治活动的社会环境，要做横向的考察。康熙帝登极后，“康熙初叶，主少国疑”[①]，四臣辅政，鳌拜专恣。康熙帝稍长之后，摆在其御案上的主要课题是，废去辅臣，亲御政事。康熙帝欲废鳌拜御政，当时只能从上三旗中寻找政治力量。其时四辅臣中，鳌拜与遏必隆属满洲镶黄旗，苏克萨哈属满洲正白旗，索尼属满洲正黄旗。鳌拜结党遏必隆，矫旨绞死苏克萨哈后，不仅直接威胁索尼哈达赫舍里氏家族的利益，而且严重影响满洲正黄旗的利益。康熙帝擒捕辅臣鳌拜、遏必隆，便依靠满洲正黄旗哈达赫舍里氏家族的支持。康熙八年

① 《清史稿》卷二五〇《列传三十七》“论曰”，第9780页。

(1669)，索尼已死，索尼第三子[①]、皇后之叔[②]、一等侍卫索额图，为着其赫舍里氏家族和满洲正黄旗的利益，辅助康熙帝擒捕权臣鳌拜。索额图在客观上打击了以鳌拜和遏必隆为首的满洲镶黄旗贵族保守势力，自应肯定其积极作用；但索额图在本质上，并未脱出满洲正黄旗贵族中保守势力的窠臼。

自康熙帝擒鳌拜御政后，清廷面临着极复杂、多层次的社会矛盾。主要表现为：西方殖民东渐与清朝固疆自圉、坚持国家统一与听任地方分裂、崇尚“国语骑射”与吸收汉族文化、继续圈占土地与恢复农业生产、沿袭尊满抑汉与实行重满用汉、君主强化集权与朝臣广结党羽的矛盾等。以上六个方面的重大问题，都需要明确而适时地做出决策。当时康熙帝身边的辅臣索额图与明珠，所起的历史作用并不完全一样。明珠力辅青年君主康熙帝，做出重大正确决策，并组织付诸实施。相反，索额图在协助康熙帝擒鳌拜御政（其积极作用前文已做评述）后，自恃亲贵，因循守旧，怙权贪纵，骄愚恣横，除签订《尼布楚条约》外，多与明珠政见相左。

明珠利用其历史条件及社会环境，作为康熙帝的辅臣，审时度势，勤敏政事，为开拓一朝新政，做出了重要的贡献。

三、凤阁清才　辅君行政

康熙帝在清廷定鼎北京后的第二十六年，逮治鳌拜，御理政事。康熙帝亲政时年仅 14 岁，明珠则比康熙帝年长 19 岁。明珠的主要贡献在于，辅佐青年君主康熙帝，力除因循，洗刷积弊，实现清初政策转变，开拓康熙朝新政，为清朝中期的“盛世”奠下基础，是一位

---

① 《清史稿·索额图传》载，“索额图为索尼第二子”，误。

② 《清史稿·后妃列传》载，“索尼孙领侍卫内大臣噶布喇”，误。噶布喇为索尼之子。

杰出的政治家。

从顺治帝定鼎北京至康熙帝亲御政事，清朝经历了三个重要时期：其一为多尔衮摄政时期。多尔衮率军入关，迁鼎燕京，推翻弘光，统一中原，但制定了一些错误的治策。其二为顺治帝亲政时期。顺治帝年纪尚轻，虽力图“清赋役以革横征，定律令以涤冤滥”①；但仍未摆脱陈见，施行宏猷大政。其三为四辅臣执政时期。鳌拜等墨守成规，率守旧章，满汉不协，未布新政。以上三个时期，清廷均未能实施重大策略转移，使得积存的问题日多益重。

在康熙朝中，明珠为相。康熙帝称其“凤阁清才，鸾台雅望。典章练达，服勤匪懈于寅恭；器识渊凝，顾问时资于靖猷。属在论思之地，参机务之殷繁。每抒钦翼之忱，佐经猷于密勿”②。并称赞明珠能“启乃心以沃朕心”。③ 虽然诰封碑文难避溢美之词，但从中可以看出明珠在辅助康熙帝实现重大政策转变中的特殊作用。这主要表现在：

主撤三藩 明季清初，吴、尚、耿降清后，统兵入关，南进中原，分镇滇、粤、闽。康熙初大规模抗清斗争平息后，三藩拥兵自重，成为政治赘疣。四辅臣柄政时，未能加以割除。清廷最怕汉官结成与满洲贵族相抗衡的军事政治集团，三藩撤与不撤，是摆在康熙帝亲政后御案上最严重的课题。平南王尚可喜疏请撤藩，归老辽东。耿精忠、吴三桂继请。康熙帝召诸大臣征询方略：廷臣多主不可撤，大学士索额图尤力；独兵部尚书明珠、户部尚书米思翰和刑部尚书莫洛等主撤。撤与不撤两议同上，康熙帝以“今日撤亦反，不撤亦反，不若先发”④，因诏许明珠等撤藩之议。不久，吴三桂倡反，耿精忠与尚之信同应。索额图以撤藩激变，请诛主议撤藩诸臣，诏不许。康熙帝以明珠力主撤藩称旨，后授其为武英殿大学士。明珠与王熙同掌

① 《清史稿》卷五《世祖纪二》，第 164 页。

② 《明珠及妻觉罗氏诰封碑文》拓片。

③ 同上。

④ 《清史稿》卷二六九《明珠传》，第 9992 页。

兵部，日理军机，运筹帷幄，奏报军情，票拟谕旨，为削平三藩做出了重要贡献。

平定“三藩之乱”

重满用汉 清军入关后，推行剃发、易服、圈地、占房、投充和捕逃六大弊政，满、汉民族矛盾一度紧张。清初在中央衙署中，极力保持满洲贵族特权。六部尚书，概为满员。顺治五年（1648），多尔衮始设六部汉尚书，但部务由满尚书主持，汉尚书“相随画诺，不复可否”①。顺治帝亲政后，“各衙门奏事，但有满臣，未见汉臣”②。他将主张“留发复衣冠，天下即太平”③ 的汉大学士陈名夏处死，是对汉官的一个政治打击。四辅臣秉政时，汉官地位未见改善。其时官缺，分满洲、蒙古、汉军和汉员四种。偌大的汉族，其官缺仅占四分之一，且多非重官要职。到康熙十二年（1673），吴三桂在云南举兵，杨起隆在京师起事，都带有鲜明的民族色彩。康熙帝谕称：“朕于满

① 赵翼《簷曝杂记》卷二，中华书局点校本，1982 年。
② 《清世祖实录》卷七一，顺治十年正月庚午，中华书局影印本，1985 年。
③ 《东华贰臣传》卷一一《陈名夏传》，国史馆原本，琉璃厂荣锦书坊刻本。

汉内外，总无异视。”他不仅遣御医为满洲大臣治病，还派侍卫率御医到汉官、礼部尚书龚鼎孳家为其治病，以示满汉一体。明珠协佐康熙帝在平定三藩之乱过程中，缓和满汉矛盾，重用汉族官员：开博学鸿儒，修撰《明史》，设南书房，起居注官增加汉员，内阁学士增设汉官等。特别是汉大学士王熙、李霨、冯溥和杜立德，三藩事起，参与机务。王熙专管秘本，“汉臣与闻军机自熙始”①。李霨则宿值内阁，“上命将出征，凡机密诏旨，每口授霨起草，退直尝至夜分，或留宿阁中”②。明珠秉政时，能体察康熙帝旨意，摆脱满臣傲视汉臣旧习，多结纳汉族士大夫，尽力笼络汉族官员。康熙二十年（1681），吏部题补镶蓝旗张吉午为顺天府尹，因明珠阻谏而罢，后明珠同汉大学士会议由庶吉士出身的汉人熊一潇补缺获准，即是明珠重汉臣、选汉官的一例。虽然索额图门下也不乏南方汉族官员文士，明珠府下亦聚集一批满洲军事贵族，但总的说来，明珠在汉族官员文士中，特别是在南方汉族官员文士中的关系网络，较索额图更广、更密。

崇文重教　清崛兴辽左，以武力定中原。满洲重武轻文，崇尚骑射。从努尔哈赤起兵至清军入关，辽东地区的战争已延续了60年。而中原地区的战争，从陕北王二首义至削平三藩之乱，也已55年。尔后至白莲教起义前的一百多年间，战争多发生在边疆，中原腹地几乎没有大的战争。因此，康熙初期的中原地区处于战争向和平转化的时期。早在平定三藩之乱时，康熙帝即指出：“今四方渐定，正宜修举文教之时。”虽大多满洲军事贵族不能适应这一转变，明珠却独执先鞭。明珠在满洲正黄旗中，其政治势力与军事实力，均不能同索额图相比。他要在朝中自固，只有扬长避短，以文胜武，学习汉族文化，结交汉族官员。这也是明珠适应时势需要，为康熙帝所信任的重

① 《清史稿》卷二五〇《王熙传》，第9694页。
② 《清史稿》卷二五〇《李霨传》，第9686页。

要原因。明珠于康熙十年（1671）二月，充经筵讲官。后他同王熙进讲《书经》中《无教逸欲有邦》之章，正表明其具有高深的经学素养。明珠的府邸，成为当时京师满汉文化交流的一个熔炉。他的长子纳兰性德，交结朱彝尊、姜宸英、顾贞观、严绳孙、陈维崧等文坛名流，所作《纳兰词》成为清代词苑的奇葩。他的次子揆叙，“年八岁，受业于吴江孝廉吴兆骞，读四子经书”①。后官翰林院掌院学士，充经筵讲官，仍于退朝之暇，手不释卷，“咿唔不休”②。他的三子揆方，广求书籍，无所不读，“穷日夜，废寝食，句栉字比，钩棘锄芜，无剩余而后已”③。明珠则交接徐乾学、徐元文、高士奇、王鸿绪等博学硕儒。明珠的相府一时成为汉族儒士诗酒文会之所。其子纳兰性德死后，赠哀辞者满洲八旗和蒙古八旗竟无一人，而江南、浙江、山东籍汉人却占84.6%④。明珠锾赎流人吴兆骞，士尤称之。以上事实说明，明珠辅助康熙帝裁汰大批满洲旧军事贵族，起用一批满洲新文职官员，为促进满族吸收汉族文化做出了可贵的贡献。

统一台湾　康熙帝削平三藩后，台湾问题又摆在议事日程上。于台湾，廷议有两大争论：第一是，台湾要不要统一。廷议咸谓“海洋险远，风涛莫测，驰驱制胜，难计万全”。康熙帝力排众议，决意命将出师，统一台湾。其时大学士索额图已去职，明珠辅协大政，赞同并执行康熙帝统一台湾的决策。果然，师出告捷，台湾统一。第二是，台湾要不要设官镇守。朝廷中一种意见认为，台湾为弹丸之地，宜“迁其人，弃其地”。但施琅疏称：台湾虽在外岛，实关四省要害，“弃之必酿成大祸，留之诚永固边疆”。疏下廷议，仍未能决。大学士李霨奏言：“弃其地，恐为外国所据；迁其人，虑有奸宄生

① 《皇清诰授文端揆公墓志铭》拓片。

② 《皇清诰封一品夫人揆文端公元配永母耿太夫人墓志铭》拓片。

③ 《皇清诰封和硕额驸纳兰揆公墓志铭》拓片。

④ 参见拙文《清初满汉文化交流的新篇章》，《北京社会科学》1986年第1期。

事。”遂允施琅在台湾设官镇守之请。明珠在台湾问题上，筹虑赞画，襄成大业。此外，明珠在康熙帝三次用兵西北中，或参赞军务，或督运军饷，或随驾扈从，均为国家统一不遗余力。

抗御外敌 清军入关后，沙俄军在黑龙江流域不断扰犯。康熙帝东巡时，谕宁古塔将军巴海曰：于罗刹贼寇，“尤当加意防御，操练士马，整备器械，毋堕狡计”。台湾统一之后，康熙帝命明珠之子、侍卫纳兰性德，随同副都统郎坦等以捕鹿为名，“详视陆路近远，沿黑龙江行围，径薄雅克萨城下，勘其居址形势”①。纳兰性德归京后，将雅克萨之行考察实情，详陈相父，面奏庙堂。康熙帝决策，用兵徼北，一举获胜。及雅克萨捷报驰至，康熙帝由京师往避暑山庄行幄，纳兰性德已死六日。康熙帝因其尝有劳于是役，“遣宫使拊其几筵，哭而告之”②。明珠身居相位，坚决维护国家主权和领土完整，反抗西方殖民侵略，是位爱国者。

用辅治河 御史郭琇疏劾明珠与靳辅交结，支持靳辅培高家堰，阻挠于成龙浚海口。治河及漕务事关“天庾玉粒”及国民生计，不能稍怠。康熙帝尝言：“朕听政后，以三藩及河务、漕运为三大事，书宫中柱上。”明珠既主议撤藩，又谏任靳辅治河。早在康熙七年（1668），即康熙帝亲政后第二年，明珠受命阅淮、扬河工，议复兴化白驹场旧闸，凿黄河北岸引河。称旨，授刑部尚书。靳辅于康熙十六年（1677）任河道总督，到任之后，周度水势，博采众议，日上八疏。他堵决口，开中河，使明末清初“决裂之河，八载修复”③。但康熙二十四年（1685），靳辅和于成龙就屯田、下河二事，意见相左，廷辩不决。御史郭琇、陆祖修交章劾辅，并及陈潢，甚至以舜殛鲧相比。靳辅罢职，陈潢坐谴。康熙二十八年（1689），康熙帝南巡

① 《清圣祖实录》卷一〇四，康熙二十一年八月庚寅，中华书局影印本，1985 年。

② 纳兰性德《通志堂集》卷一九，上海古籍出版社影印本，1979 年。

③ 《魏源集·筹河篇上》，中华书局校点本，1983 年。

视河后谕曰："朕南巡阅河，闻江、淮诸处百姓及行船夫役，俱称颂原任总河靳辅，感念不忘。且见靳辅疏理河道及修筑上河一带堤岸，于河工似有成效，实心任事，克著勤劳。前革职属过，可照原品致仕官例，复其从前衔级。"康熙帝肯定了靳辅治河功绩，纠正了对靳辅的不当处置。后于成龙任河督，仍循靳辅治河方略。康熙帝问于成龙曰："尔尝短靳辅，谓减水坝不宜开，今果何如？"成龙曰："臣彼时妄言，今亦视辅而行。"可见郭琇以靳辅治河事参劾明珠，当属置喙之言。

在康熙朝前期，随着抵御外侵的胜利，国家统一的发展，满汉矛盾的和缓，文教之业的初兴，明珠的政治抱负逐步实现，其官职也同步晋升，"初任云麾使，二任郎中，三任内务府总管，四任内弘文院学士，五任加一级，六任刑部尚书，七任都察院左都御史，八任都察院左都御史、经筵讲官，九任经筵讲官、兵部尚书，十任经筵讲官、兵部尚书、佐领，十一任经筵讲官、吏部尚书、佐领，十二任加一级，十三任武英殿大学士兼礼部尚书、佐领，加一级，十四任今职"①。今职即太子太傅、武英殿大学士兼礼部尚书、佐领，加一级。明珠的官职臻于极点。

但是，月盈则亏，物极必反。郭琇弹章一上，明珠即被罢相。

四、廷争迭起　宦海浮沉

郭琇的弹章，康熙的旨意，乾隆的上谕，成为清朝官方对明珠的政治结论。由此瑕瑜互掩，真相难辨，未能予明珠以公正的历史评价。

对明珠功绩的全面否定，始自御史郭琇的劾疏。康熙二十七年（1688），郭琇劾斥大学士明珠罪状八款：指挥票拟，轻重任意；市

① 《明珠及妻觉罗氏诰封碑文》拓片。

恩立威，挟取货贿；结党连羽，戴德私门；督抚缺出，辗转贩鬻；学道员缺，取贿预定；交结靳辅，靡费河银；考选科道，订约牵制；柔言甘语，阴行鸷害。[①] 此疏的真谛所在，康熙帝虽御门宣示千余言的长谕，也未能加以言明。

诚然，郭琇劾斥明珠贪黩，当为属实。贪黩是封建官员的普遍现象，但有的官员能苦节自砺，一介不取。知府陈鹏年死后，“室如悬磬”[②]，御史龚翔麟归里后，“贫至不能举火”[③]；河督杨方兴“所居仅蔽风雨，布衣蔬食，四壁萧然”[④]；两江总督兼摄江苏、安徽两巡抚事于成龙卒时，室内“惟笥中绨袍一袭，床头盐豉数器而已”[⑤]。明珠与上述官员相比，显得贪婪、奢靡。但明珠的被劾，主要不是由于贪黩，而是有着复杂的政治背景。

御史郭琇疏参大学士明珠，是康熙朝政治斗争的产物。前已论及，从康熙十六年（1677）至二十七年（1688），朝廷斗争主要在满洲正黄旗内进行。康熙八年（1669），康熙帝在索额图协助下擒鳌拜御政，旋授索额图为大学士。索额图兄噶布喇为一等公、领侍卫内大臣，其女为孝诚仁皇后，即皇太子胤礽的生母。索额图之弟法保袭一等公，弟心裕为一等伯。又与朝士李光地等相结。哈达赫舍里氏为清初五朝重臣，百年望族，满门勋贵，气势熏灼。左都御史魏象枢值京师大地震之机，密陈索额图怙权贪纵劣迹。康熙帝仅书“节制谨度”榜赐戒。康熙帝以明珠能“佐经猷”“抒钦翼”，并为着保持朝廷相位天平的均衡，康熙十六年（1677），授明珠为武英殿大学士。后明珠长子纳兰性德任一等侍卫，“御殿则在帝左右，从扈则给事起

① 蒋良骐《东华录》卷一四，清木刻本。
② 《清史稿》卷二七七《陈鹏年传》。
③ 《清史稿》卷二八二《龚翔麟传》。
④ 《清史稿》卷二七九《杨方兴传》。
⑤ 《清史稿》卷二七七《于成龙传》。

居”[1]。次子揆叙任经筵讲官、翰林院掌院学士。三子揆方娶康熙帝第九子允禟之女觉罗氏为妻。明珠因其家族同清皇室有世仇，为同索额图争局，便“务谦和，轻财好施，以招来新进”[2]，并笼络汉族官员文士，与徐乾学等交结。于是，朝中在满洲正黄旗内，逐渐形成以明珠为首的叶赫那拉氏家族同以索额图为首的哈达赫舍里氏家族的角立。

康熙朝的廷争，从始议撤藩至“龙御宾天”，忽隐忽现，时急时缓，前后进行了半个世纪。这场斗争的重要题目是康熙朝的重大治策和皇位继承，始终同明珠与索额图有着密切的关系。康熙朝的廷争在擒鳌拜御政之后，大体上经历了三次浪潮。

正黄旗内，索、明相争，是康熙朝廷争的第一次浪潮。这次浪潮从康熙十二年（1673）索额图请诛建议撤藩者明珠等为始，至康熙二十七年（1688），明珠被罢去大学士为止，长达 15 年。康熙朝中满洲正黄旗大臣以权位相尚者，只有索额图与明珠。他们植党竞权，遇事抵牾，互相讦告，暗自争局。特别是索额图集团，在康熙十四年（1675）胤礽被立为皇太子后，朋比徇私，更加贪黩。康熙十八年（1679），魏象枢泣陈索额图罪状后，翌年解索额图大学士任。后夺索额图内大臣、议政大臣、太子太傅，并夺法保一等公及心裕官。康熙四十二年（1703），以索额图“结党妄行，议论国事”罪，命幽禁之。并命严锢党附索额图诸臣，又命诸臣同祖子孙在部院者皆夺官。康熙帝谕称：“索额图诚本朝第一罪人也！”以索额图为首的满洲贵族保守势力，受到沉重的打击。但是，康熙帝去掉索额图一翼后，不能保持满洲正黄旗政治权力的平衡。索额图余党攻击明珠愈烈。讲官德格勒在时值天旱，侍讲《易》时，借机语斥明珠即为一例。前述郭琇弹劾明珠，书载“实由乾学受圣祖密旨”[3]。可见康熙帝罢明珠

---

① 福格《听雨丛谈》卷一，中华书局校点本，1984 年。
② 《清史稿》卷二六九《明珠传》。
③ 邓之诚《清诗纪事初编》卷六，上海古籍出版社，1984 年。

大学士，其目的之一是保持满洲正黄旗内政治权力的均衡。索额图和明珠罢相后，廷争仍在继续进行。

康熙御前，朝士相争，是康熙朝廷争的第二次浪潮。这次浪潮从康熙二十七年（1688），谕责日讲起居注官徐乾学为始，至康熙四十七年（1708），废皇太子胤礽为止，是索额图同明珠斗争的继续。这个时期廷争的鲜明特点，是廷争在康熙帝身边儒臣中展开。先是李光地依媚索额图，亲附皇太子胤礽，得君最专。康熙帝称李光地“朕知之最真，知朕亦无过光地者”①。而徐乾学、高士奇、王鸿绪则依恃明珠，入直南书房。徐乾学与弟元文、秉义，先后皆以鼎甲显仕，又轻财好施，交游甚广。时徐乾学、王鸿绪、高士奇三家并称，结亲联谊，通籍词林。“乾学与学士张英日侍左右，凡著作之任，皆以属之”②，并值经筵。高士奇以明珠荐，供奉内廷，书写密谕，后为侍读，充起居注官。然而，明珠与索额图所不同的一点是，索额图的羽翼主要为满洲军事贵族（也笼络一些汉族官员文士），明珠在满洲军事贵族中的势力不如索额图，但在朝廷汉族官员文士中，却较索额图有更大的优势。满洲军事贵族害怕汉族朝士结成与其相抗衡的势力集团，严加注视。所以明珠罢相后，徐乾学、王鸿绪、高士奇等先后被劾，解任休致。虽然他们后来以修书竟业，但不能入直禁廷，参与机要。李光地则在索额图罢相后，劾章丛集，后被解任；虽又起复，也不预机务。上述朝士的升免，除了因为他们卷入二相之争外，还有一个时代的原因，就是清廷在削平三藩和统一台湾时，调整政策，重汉崇儒，一批汉儒应运而兴。但在平定三藩和统一台湾后，清廷政权巩固，满洲军事贵族势力重新上升，他们对汉族朝士的显赫地位不满，倾其力以排之。主张重汉崇文的明珠，其宦海浮沉，亦与之相关。然而，前述朝士被挤下政治舞台，同皇储争夺也不无关系。

① 《清史稿》卷二六二《李光地传》。
② 《清史稿》卷二七一《徐乾学传》。

庙堂之上，皇子相争，是康熙朝廷争的第三次浪潮。这次浪潮从康熙四十七年（1708），废皇太子胤礽为始，至康熙六十一年（1722），康熙帝死为止。康熙三十七年（1698），分封皇长子胤禔、三子胤祉、四子胤禛、五子胤祺、七子胤祐、八子胤禩等为王、贝勒。受封诸皇子内结亲贵，外招门客，植党暗争，谋夺嗣位。索额图为皇太子派，罢相后活动愈力。明珠则为非皇太子派，罢相后其子揆叙等极力谋废太子胤礽。其他皇子也结派攻击胤礽。康熙四十七年（1708），康熙帝到木兰秋狝，行次布尔哈苏台，宣布废皇太子胤礽，谕称："从前索额图欲谋大事，朕知而诛之，今允礽欲为复仇。朕不卜今日被鸩、明日遇害，昼夜戒慎不宁。"康熙帝且谕且泣，至于仆地。太子既废，仍愤懑不已，六夕不安寝。二阿哥胤礽之废，揆叙与阿灵阿攘为己力。胤礽废后，胤禩谋代立。皇子胤禟、胤䄉、胤禵，大臣阿灵阿、揆叙、王鸿绪等，皆附胤禩。同年冬，诏诸大臣保奏储贰，"鸿绪与内大臣阿灵阿、侍郎揆叙等谋，举皇子允禩"①，受到切责。可见明珠及其子揆叙等是皇子胤禩派。胤禩蓄意大位，谋害胤礽，事发后，被锁禁。胤禟、胤禵等入为营救。康熙帝大怒，出佩刀将诛胤禵；赖胤祺跪抱苦劝而止。后康熙帝谕称："日后朕躬考终，必至将朕躬置乾清宫内，尔等束甲相争耳！"上述且谕且泣，愤懑仆地，怒拔佩刀，灵前束甲，这是一幅多么残酷而黑暗的争夺嗣君的图画！后皇太子废而立，立而复废。宰辅、枢臣、朝士、皇子，互相结党，彼此陷害。立太子，弊百端。后乾隆帝谕曰："一立太子，众见神器有属，幻起百端。弟兄既多所猜嫌，宵小且从而揣测。其懦者献媚逢迎以陷于非，其强者设机媒孽以诬其过，往往酿成祸变。遂致父子之间，慈孝两亏，家国大计，转滋罅隙。"这场斗争至雍正帝即位后，仍余波未息。故雍正后来实行秘密建储之制。

综观同明珠评价攸关的康熙朝廷争，呈现出阶段性、层次性、多

---

① 《清史稿》卷二七一《王鸿绪传》。

元性和复杂性。所谓阶段性，即廷争的第一次浪潮，宰辅明珠与索额图，在削平三藩、满汉关系、修举文教、用人臧否等方面，有所争执，多相角立。就其对待重大治策的态度而言，明珠代表满洲贵族开明派，索额图则代表满洲贵族保守派。廷争的第二次浪潮，与二人相关联的朝士被解任，特别是同明珠相联系的许多朝士被解职。像明珠荐入内廷的高士奇，康熙帝“得士奇，始知学问门径”[①]，士奇也被劾而解任修书。这些虽然各有其自身的原因，但表明满汉关系出现一个历史回旋。廷争的第三次浪潮，则纯属统治集团内部的储贰之争，于国计，于民生，无大关碍。所谓层次性，即廷争由旗分，而家族，而外朝，而内廷，而东宫，最后连皇帝本人也被牵入，无力自拔，悲愤宾天。所谓多元性，即初由满洲正黄旗内明珠与索额图两派的争局，衍变为包括满洲、汉官、觉罗、宗室在内的纷争，后来胤礽、胤禛、胤禩等各自结党，表现了多元性。所谓复杂性，即廷争的成员，时有变换，更迭组合，今日的朋友，可能成为明日的敌人，而昨日的敌人，又成为今日的朋友。徐乾学初攀明珠得登高位，后见明珠将败便嗾郭琇疏劾明珠就是佳证。

综上，明珠作为清康熙朝的名相，在错综复杂的历史条件与社会环境中，初期能小心谨慎，勤敏练达，显露了非凡的政治才干。继而辅佐青年君主康熙帝，顺应历史趋势，调整重大治国之策；抵御外来侵扰，维护中华民族尊严，力削割据势力，促进封建国家统一；摆脱满洲陈见，提高汉族朝士地位；摆脱轻文旧俗，促进满汉文化交流；举荐信用贤能，兴修水利发展生产。罢相后任内大臣二十年，仍备顾问，劳绩西北。尽管明珠有其应劾之过，但是，明珠辅佐康熙帝，开拓康熙朝新政，奠下康雍乾百年“盛世”基石，其功绩是应当肯定的。明珠不愧是中国皇朝社会史上的名相，清代杰出的满族政治家。

---

① 《清史稿》卷二七一《高士奇传》。

第十一讲

萨布素：将军勋绩冠熙朝

萨布素（1629—1701），姓富察氏，宁古塔（今黑龙江省宁安市）人，隶满洲镶黄旗，是清初著名的爱国将领。

一、“出身微贱”　年轻有为

萨布素的四世祖充顺，居住在噶哈里（今吉林延边汪清县境），膂力过人，笃好仁爱，为岳克通鄂城主。在清太祖努尔哈赤统一女真各部的进程中，充顺归附于后金。天命十年（1625），后金迁都沈阳后，萨布素的三世祖哈木都也携眷移居沈阳。他的祖父哈尔苏军功不著，史传缺载。萨布素的父亲随哈纳被派往宁古塔驻防，就在这里安家落户。

宁古塔老城在今宁安县城西北50里的海浪河南岸，背山面水，水草肥美。城高丈余，周围一里，东西各一门，是一座不太大的边城。随哈纳在宁古塔城的南马场，做一名低级的官员。他的妻子舒木鲁氏，生有二子：长为萨布素，次为党丹。萨布素因父亲官职低微，所以史称其“出身微贱”。

萨布素少年时聪明伶俐，勤奋好学。他像其他满族少年一样，八九岁就开始用一种满语叫作“斐兰”的小弓，练习射箭，还常帮助父亲牧放马群。稍长便随同族人行围打猎，驰射山林。萨布素在青少年时所受的家庭教育和生活磨炼，使他勤劳朴实，待人宽厚，勇敢坚

萨布素像

毅，弓马娴熟。萨布素成年后，被挑补披甲，在宁古塔城当兵。

在萨布素青少年时期，黑龙江流域受到俄军的侵略。崇德八年（1643），沙俄波雅科夫率兵翻越外兴安岭，侵入精奇里江（今结雅河）流域，受到达斡尔人的反击。他们因抢不到粮食，竟以被杀害的达斡尔人尸体作为食物。顺治六年（1649），沙俄哈巴罗夫又率兵侵入黑龙江流域，捕捉人质，强索貂皮，抢劫粮食，掳掠妇女。顺治八年（1651），侵略军攻占桂古达尔屯寨（在今呼玛尔以北）后，一次就杀死达斡尔人 661 名，掳去妇女和儿童 361 人。

顺治十年（1653），清廷命沙尔虎达为昂邦章京，镇守宁古塔地方，以加强黑龙江流域的防务。从此，宁古塔（吉林）昂邦章京辖区从盛京昂邦章京辖区中析置出来，成为与其同级的军政区。萨布素在沙尔虎达麾下披甲，不久因粗通文墨，喜读《三国演义》，勤于职，有韬略，被提拔为笔帖式（书手）。沙尔虎达任昂邦章京后，慑于前宁古塔章京海色因反击沙俄侵略不力而被处死，挑补丁壮，修船造炮，练兵习武，反击侵略。顺治十一年（1654），沙尔虎达获取击败斯捷潘诺夫进犯的松花江之捷。顺治十四年（1667），又在尚坚乌黑（据考其地在今黑龙江佳木斯市郊一带），击败斯捷潘诺夫。第二年，沙尔虎达率船舰 40 余艘，在松花江口再败沙俄侵略军，俄军头目斯捷潘诺夫葬身鱼腹。萨布素随沙尔虎达屡败沙俄侵略军，并被晋升为武职正六品的骁骑校。但顺治十六年（1659）沙尔虎达病故，清廷命其子巴海继任为宁古塔昂邦章京。萨布素则继续在巴海麾下任职。

康熙元年（1662），清廷以宁古塔为东北边陲要地，改巴海为宁古塔将军。巴海兴建宁古塔新城，新城在旧城南约 60 里。内城周约 2 里，北为将军衙署，东、南、西各开一门。外城设木城两重，周约 8 里，开四门，南临牡丹江。后宁古塔将军移驻新城。萨布素为新城的修建而殚心经营。

康熙三年（1664），宁古塔将军率师前往黑龙江下游费雅喀、赫哲地区，萨布素随往。巴海在恒滚河即阿姆贡河口一带的黑喇乌苏，击败沙俄侵略军。从此，黑龙江下游地区边患稍息。萨布素以军功，署防御（官职在骁骑校之上、佐领之下）。

但是，康熙四年（1665），沙俄切尔尼果夫斯基继俄军于顺治十五年（1658）强占尼布楚（涅尔琴斯克）之后，又窜至雅克萨（阿尔巴津）。雅克萨位于黑龙江上游左岸，与额穆尔河口隔江相对。俄军在雅克萨四处抢掠，垒城筑室。城堡西部朝向黑龙江，位置在高峻悬崖上，其周围是一片开阔的农田、牧场和沼泽。雅克萨是从贝加尔湖方向和从雅库茨克方向进入黑龙江地区的水陆咽喉。俄军占领雅克萨后，不仅剽掠人口，强夺貂皮，而且把 20 名中国猎人关进一间屋子里，活活烧死，并抢走了这些猎人的财物和马匹，犯下令人发指的罪行。

康熙十年（1671），康熙帝首次东巡。他除谒陵祭祖外，还在爱新地方召见宁古塔将军，谕其对沙俄侵略"加意防御，操练士马，整备器械，毋堕狡计"①，并命宁古塔将军对费雅喀、赫哲等部民"广布教化"。于是，宁古塔将军将招抚的珲春河以北的少数民族居民，编为 12 个佐领，移住吉林。其后，宁古塔将军大规模地招抚新满洲，包括松花江下游、诺罗河、乌苏里江和穆棱河流域的部民，编成 40 个佐领，安置在宁古塔和吉林等地。康熙十五年（1676），宁古塔将军移驻吉林，萨布素以武职从三品的协领留守宁古塔，继续练兵戍守，招抚新满洲。康熙十六年（1677）四月，康熙帝派武默讷

---

① 《清圣祖实录》卷三七，康熙十年十月壬辰。

等前往瞻视长白山。六月，武默讷等至吉林。宁古塔将军派协领萨布素率二百兵、携三月粮，护送武默讷等往长白山。武默讷、萨布素一行，从吉林出发，循温德亨河、库勒纳岭、奇尔萨河、布尔堪河、纳丹佛勒城等陆行七日，抵讷殷江岸。其时先行运粮的船队也到达此地。武默讷和萨布素分道而进：武默讷等乘小船由江中逆流而上；萨布素带领官兵由瓦努河逆航二日，至佛多和河顺航一日，先武默讷一日抵额赫讷殷。从这里往前望去，林木蔽天，无路可寻。萨布素亲率官兵，伐木开路，艰难前进，行 30 余里，登上山岭，升树而望，见长白山熠熠白光，巍巍挺拔，计相距百余里。萨布素派人报告武默讷后，又开路同行一日，听见林中鹤鸣，即寻声疾走，找到鹿蹊，循蹊驰行，进至山麓。武默讷、萨布素对山礼毕，云雾散开，峰峦清晰，香树纷郁，黄花灿烂。萨布素先登上山巅，只见五峰环拱耸立，天池碧波粼粼。随之萨布素测量了天池至峰顶的距离，为 250 丈。瞻礼后，武默讷和萨布素等由原路返回吉林。第二年，康熙帝再遣武默讷前往封长白山之神，祀典如同五岳。康熙十七年（1678），升萨布素为宁古塔副都统。

二、肩负重任　反击侵略

先是，康熙十二年（1673），吴三桂、耿精忠、尚之信先后发动了反叛清廷的战争。清从东北抽调大量军队入关，以平定“三藩之乱”。东北防务，一度空虚。这时沙俄加紧了对黑龙江流域的侵略。康熙十九年（1680），俄国成立尼布楚督军区。随后，俄军一路沿额尔古纳河，另一路沿黑龙江中下游进犯，并派俄军乘船顺黑龙江而下，直至下游广大地区。这正如康熙帝所指出的：“向者罗刹（俄罗斯），无故犯边，收我逋逃，后渐越界而来，扰害索伦、赫哲、飞牙喀（费雅喀）、奇勒尔诸地，不遑宁处，剽劫人口，抢掳村庄，攘夺貂皮，肆恶多端。是以屡遣人宣谕，复移文来使，罗刹竟不报命，反深入赫哲、飞牙喀一带，扰害益甚。”①

《皇清职贡图》中的“鄂罗斯官”“鄂罗斯人”

康熙帝在平定“三藩之乱”和统一台湾后，即将战略重点转向东北边疆，加强边防建设，准备剿灭沙俄侵略军。

康熙二十一年（1682），康熙帝以“三藩”平定，第二次东巡。谒告祖陵，兼巡视边疆、远览形胜。康熙帝祭陵后，率领诸王大臣至吉林，遥拜长白山，泛舟松花江，船200余艘，旌旗朱缨映水，采帆画鹢风轻，连樯接舰，格外壮观。萨布素受到康熙帝的召见。同年八月，康熙帝遣副都统郎坦、彭春偕宁古塔副都统萨布素率几百人，以捕鹿为名，沿黑龙江行围，直抵雅克萨城下，探明居址、地形、道里、交通。萨布素同郎坦、彭春等从墨尔根（今黑龙江省嫩江）越兴安岭，行程十六日，抵雅克萨。萨布素熟悉东北山川形势，遂与郎坦、彭春在雅克萨城外“指画言可图状”②。萨布素还与随同官员察

① 《清圣祖实录》卷一一九，康熙二十四年正月癸未。

② 陈仪《萨布素传》，《碑传集》卷一一五。

看从瑷珲至额苏里的舟行水路，以及从额苏里至宁古塔的陆路交通。郎坦和彭春回京后，奏称雅克萨易取。康熙帝考虑到以往黑龙江一带没有建城驻兵，从宁古塔出兵反击，每次都因粮食不继而停止，而俄国侵略军虽为数不多，却筑城居住，耕种自给，因而造成“我进则彼退，我退则彼进，用兵无已，边民不安”① 的局面，命建黑龙江（瑷珲）与呼玛尔（呼玛）两地木城，并调宁古塔兵 1500 名前往驻扎。

康熙二十二年（1683）四月，吉林将军巴海等奏言：瑷珲、呼玛尔距雅克萨辽远，若驻兵两处，则势分道阻，难于防御，而且过了雅克萨，有尼布楚等城，如俄兵从水路运粮，增兵救援，更难为计——宜乘其积储未备，速行征剿。巴海等“速行征剿”的奏疏，同康熙帝在瑷珲和呼玛尔“建城永戍”的旨意相抵牾。疏下议政王大臣会议，议如所请。康熙帝以其未合机宜，命再议。他对巴海等的上述疏奏不甚满意，决定巴海仍留守吉林，命副都统萨布素同瓦礼祜率军前往黑龙江。因瑷珲与呼玛尔之间的额苏里，可以藏船，有田垄旧迹，允王大臣所议，在此建木城，由萨布素与瓦礼祜率兵驻守。

同年夏，萨布素率吉林和宁古塔官兵 1500 人，分水陆两路行进，于三姓（今黑龙江省依兰县）地方会合，向黑龙江进发。不久，清军进至特尔德尼附近，发现一队俄军乘船顺流而下。萨布素令将俄军包围，俄军势孤力竭而降。后清廷命郎坦会商黑龙江驻兵事宜。寻奏言：额苏里于今年七月，便降霜雪。若在明年秋后移宁古塔兵往驻，恐地寒霜早，谷物不获，难以糊口。应就近移达斡尔兵五百人，在来春赴额苏里耕种，再派宁古塔兵三千人，分为三班，轮番驻防。康熙帝谕斥道：“兵丁频事更番，必致困苦，非久长之策。”② 因命在瑷珲建城戍兵，备船置炮，运贮粮食，设立驿站。萨布素即奏言：“永戍

---

① 《清圣祖实录》卷一一九，康熙二十四年正月癸未。
② 何秋涛《平定罗刹方略一》，《朔方备乘》卷首五。

黑龙江（瑷珲）诸务，上谕周详，悉宜遵奉。”① 十月，清始设黑龙江将军。以萨布素“年力强壮，文武兼通，才堪委用”②，着授为黑龙江将军。黑龙江将军的辖境，东至宁古塔西界，西接额尔古纳河，南临漠南蒙古，北跨外兴安岭。黑龙江将军与盛京将军、吉林将军鼎称，奠定了后来东北三省区划的建制。黑龙江将军萨布素受命后，即着手加强边疆防务，准备抗俄战争。

第一，建瑷珲城。萨布素经过勘察，在精奇里江口的黑龙江东岸，瑷珲河畔明忽里平寨址，建瑷珲城。城为方形，四周覆以带草的土埝，城外掘濠，濠外设栅。不久，萨布素因瑷珲城僻处江东，水上交通及公文往来均不方便，一旦有警，缓不济急，遂决定在黑龙江西岸托尔加城旧址，另建瑷珲城（今黑河县爱辉公社爱辉大队）。原瑷珲城称为旧瑷珲。康熙二十三年（1684），“左枕龙江，右环兴岭”③的新瑷珲城建成，遂成为北陲屏藩，北门锁钥。

第二，运贮粮食。清开辟辽河、松花江和黑龙江的水陆粮食联运，即从辽河的巨流河渡口，溯流运至东辽河等色屯（今吉林梨树县），再陆运至伊屯门（今吉林伊通县），经伊通河入松花江，顺江而下入黑龙江，再溯黑龙江而上抵瑷珲。清廷先命萨布素负责从松花江口至瑷珲的黑龙江上粮食水运，后又命其统管松花江与黑龙江的水运。康熙二十三年（1684）春，萨布素组织吉林、打牲乌喇和宁古塔的兵丁、猎户共2000余人，将辽河流域等地的粮食水运至瑷珲。

第三，屯田备兵。萨布素根据康熙帝“我兵一至，即行耕种”的谕旨，在瑷珲等地屯田。他又调达斡尔官兵500人，赴额苏里耕种戍守，并逐渐迁移满洲、达斡尔等官兵家口于戍地。清廷又命先后修造大小船舰及运粮船数百艘，并命铸造红衣大炮等运往瑷珲。萨布素

① 《清圣祖实录》卷一一二，康熙二十二年九月丁丑。

② 《康熙起居注册》康熙二十年五月十六日戊辰，中国第一历史档案馆藏。

③ 何秋涛《北徼形势考》，《朔方备乘》卷一一。

整肃部伍，训练士卒，日习水战，操演施炮，加紧备兵，准备作战。

第四，拔敌据点。康熙二十二年（1683）冬，萨布素与精奇里江一带鄂伦春头人朱尔铿格等，会同派兵扫除沿江被俄军侵据的堡垒。他们先后拔除多隆斯克、西林宾斯克、结雅斯克，并救出被关押的人质。康熙二十三年（1684）春，萨布素等疏请于四月冰解后，派官兵300人，携炮四门，以费雅喀人为向导，对黑龙江下游地区进行招抚，“不即归降，则进兵剿灭”，若敌兵“闻风先遁，所发之兵，即乘机安辑”。[①] 他的陈奏获准后，便派兵进抵恒滚河一带，俄军闻风先遁。萨布素同当地少数民族共同拔掉黑龙江中下游的俄军侵略据点，唯余其在上游的最后据点——雅克萨。

三、雅克萨城　两败俄军

康熙二十三年（1684）七月，黑龙江将军萨布素受到康熙帝“坐失机宜”的谴责。先是，侍郎马喇曾疏请“敕黑龙江将军，水陆并进，作攻取雅克萨状，因取其田禾，则罗刹不久自困，量遣轻骑，剿灭似易”[②]。因此，康熙帝命萨布素进兵雅克萨，取其田禾，使之自困。但萨布素委婉地疏言：臣军粮六月初三日始能运到，分粮、治装至初十日方能启行，溯江而上，约需一月，其时雅克萨城外庄稼已收割完毕，则取禾无及，徒劳士马，请于来年四月进兵。康熙帝览奏后，虽在表面上斥责萨布素，但在实际上仍采纳了他的疏议，后派都统瓦山等往瑷珲，会同萨布素议商攻取雅克萨的作战方案。

康熙二十四年（1685）正月，萨布素同瓦山经过精心谋划，会奏攻取雅克萨的作战方案：“我兵于四月杪，水陆并进，抵雅克萨招抚，不行纳款，则攻其城。倘万难克取，即遵前旨，毁其田禾以

① 《清圣祖实录》卷一一四，康熙二十三年正月乙酉。

② 《清圣祖实录》卷一一五，康熙二十三年五月甲申。

归。”[1] 议政王大臣等议如所奏，并获旨准。清廷即派都统彭春任统帅，并派副都统班达尔沙、护军统领佟宝、副都统马喇、銮仪使林兴珠及台湾投诚左都督何佑等，分率八旗、绿营兵丁及藤牌兵赴瑷珲，会同黑龙江将军萨布素收复雅克萨。

三月初五日，先期赴雅克萨侦察的达斡尔 30 多人，生擒俄军 7 人，从口供中得知雅克萨城的设防及兵力不足千人的情况，为彭春、萨布素提供了重要的情报。

四月二十八日，都统彭春、将军萨布素等统领清军约 3 000 人，携火炮、刀矛和藤牌等兵器，分水陆两路，向雅克萨进发。萨布素指挥的前锋骑兵，先抵雅克萨城郊，“击其哨兵，尽擒之”[2]，扫清了雅克萨城的外围敌军。五月二十三日，清大军抵雅克萨城下，当即向俄军头目托尔布津发出用满、蒙、俄三种文字书写的咨文：要求其撤出雅克萨，归还我逃人，以雅库茨克为界，互相贸易，彼此晏居；“倘执迷不悟，仍然拒命，大兵必攻破雅克萨城，歼除尔众矣”[3]。托尔布津恃其城垣坚固，有兵 450 人、炮 3 门、鸟枪 300 支，不肯迁归。二十三日，彭春、萨布素等，分水陆两路，列营攻城：萨布素亲率陆师阵于城南，列红衣炮于城北，集重师于城东南，布战舰于城西江面巡逻打援、严防敌窜。二十四日夜，将神威将军等火器移置于阵前。二十五日黎明，急进攻城，发炮轰击，城垣断毁，敌不能支。二十六日上午，托尔布津“稽首乞降”。都统彭春、黑龙江将军萨布素等遵照康熙帝“勿杀一人，俾还故土”的谕旨，准其撤离雅克萨，后俄军回至尼布楚，清军赶走俄军后，平毁雅克萨城，即行班师。留副都统纳秦驻守瑷珲，派兵 500 名在瑷珲和墨尔根屯田戍守，自吉林经墨尔根至瑷珲增设驿站，萨布素移驻墨尔根并建城防御。黑龙江将军萨

---

① 《清圣祖实录》卷一一九，康熙二十四年正月癸未。

② 陈仪《萨布素传》，《碑传集》卷一一五。

③ 《清圣祖实录》卷一一九，康熙二十四年正月癸未。

布素在雅克萨之捷中的战功，受到康熙帝的嘉奖。

俄军撤回尼布楚后，由拜顿率领的600余名援军由莫斯科到了尼布楚。尼布楚督军伊凡·符拉索夫，派出哥萨克70人赴雅克萨侦察，侦知清军已经毁城撤兵。同年八月，托尔布津偕拜顿率俄军再次侵据雅克萨。他们依旧址筑城，城墙夹板，中填泥土，外面涂泥。在江面一侧竖立木栅。据雅克萨的俄军兵力增至800余人，炮11门，炮弹和榴弹157发。

康熙二十五年（1686）正月，萨布素奏称："罗刹复来雅克萨，筑城盘踞。臣请于冰消时，督修船舰，亲率官兵，相机进剿。"康熙帝览奏后，派理藩院郎中满丕前往，满丕查明萨布素所奏属实。二月十三日，康熙颁发谕旨说，对复据雅克萨的俄军，若不速行扑剿，势必积粮坚守，图之不易。于是"令将军萨布素等，姑停迁移家口，如前所请，速修船舰，统领乌喇、宁古塔官兵，驰赴黑龙江城（瑷珲）。至日，酌留盛京兵镇守，止率所部二千人，攻取雅克萨城"①，并令建义侯林兴珠率八旗汉军及福建藤牌兵400人前往瑷珲。

六月底，黑龙江将军萨布素、副都统郎坦率清军2 000余人，从瑷珲出发，七月十八日，会师于查克丹，进逼雅克萨城。俄军"退进要塞，挖洞穴居"②，准备负隅顽抗。七月二十三日，清军列阵围城，令侵略军撤离雅克萨，托尔布津不答，并鸣放枪炮，射击清军。萨布素命清军攻城，弓矢齐射，炮火轰鸣，托尔布津中弹身死。俄军改由拜顿指挥，继续顽抗。八月，萨布素命在雅克萨城的东、南、北三面，"掘长堑，立土垒，以困之"③。濠外设置木桩，划界分区围困。派舰在城西江面巡逻，截堵从尼布楚来的援兵。侵略军被围困长达十一个月，战死、病死很多，最后只剩下66人。雅克萨城旦夕可下。

俄国沙皇在雅克萨城危急之时，派官向清帝"乞撤雅克萨之

① 《清圣祖实录》卷一二四，康熙二十五年二月丁酉。
② 涅维尔科伊《俄国海军军官在俄国远东的功勋》中译本，第35页。
③ 《八旗通志初集》卷一五三《郎谈传》。

围”，并遣使议定边界。此前清廷曾多次写信给俄国政府，谴责其侵略行径，要求其撤军谈判，但均未获结果。康熙帝在这次接到俄国政府信件后，即谕萨布素撤围城兵，列舰结营。十二月，康熙帝派侍卫马武到达雅克萨前线，宣布停止攻城。康熙二十六年（1687）八月，萨布素奉命将清军先撤至查克丹驻扎，后分别撤至瑷珲和墨尔根驻守。

康熙二十八年（1689），萨布素奉命随索额图等往尼布楚，同俄国代表费要多罗举行边界谈判。萨布素和郎坦率黑龙江兵 1 500 人，分乘船只，装载粮米，从瑷珲出发，溯黑龙江而上，至尼布楚，设帐驻扎。在谈判过程中，萨布素既负责中国使团的安全保卫和粮食供应，又因熟悉东北山川形势而成为中国使团的重要成员。七月二十四日，缔结了中俄《尼布楚条约》，规定以外兴安岭至海、格尔毕齐河与额尔古纳河为中俄两国东段边界。

黑龙江以北，外兴安岭以南和乌苏里江以东至海地区为清朝领土，并规定俄国自毁雅克萨城，徙其人员以回。

《尼布楚条约》签订后，萨布素率黑龙江兵，顺江而下，返回瑷珲，后驻守墨尔根。萨布素回将军任后，负责勘界的事宜。

索额图奏称：“将军萨布素等，系专为管辖黑龙江等处之人，勘界事宜完毕后，将交伊管理。”[①] 尔后，萨布素即负责其将军辖区的管理、防务与建设。

四、巩固边防　建设北疆

清廷在取得两次雅克萨之战胜利、签订《尼布楚条约》之后，着手反击厄鲁特蒙古准噶尔部首领噶尔丹的东犯。噶尔丹骑兵的东

① 《索额图等奏抵尼布楚以来与俄方官员往返交涉情形本》，中国第一历史档案馆藏。

进，骚扰了喀尔喀蒙古和漠南蒙古。黑龙江将军辖区西南接喀尔喀蒙古，南临漠南蒙古。康熙二十九年（1690），噶尔丹第一次东犯漠南蒙古，在乌兰布通（今内蒙古克什克腾旗境）兵败后，又图再犯。康熙帝命黑龙江将军萨布素整兵预备，要冲设防，并相机攻剿。

康熙三十四年（1695），萨布素奉命前往呼伦贝尔、索岳尔济山等地巡视，拟定沿索岳尔济山设防，堵御噶尔丹骑兵的防御计划。他疏奏说，臣拟派兵自盛京、吉林、墨尔根三处，至索岳尔济山，一一丈量，分程设站。在无水之处，掘井以待用。嗣后，若索岳尔济山的东北呼伦贝尔有警，则与臣驻军之地相近，臣即先进兵，吉林和盛京兵继之；若索岳尔济山之西乌尔会等处有警，则与盛京相近，盛京先进兵，吉林及臣兵继之——总期会于索岳尔济山以进。① 康熙帝允其奏，并命他在噶尔丹顺克鲁伦河向呼伦贝尔、索岳尔济山东进时，即速行侦察，并酌情堵御。

康熙三十五年（1696）二月，康熙帝亲率三路大军出击噶尔丹：黑龙江将军萨布素率东三省地区军队，会内蒙古科尔沁部出东路，沿克鲁伦河遏其窜逸之路；大将军费扬古、将军孙思克率陕甘兵等出宁夏西路，邀其归路；自率禁旅由独石口出中路——裹粮长驱，分进合击，捕其主力，速战速决。萨布索调集所属各路大兵，于四月初由索岳尔济山，刻期驰进克鲁伦河。康熙帝亲临克鲁伦河流域。噶尔丹知道康熙帝亲率大军前来征讨时，吓得尽弃庐帐、器械西逃，在肯特山之南、土拉河之北、汗山之东的昭莫多，为西路大将军费扬古所败。萨布素奉旨在喀尔喀河附近择水草丰美地方秣马。六月，萨布素奉命率兵 1 000 往科图。康熙三十六年（1697）正月，萨布素因年老体弱被召回，寻令仍回原任。

康熙三十八年（1699），黑龙江将军移驻齐齐哈尔。其辖区以将军驻地齐齐哈尔计，东至杨山（布列亚山）2 200 余里吉林界，西至

① 《清圣祖实录》卷一六六，康熙三十四年正月甲子。

喀尔喀900余里车臣汗界，南至松花江500余里吉林界，北至外兴安岭3300余里沙俄界。萨布素任黑龙江将军凡20年，在其辖区内，实行军政兼施的方针。

第一，设置军政机构。黑龙江将军萨布素，奏经清廷旨准，组建了其下齐齐哈尔、墨尔根和瑷珲的军政机构：齐齐哈尔城，将军、副都统各一员，统辖八旗。旗各协领一，佐领五，防御一，骁骑校五，火器营参领一员；该城满洲、汉军及索伦、达斡尔、巴尔虎兵共2040名。墨尔根城，副都统一员，协领四，旗各佐领二、防御二、骁骑校二，有兵900名。瑷珲城，副都统一员，协领四，旗各佐领三、防御一、骁骑校三，火器营则统于齐齐哈尔参领，有兵1200名。定例实行操练和围猎，以训练技勇，修武戍边。

第二，配置多种火器。萨布素治军，重视火器的配置和使用，神威无敌大将军炮，齐齐哈尔和瑷珲各4位；神威将军炮，齐齐哈尔和瑷珲各12位，墨尔根8位；龙炮，齐齐哈尔6位；威远炮，齐齐哈尔和瑷珲各1位。并配置火铳、鸟枪等多种火器。

第三，加强军民联防。萨布素遵奉康熙帝的谕旨，将其辖区内的少数民族索伦、达斡尔、巴尔虎三十二佐领兵，编入齐齐哈尔、墨尔根和瑷珲驻防八旗。又将鄂温克、鄂伦春等编入布特哈八旗，以旗统民，设官分治，屯种戍守，强固边防。

第四，建立巡边制度。《尼布楚条约》签订后，萨布素会同理藩院定制，其所属齐齐哈尔、墨尔根、瑷珲各副都统，于每年五、六月间，派遣协领、佐领等官，率兵分三路，至格尔毕齐、额尔古纳等处巡边，年终具疏报闻。沿边设立巡逻鄂博，加强边境巡察。

第五，严格驿站管理。萨布素经手建立自齐齐哈尔经墨尔根至瑷珲，又自瑷珲经宁古塔至吉林的驿站。自瑷珲至吉林1340里，共设19驿，每站设站丁30人，马20匹，牛30头，每丁种地5垧。萨布素为维护驿站制度，陈奏曾做过康熙帝侍卫的瑷珲副都统关保，滥用驿站车马。关保因此受到降五级调用的处分。

第六，开始设立学校。黑龙江地区文化教育比较落后。萨布素早在宁古塔任职时，就优礼从关内流放至宁古塔的文士吴兆骞、杨越等人。这些人既授徒教书，又撰写诗文。吴兆骞曾写有《送萨参领入都》和《奉赠副帅萨公》等诗。《尼布楚条约》签订后，黑龙江地区开始进入和平安定、开发经济的新时期，文化教育也得到了发展。康熙三十四年（1695），萨布素疏请在墨尔根两翼各设一所学校，设立教官，每年从索伦、达斡尔佐领下各选幼童入学，教习书义。这是黑龙江地区“建学立师之始”。尔后，又在齐齐哈尔和瑷珲等城，相继建立学校，设师教学。

康熙三十七年（1698），康熙帝第三次东巡，在吉林召见萨布素，谕称：“黑龙江将军萨布素，授任以来，为国效力，训练士卒，平定鄂罗斯，勤劳可嘉。着给一等阿达哈哈番，令其世袭。”[①] 阿达哈哈番为满语音译，系勋爵，汉意译为轻车都尉。

黑龙江将军萨布素，被誉为康熙朝的“将军第一”[②]。

康熙四十年（1701）二月，黑龙江将军萨布素被以“捏报兵丁数目，浮支仓谷”[③] 罪革任，并革去一等轻车都尉世职，在佐领上行走。寻授散秩大臣，后死。

---

① 《清圣祖实录》卷一九〇，康熙三十七年十月己亥。

② 陈仪《萨布素传》，《碑传集》卷一一五。

③ 《清圣祖实录》卷二〇三，康熙四十年二月己未朔。

下　篇

第十二讲

孙承泽：“贰臣”还山雄史坛

清初史坛大家孙承泽（1593—1676），《四库全书总目提要》著录其撰述23种，凡400余卷。其插架之作，远多于此数。但近三百年来，因薄其为人，兼及其著述。兹就孙承泽所处的历史条件、宏富著述及学术地位，试做探述与浅论。

一、身世飘零　两度归降

孙承泽生活在明末清初动荡纷乱的时代，一生经历坎坷。

明朝末年，主昏政暗，赋苛财竭，军事败坏，党争不已，又加连年凶荒，饥民揭竿而起。崇祯元年（1628），陕西频年饥馑，农民“死者枕藉”①，义军四起，势如燎原。崇祯二年（1629），后金兵南犯，京师戒严，勤王兵“叛将结流寇”②，旬日间众至数万余，转略陕西、山西、河南间。时阶级矛盾与民族矛盾极为尖锐，而孙承泽仍闭门危坐，诵读经书，以求仕进。

崇祯三年（1630），孙承泽乡试中举，时年38岁。翌年春，又“盛年甲第”，登辛未科进士。据《孙公承泽行状》载：

① 夏允彝《幸存录》卷一。

② 孙承泽《畿辅人物志》卷一四《梁应泽传》。

孙承泽，顺天府上林苑采育人，字耳伯，号北海。先世籍山东青州府益都县。明永乐中，其祖明善迁实京畿。七传至公，中庚午顺天举人，辛未进士。

孙承泽中进士后，赴河南，任县令。据县志所载，孙承泽任陈留令，其政绩不著，故志书名宦传阙简。后于崇祯八年（1635），转祥符县令。时农民军屡入河南，孙承泽练兵固守，同农民军顽抗。《祥符县志》载：

时督逋甚严，承泽催科有法，不致困民。教民孝弟，恳切诚笃，刻功过格；口讲指画，务积诚感人，民多革心。在任三载，乡农不赌，勾摄悍吏。擢拜给谏，卧辙乞留。

孙承泽在陕北农民起义暂时处于低潮期间，出仕中州，宣孝悌，禁聚赌，刑贪吏，缓催征，也算得明末浑浊官场中的一员清官。

崇祯十年（1637），孙承泽“以卓异，授刑科给事中，历升户、工左、右给事中，刑科都给事中”[①]。他身居给谏，叨叨疏奏，如“慎揆席、录建言、释逮系、严保举、明泰卦诸疏，一时传为名谏”[②]；又在平台受召，“皆阐道以明理，实植纪而扶纲”[③]。尽管孙承泽在为力挽明社倾危而作舌笔之争，但是明廷已患不治之症，所上药疏石奏，均无补于其一二。

甲申之变，明社倾覆。孙承泽见君崩国亡，矢志愚忠，决意追殉崇祯帝。康熙《顺天府志》记载：

甲申，闯贼陷都。乃自经，佣书者救之；继服片脑，又呕

① 王崇简《孙公承泽行状》，《碑传集》卷一〇。
② 康熙《大兴县志》卷五。
③ 王崇简《祭孙北海少宰文》，《青箱堂文集》卷九。

出；继赴井，又为仆救。

孙承泽在解悬、呕药、挽溺之后，为大顺军所执。他先示求速死，但"贼，河南人，夙知公，曰'公有遗德于吾乡'，命伪尉守之"①。旋用"温言慰藉"，并"日以饮食馈送"②。大顺取代明朝。孙承泽终于降附大顺，被委任为"四川防御使"③。孙承泽受职后，未就任。李自成山海关兵败，旋撤出北京。孙承泽遂"潜回上林，养疴村落"④。

铜柱钮"辽州之契"印，此为"大顺"政权所见最早官印

孙承泽见用于大顺，被故明缙绅视为"叛逆"，也为封建巨儒所不齿。其时，甲申陵谷之变，诸臣录赴吏政，但"一时罣入仕籍者，非必愿仕之臣；其不入仕籍者，亦非尽不愿仕之臣"⑤。所以，不能

① 王崇简《孙公承泽行状》，《碑传集》卷一〇。
② 孙承泽《天府广记》卷三四。
③ 顾炎武《明季实录》，《顾亭林先生遗书》文瑞楼本，第30页；《甲申传信录》卷五作"顺庆防御使"，顺庆属四川。
④ 孙承泽《天府广记》清抄本，卷三四。
⑤ 钱軹《甲申传信录》卷五。

以是否“槐国衣冠”而定其臧否。孙承泽身为明朝官员，不管出于何种动机，也不论尔后如何剖白，肯于“降贼”受职，终究在客观上与大顺站在同列，在舆论上予农民军以支持。顾炎武作《叛逆奸臣及贼授伪官考》，表忠节，挞降臣。但是，今天看来，明季勋戚文武死节诸臣，忠贞可悯，而不可概予表彰；降附大顺政权诸臣，义节不亏，亦未可一概轻非。

阶级斗争未息，民族纷争又起。李自成率兵退向西安，多尔衮统军进占北京。孙承泽于顺治元年（1644）五月降清后，复官为刑科都给事中，寻转吏科都给事中。孙承泽等上《六科公本揭帖》，请肃礼仪、创宏规。旋即升为太常寺少卿、提督四译馆事。尔后，屡经升转。顺治二年（1645）三月，升为通政使司左通政；八月，又升为太常寺卿。顺治四年（1647），改为大理寺卿。翌年，升兵部右侍郎。顺治八年（1651），转吏部右侍郎。明年，又改吏部左侍郎，仍兼都察院右都御史。

孙承泽既先降“贼”，清代学人视之为“逆臣”；继又降“夷”，民初学林鄙之为“失节”。由是近三百年来，孙承泽为世人所轻。孙承泽降“贼”，前已略为评述；至于降清，需做历史分析。明清之际，中国社会政治舞台上主要有南明、大顺、清朝三种政治势力。明“至崇祯之时，人心已去”①。偏安一隅的南明，是腐败明朝的继续。但南明中能与民众抗清斗争结合的政治势力，其积极作用不宜低估。南明尤不乏坚贞刚烈之士，史可法、张煌言、何腾蛟、瞿式耜和阎应元等，均临危不屈，志决心坚，仗节全贞，正气凛然！

清军入关后，中国经过半个世纪的分裂动乱，乱极思治。南明和大顺都没有力量肩负再造统一的历史重任。在当时的历史条件下，只有清朝能再造国家统一，实现社会安定；也只有清朝能抵御外来侵略，维护领土完整。这是历史发展必然性与偶然性的统一。顾（炎

① 顾炎武《亭林文集》卷四。

武)、黄（宗羲）、王（夫之）等人，坚持"夷夏之防"，亮节不仕，忠介可嘉；而孙承泽等人，能够审时度势，降附清朝，似无须訾议。对降清明臣视为大节有亏之人，加以斧钺，是在清巩固其统治之后。乾隆四十年（1775），乾隆帝谕令国史馆立《贰臣传》，谕称：

> 若而人者，皆以胜国臣僚，遭际时艰，不能为其主临危授命，辄复畏死幸生，觍颜降附，岂得复谓之完人？即或稍有片长足录，其瑕疵自不能掩。……朕思此等大节有亏之人，不能念其建有功绩，谅于生前；亦不能因其尚有后人，原于既死。今为准情酌理，自应于国史内另立《贰臣传》一门。[①]

孙承泽死后百年，以其为明朝官员降附于清，被列为贰臣，不能与诸臣并登汗简。

孙承泽经历明末阶级斗争、清初民族纷争之后，又陷入统治集团党争的政治旋涡之中。先是，孙承泽初录东林，"逆珰魏忠贤煽虐谄佞者，为建生祠于（上林）苑中，诸生罗拜，承泽独抗不往"[②]。后来，"承泽崇祯庚午乡试，出姚希孟之门；辛未会试，出何如宠之门。故其附东林也甚力"[③]。姚希孟，其座主韩爌，馆师刘一燝，舅父为状元文震孟，两师秉政，甥舅同第。但天启时党祸大作，首辅韩爌遭魏阉忌恨，"削籍除名"[④]；辅臣刘一燝被"削官、追夺诰命、勒令养马"[⑤]；文震孟虽中天启壬戌科状元，但因得罪魏忠贤，忠贤传旨"廷杖震孟八十"[⑥]；其甥姚希孟以附东林，也被削籍。崇祯帝即

---

① 《光绪会典事例》卷一〇五〇。
② 康熙《大兴县志》卷五。
③ 《四库全书总目》卷六三《〈益智录〉提要》。
④ 《明史》卷二四〇《韩爌传》。
⑤ 《明史》卷二四〇《刘一燝传》。
⑥ 《明史》卷二五一《文震孟传》。

位后，起希孟为日讲官。“希孟雅为东林所推，韩爌等定逆案，参其议”[①]。何如宠官礼部右侍郎，阉党言“如宠与左光斗同里友善，遂夺职闲住”[②]。孙承泽在天启朝，“时人目为东林秀才”[③]；至崇祯初，又因师承关系，愈加倾向东林。

入清后，在满洲贵族统治集团两派角逐中，孙承泽被挤下台。顺治七年（1650）十二月，摄政睿亲王多尔衮死。翌年正月，顺治帝亲政。旋命“追论睿王多尔衮罪状”[④]。原为多尔衮“佐理机政”的内院大学士等，被以亲附睿王“结党怀奸”[⑤]罪论处。礼部尚书谭泰伏诛。大学士陈之遴论斩。大学士陈名夏之罪状，宁完我劾奏称：

> （名夏）包藏祸心以倡乱。尝谓臣曰：“要天下太平，只依我两事。”臣问何事？名夏推帽摩其首曰：“留发复衣冠，天下即太平。”

清初旨定：“有为剃发、衣冠、圈地、投充、逃人牵连，五事具疏者，一概治罪，本不许封进。”陈名夏以私议清初弊政，党附睿王，被处绞死。而孙承泽又以素附陈名夏被休致。先是，陈名夏掌吏部，孙承泽为吏部右侍郎，又转为左侍郎。陈名夏迁内弘文院大学士后，高尔俨任吏部尚书。顺治十年（1653）二月，孙承泽值吏部尚书高尔俨以疾乞罢之机，疏请由大学士陈名夏分理吏部。此事史载：

> “吏部尚书权衡所寄，得人为难。伏见大学士陈名夏在吏部时，颇能持正，请以名夏分理部事，必能仰副澄清之治。”上览

① 《明史》卷二一六《姚希孟传》。
② 《明史》卷二五一《何如宠传》。
③ 王崇简《孙公承泽行状》，《碑传集》卷一〇。
④ 《清世祖实录》卷五三，顺治八年二月己亥。
⑤ 蒋良骐《东华录》卷七，顺治十一年三月。

> 奏，谓阁臣曰："朕见承泽此疏，洞其隐微，代为含愧。彼意允其所请而用名夏，则于彼有利；否则，又将使朕猜疑名夏也！"因以侍郎推举阁臣，有乖大体，责令回奏。①

其时，已惩治睿王党羽，陈名夏危若悬卵。孙承泽疏荐陈名夏，顺治帝阅奏后愠怒。承泽览旨，战栗引罪，以两耳重听乞休。同年三月，孙承泽"病免"。时年 61 岁。

孙承泽初录东林，继降大顺，终入清朝。他鼎易其主，三遇坎坷，晚年闭居，学志弥坚，钩稽历史册籍，专注从事著述。

二、潜心修史　著述宏富

孙承泽致仕后，在北京西山卧佛寺之阴，营筑"退谷"，自称"退谷逸叟"。他或居城南书舍②，或居退谷草亭，拥书万卷，广征博录，倾力史籍编纂工作。

孙承泽山居之后，着力搜集和记述崇祯朝的史事。私家载述崇祯朝的史籍，述其初政如《崇祯新政记》《今史》，终非全豹；记其季政如《崇祯长编》仅载崇祯十六年（1643）十月起，至翌年三月止，共半年的史事。另如《懿书》，载录崇祯十四年（1641）起以迄明亡之史，亦属断简。他如顺天大兴人王世德撰《崇祯遗录》，书仅一卷。至如文秉著《烈皇小识》，为编年体，记崇祯事，"可备一朝史料"③，然较简略，屡有疏误。孙承泽"痛心亡国，追源祸患之由来，援古证今，以昭鉴戒"④，著《思陵勤政记》《思陵典礼记》和《山书》等记载前朝史事之专书。

---

① 《清史列传》卷七九《孙承泽传》。
② 孙承泽故居在今北京市宣武区后孙公园。
③ 文秉《烈皇小识·自序》。
④ 孙承泽《山居随笔·邓实题记》。

《山书》，记崇祯朝史事，又称《崇祯山书》。它自崇祯元年（1628）正月起，迄十七年（1644）三月止，每年一卷，唯十五年分为两卷，故全书十八卷。《山书》以年为经，以事为纬，按事列条，冠以标题，凡四百零四目，二十余万言，字数比《烈皇小识》多一倍余。孙承泽著《山书》，因文碍时讳，“为乾隆间禁书，传本极罕”①，终未雕梓。《山书》不仅记崇祯朝典故，也载政事。如卷一《正法逆恶》，记魏忠贤败死事；卷七《起用旧辅》，载起用何如宠诏谕；卷十一《江南复社》，述张溥立复社始末；卷十四《海运便利》，录临清副总兵黄胤思上《海运图》等。孙承泽曾居官台谏，蒇藏邸抄，所载诏谕、奏疏、政事、典制、科试、漕运、城防、宫闱等，以其笔录闻见，摘节邸报，史料弥足珍贵。记崇祯朝史事之书，孙承泽《崇祯山书》长于掌故，文秉《烈皇小识》多录政事，张岱《石匮书后集》偏重纪传，三著鼎峙，各具所长。

孙承泽不仅记载崇祯朝史事，而且编纂典章制度专著。所撰《学典》三十卷，《四库全书总目提要》称：“是书所载，皆历代建学、设官、行礼、讲学、科举之事，自虞迄明，分年编载。”曾任国子监祭酒、礼部尚书的王崇简《致孙北海书》云：“《学典》之纂，此昔人所无，奉命校阅，纯粹赅博。”

《学典》内容广博，史料精粹，条理清晰，泾渭分明，是一部专述选举的大著。《学典》之外，又编《典制纪略》，分河道、漕运、盐茶、钱钞等门，“广征博引，颇资考核”②。孙承泽纂著的典制巨帙为《元明典故编年考》，又称《两朝典故编年考》，其自序云：

> 《文献通考》为经世致用之书，至宋末而止。后有续者弗备也。山居积料十余簏，拟续成之，以年力日衰而止。择其简要者

① 谢国桢《晚明史籍考》卷三。

② 《四库全书总目》卷一三九《〈典制纪略〉提要》。

为编年一书，计百卷，通考编类，欲稽其事。

是知孙承泽病明王圻所纂《续文献通考》驳杂弗备，志欲重续之。其《学典》《典制纪略》及《元明典故编年考》，皆为续编文献通考之积料，终以年力不继，各自成编。而《元明典故编年考》，始自元太祖，迄于明万历十年，约九十万言。原筹纂至明末，未竟其业。《元明典故编年考》分元、明两代，载录重要典章制度。

《元朝典故编年考》，《四库全书总目》著录与康熙《大兴县志》所载卷本吻合。是书仅元世祖朝即录一百零六目。它与陶宗仪《南村辍耕录》相较，有同异，也有增补。如"修琼华岛"辑自陶书"万岁山"条。但诸多条目为《南村辍耕录》所无。记城阙如"修筑宫城""两京行宫""迁汴宫城"；记教育如"立国子学""蒙古国子学""大都路学"；记水利如"修通惠河""置都水监""开金口河""浚白河"；记经济如"置京畿都漕运使司""户口之数"等。且《元朝典故编年考》以朝为纲，以事为目，比《南村辍耕录》条目清晰。《元朝典故编年考》卷末所录元时秘册，为世所罕睹。"自《永乐大典》以外，惟见于此书"[①]。但《永乐大典》大多散佚，所录大都史料，借其珍存。

《明朝典故编年考》，共九十卷，按朝列事，凡三千六百九十三目，精博宏赡，颇便翻检。如明太祖朝二十卷，九百十二目，诸凡诏谕、官制、城阙、军制、儒学、田令、钱法、财赋、水利、盐茶、驿递、坛壝、礼仪、选举等，广为搜辑，分年缕述。又如"逃人法"，并非满洲贵族所创，明宣德三年（1428），户部夏元吉即具疏请《宽逃人之法》。综览私人撰修的元明典制史籍，多分类列目，简述史实。如陶宗仪《南村辍耕录》以卷系目，分目列事；余继登《典故纪闻》列朝摘事，但不标目；王士性《广志绎》以地理方位为序，

① 《四库全书总目》卷八一《〈元朝典故编年考〉提要》。

分述各事：沈德符《万历野获编》则同类相从，按类分目。《元明典故编年考》的学术价值，在于独创体例，以朝为纲，以时为序，列目述事，亦足称便。特别是清代学者于搜辑史料、研究典制取得比较突出的成就，而《元明典故编年考》在这方面较早地做出了贡献。

孙承泽为历史人物作传，留下多种著述。《研山斋图绘集览》为画苑列传，自顾恺之，至邹之麟，共录八十四家，每家先叙本末，后述所见真迹。孙承泽于鉴赏书画，别有专长。先著《研山斋墨迹集览》《研山斋法书集览》，后于顺治十七年（1660），岁次庚子之夏，著《庚子销夏记》八卷。书中列所藏自晋、唐至元、明书画真迹，并附列经眼书画真迹，有品评，也有考据，其“鉴裁精审，叙次雅洁”①，为乙部艺术群籍中之鸿爪。孙承泽的《益智录》，起周迄明，凡十二卷，“是书为万历、天启间诸人传尤详”②。又著《四朝人物传》③，据谈迁《北游录》载：

> 寻饭于吴太史所。太史同年侍郎孙北海（承泽），撰《四朝人物传》。其帙繁，秘甚。太史恳年余，始借若干首。戒勿泄。特示余曰：“君第录之，愿勿著其姓氏于人也。”

孙承泽将《四朝人物传》中“平生企慕”的京畿人物，辑成《畿辅人物志》传世。其自序云：

---

① 《四库全书总目》卷一一三《〈庚子销夏记〉提要》。

② 《四库全书总目》卷六三《〈益智录〉提要》。

③ 《四库全书总目·〈四朝人物略〉提要》载：“《四朝人物略》六卷，国朝孙承泽撰。自汉至唐、宋，为五卷，全袭名臣录之文；明一代总为一卷，皆用刘孟雷所为翊运、硕辅、名卿、正学等传为之。”疑《四朝人物略》与《四朝人物传》并非一书，二书未经目，待考。

> 迨其晚季，值一二柄臣，袭亡汉、弱宋之党论，以惑主听。万历而后，畿辅多正人君子，卒无有安其身以行志者，或困死谪戍，或终老罢闲，或忧谗畏讥，一筹莫展，驯至束手殉义，亦可哀矣！

于是，孙承泽据邸抄，搜遗文，寻碑碣，访乡里，"博综前人所载，以及章奏、志表、诸文，或得诸后遗裔之所传说，详论约取"[①]，著《畿辅人物略手稿》，录五十人。后补充修订付梓，成《畿辅人物志》，保存了重要史料。如阉党余孽刑逼某木匠诬袁崇焕为奸细，即为他书所不见。《畿辅人物志》载录128人，比万历《顺天府志》所载明代人物32人（烈女未计）多三倍。它并为其后康熙和光绪《顺天府志》及京畿各州县志中人物传提供了重要资料。康熙《大兴县志》载录明代人物多袭录此书即是例证。

孙承泽于历史地理学方面亦写出有价值的著述。康熙《大兴县志》载其著有《寰宇志略》《河纪》《水利书》等。《河纪》一书，据《四库全书总目》著录其"记黄河迁徙始末，兼及畿辅水利"[②]。《水利书》当即注《禹贡》之书的《九州山水考》。孙承泽在今存《九州山水考》中，反对"由己饥、由己溺"的"无水不为害者"的观点，提出"无水不为利也，运输之政兴焉，灌溉之泽普焉"这一变水害为水利的见解。它是一部有学术价值之作。

三、详考典章　细述京华

孙承泽毕生史学著述中的精品，是《春明梦余录》和《天府广记》。天府即京城。我国都城史的研究有其发展的过程。最早记载京

---

① 王崇简《畿辅人物志序》，《青箱堂文集》卷三。
② 《四库全书总目》卷七五《〈河纪〉提要》。

师及其附近地区历史的《三辅黄图》已佚，后有佚文辑本。至宋代宋敏求撰《长安志》，记述我国封建社会前期政治中心长安的历史与地理。孙承泽借宋敏求以知制诰贬知绛州，述《春明退食录》之典，始著《春明梦余录》，记载明代典章制度，也载述我国封建社会后期政治中心北京的历史与地理，从而成为我国都城史研究中有价值的传世之作。《四库全书总目提要》撰者虽力贬孙承泽，但仍对《春明梦余录》做出了肯定性的评论：

> 于明代旧闻，采摭颇悉。一朝掌故，实多赖是书以存。且多取自实录、邸报，与稗官野史据传闻而著书者究为不同。故考胜国之轶事者，多取资于是编焉。

《四库全书总目提要》撰者侧重于从考据方面去评价《春明梦余录》，对其在典制史、都城史方面的学术价值，尚嫌评价不足。《春明梦余录》“刊行传世，几使洛阳纸贵”[①]，可作为其学术价值及社会影响的一个例证。孙承泽撰《春明梦余录》之后，又著《天府广记》。《四库全书总目》将《春明梦余录》列入子部杂家类，而将《天府广记》列入史部地理类，以示二书之别，似嫌不妥。因为《春明梦余录》带有地方志的色彩，《天府广记》亦重于典章制度。如二书相较，《天府广记》似比《春明梦余录》有如下特点：

第一，引类相从。《天府广记》将《春明梦余录》的七十卷厘定为三十七卷。如卷六含《春明梦余录》之卷六宫阙、卷七正殿、卷八殿门、卷九文华殿、卷十文华旁殿、卷十一武英殿、卷十二文渊阁等七卷。又将其卷二三至二八合并为一卷。再将其卷五四国子监、卷五五府学、卷五六首善书院归并为学校一卷。以上将十六卷合并为三卷，同类条属丝贯，体例更加完备。

---

① 孙承泽《天府广记·朱序》，清抄本。

第二，修剪枝蔓。《春明梦余录》于《礼部》下先列子目"礼制"，而首以朱熹"仪礼、经传、通解"一条，次以吴澄"三礼考注"一条，再次以朱熹"家礼"一条。以上原不应系于《礼部》，故《天府广记》删之，至若删节奏疏等，多为出于匠心，剪裁史料，划一体例，并非因碍时讳，惧罹文网。是书成于康熙十一年（1672），时"三藩之乱"有一触即发之势，清廷注意调整满汉关系，尚未大兴文字之狱。

第三，搜遗拾阙。《天府广记》卷六增补"郊坛"，卷三一缀补"衍圣公府"，卷三三至三四人物、卷四一赋、卷四二至四四诗，均为补缺。《天府广记》从《畿辅人物略手稿》和《畿辅人物志》中，将顺天府属人物六十个列传录入，使其内容较为充实，体例更臻完善。但宛平梁应泽、通州刘廷训、大兴李若琏、京师郭登和马应乾等，皆因牵涉东事而未予收录。

第四，考证诠次。《史记》载：周封尧之后于蓟，封召公奭于燕。蓟与燕之关系，为历来治燕史者所论辩。孙承泽在《天府广记》中，对南燕与北燕详为考证。另如建置，《春明梦余录》于明代先述洪武元年（1368）改大兴府为北平府，次述永乐元年（1403）诏允礼部尚书李至刚请以北平为京师，再述洪武元年改北平府诏，复述永乐朝李时勉上《北京赋》，简牍错置，诠次失序。《天府广记》则将《北京赋》移至卷四一赋中，并对上述史料，以时为序，重加诠次，次第井然。

清代历史编纂学家孙承泽，积二十余年，博采群籍，丝贯革穿，详考明代典章制度，研讨北京历史，撰成被称为"绝大著作"① 的《天府广记》。其纂述过程，大体可分作三个阶段：第一，分类断代，搜集资料，所辑《学典》及《元明典故编年考》即为例证。第二，按门别类，编纂史料，所撰《畿辅人物志》和《春明梦余录》可作

① 孙承泽《天府广记·陈跋》，清抄四十三卷本。

明证。第三，增删考稽，厘定诠选，终于著成《天府广记》。上举数书虽各成专著，但《天府广记》造端宏大，元元长编，实为其集大成之作。《日下旧闻》撰者朱彝尊（竹垞）云：

> 《天府广记》搜采广罗，文献彰著，洵为艺林之大乘，考核家借此以为据信也。惜乎未及雕梓，而嗜古讨论之士，乃假以传抄，藏诸笥箧，不啻珍璧。余修辑《日下旧闻》，检阅经史子集，凡有系于京华之典故遗文，靡不极力索次。于是引用成书千有余种，然亦有阙佚未尽者焉。且夫京师居北辰之所，惟人文之薮，观其山川，览其形势，四境九衢，甲于省郡。况士大夫退食之暇，登临凭眺，考古证今，是以代有记载，时有述作，皆不若退谷之《天府广记》，致之尽而罗之广也。①

孙承泽最有成就、最大价值的史学著作是他的《天府广记》。北京自金代成为皇都，迄《天府广记》成书，历时五百年。其间记述北京历史的专书甚少，即便有之，或散佚，或疏略，或残简，抑或尘封。孙承泽撰著的《天府广记》，是第一部系统翔实地记述北京历史的鸿篇巨制。中国都城史的研究不始于孙承泽，但他的《天府广记》却为开拓世界著名古都北京历史的研究奠下基石。后来的北京都城史研究如朱彝尊的《日下旧闻》和于敏中等的《日下旧闻考》，是在它的影响下走上了更广阔的道路。北京史学之兴，孙承泽始开其端。他开创了一条都城史学新路，即发掘、搜纂和研究都城历史文化遗产的新路。

① 孙承泽《天府广记·朱序》，清抄本。

四、崇实尚变　勤于治学

孙承泽之所以在史学上取得一定的成就，与其哲学观点、政治思想和治学态度密切关联。

明朝的覆亡，予当世的缙绅鸿儒以极大的震动。他们身历沧桑巨变，为溯源祸患之由来，痛苦地回到经学，去剥取成果，探索殷鉴。孙承泽晚年嗜《易》，"自居退谷，日抱大易，读于荒崖寂寞之宾"①。寂寞荒崖，抱《易》诵经，半为送走草亭孤独，半为探求治世之道。他先后著《诗经朱传翼》《尚书集解》《周礼举要》《孔易释文》《春秋程传补》等百余卷。

晚明的学风，心学泛滥，空疏无本。明末清初的巨儒，厌读空疏无本的心学。所以孙承泽在其经学著述中扬宋学、抑王学，"谓守仁立身居家并无实学，惟事智术笼罩，乃吾道之莽懿"②。但孙承泽尊扬宋学，也与程、朱有别。他引述朱熹言："太极只是一个理字，未有天地之先，毕竟是先有此理。理动则生阳，亦只是理；静而生阴，亦只是理。因其极至，故名曰太极。"③ 朱熹认为太极是理，是万物的根源："太极只是天地万物之理。在天地言，则天地中有太极；在万物言，则万物中各有太极。未有天地之先，毕竟是先有此理。"④孙承泽不赞成上述"理在气先"的命题，他认为：

> 贤希圣，圣希天，天实理也。其行健，其德纯。君子法之，自强其行，以进修其德。后世尊天者，曰太虚、曰太空。六经中无是语。天体固无不虚、无不空，使学者但法其虚、空，遂开异

① 孙承泽《孔易释文·自序》。
② 《四库全书总目》卷九七《〈考正晚年定论〉提要》。
③ 孙承泽《广字义》上卷。
④ 《朱子语类》卷一。

> 学一路。昊天曰明，及尔出王；昊天曰旦，及尔游衍。无在，非天也；无在，非实理也。学者事天，安敢不谨？自天之下，有形属地。平土，地也；积累而为冈陵，亦地也。自地之上，有气皆天。离地寸许是气，离地寸许是天。人曰在气中、日在天中也。高高在上者，气之积也。[1]

孙承泽的这种思想，显然受了张载“太虚无形、气之本体”[2]的影响。他明言天理为虚空，实“六经”所不载，斥其为异学。孙承泽提出“天实理”“天实气”“理实气”的朴素唯物主义命题。他还阐发天“运转不停”，即天与理是不断运动、变化的朴素辩证思想。孙承泽在其经学著述中，透露出一鳞半爪的带有唯物主义倾向的见解，可看出他与朱熹的客观唯心主义观点并不完全一致。因此，《四库全书总目提要》撰者，评论孙承泽的哲学观点：“惟假借朱子以自重”，并“借朱子之言以攻朱子”[3]。孙承泽在其经学著作中阐述的命题自相抵牾，故被官方哲学斥为“首鼠两端”[4]。

在批判空疏无本的王学时，孙承泽崇实尚变。崇实，使他斥空疏，务实际，勤奋广罗资料，分门别类入簏，进行卷帙浩繁的历史编纂。尚变，则使他识时务，知进退，进而不浮，退而不坠，老骥伏枥，博学有成。

孙承泽不仅在哲学观点上颇有可取之处，而且在政治思想上表露出早期的启蒙思想。封建政治制度的核心是君主专制。黄宗羲著《明夷待访录》，在抨击君主专制时，强调提高相权，以分君权。他认为：天子传子，宰相不传子，天子之子不皆贤，尚赖宰相传贤足相补救；但自明太祖朱元璋罢丞相，明始无善治。他提出宰相设政事

---

① 孙承泽《砚山斋集》。

② 张载《正蒙·太和篇》。

③ 《四库全书总目》卷九七《〈考正晚年定论〉提要》。

④ 《四库全书总目》卷一八《〈诗经朱传翼〉提要》。

堂，并定章奏程序："凡章奏进呈，六科给事中主之；给事中以白宰相，宰相以白天子，同议可否。天子批红，天子不能尽，则宰相批之，下六部施行。"[①] 孙承泽则借《周礼》这袭圣王古裳，加以隐身，提出重相权、抑君权的历史课题：

> 余反复读《周礼》一书，见当日挈治平之道，付之六官，又挈五官分任之职，付之冢宰一官，纲举而目斯张，领挈则裘自顺。[②]

孙承泽以《周礼·冢宰》为据，主张天下纲领操之于宰相，宰相要总六典：

> 天下大务，统于六典，太宰所任者，治典耳。举教典、礼典、政典、刑典、事典，而又总统焉。

宰相既要总六典，又要统宫闱：

> 人主燕私之际，与之同焉。倘无以统之，则或转移其心志，变易其耳目，窥伺以知其旨，奢靡以中其欲。人主一坠其术，则亦何所不至？此天官所以兼统宫闱，自宫正、膳夫、酒正、内宰，无不总统者，内外朝廷一体也。

宰相不仅要总统内外朝廷，而且要摄君治国：

> 有司微职，惟人主是从。何敢与天子论当否、争是非、持予

---

① 黄宗羲《明夷待访录·置相》。
② 孙承泽《五经翼》卷一九《周礼举要》。

奁？天子知其供而不知其节，是以侈心生、费用大、搜取者广矣。是以悉领之冢宰，得以节制其间，使上无私费，下无擅供，王、后、世子不敢过取。此冢宰所以兼制国用也。

宰相摄制天子、王后、世子，自然会遭到传统君权至上观念的抵抗，他又说：

世儒以谓至尊，不可以法数制之，非正论也！①

孙承泽与朱熹所谓王者“手握天下之图，身据兆民之上”② 的君权至高的思想不同，而主张宰相统制国君、国君摄于宰相。这较黄宗羲君权与相权并重的思想更深刻，是对君主专制的挑战。孙承泽在清康熙二年（1663）主张以法数制治国君，实为我国近世君主立宪思想的一株萌芽。

同孙承泽早期启蒙思想相联系的，是其进步的历史观。孙承泽没有留下系统的阐述历史观的著作，但在其文集中曾透露一二：

世之有史，犹日月之行天，不可一日无者也。当金源既墟，元遗山筑史亭，日录遗事，著《南冠录》，金赖以有史。元都既陷，危太朴赴崇国寺井，寺僧挽之曰：“公，史才，不可死。”太朴竟负僧言。杨铁崖年已七十，隐居南中，应聘著史，史成作《老客妇吟》，见志放还。③

孙承泽不仅以元好问、危太朴、杨铁崖为鉴以自励，并断然不取伯夷、叔齐宁肯饿死也不食周粟的梗顽态度；而且认为历史是发展变

① 孙承泽《五经翼》卷一九《周礼举要》。
② 《朱子大全》卷一五《文集》。
③ 孙承泽《砚山斋集》。

化的——"随时变易，以从道也"①，即要从发展和变化中去研究历史。这个思想前人早已有过，但它帮助孙承泽自立于学林，自强不息地研究历史。

有关孙承泽治学，有几点稍作提示。

第一，搜藏书籍。治史需要大量册籍。其时除中府秘典外，没有公共图书馆。因此，丰富的藏书成为私家纂史的一个重要条件。孙承泽家玉凫堂藏书七万余卷，有"藏书甲天下"② 之誉。甲申之变，书多散佚。后广汇"天下之奇珍秘籍"③。如《大观帖》光彩精美，为稀世之珍，莆田方楷曾以万金求之不可得，后归孙承泽。他搜藏册籍至万余卷，时称退谷万卷楼。"近代藏书惟北平孙北海少宰、真定梁堂村司农为冠"④。因为家藏大量图书，借以左鼎彝、右图史，幽居编撰史籍。

第二，闭门纂述。孙承泽退食后，杜门却轨，不问朝事，"不惟红尘扰扰不干其胸次，即门内诸务绝不挂其齿臆间"⑤。他的居处，在天坛北金鱼池有别业，在西山卧佛寺有退谷。谷后高山屏障，而卧佛寺、广慧庵环蔽其前，冈阜迴合，竹树深蔚——"谷口甚狭，乔木荫之，有碣曰退谷。谷中小亭翼然，曰退翁亭，亭前水可流觞。东上则石门巍然，曰烟霞窟。入则平台南望，万木森森，小房数楹，其西三楹则为退翁书屋"⑥。孙承泽虽年逾花甲，却没有混迹萝园，游身退谷，赏景移时，虚掷干支，而是一榻一炉一瘿樽，一笔一纸一锭墨，手搦竹管，目不离卷，专心致志地从事撰述。

第三，会友切磋。孙承泽在当世博学识，负盛名，居辇毂之区，

① 孙承泽《孔易释文》卷一。
② 孙承泽《五经翼·严序》。
③ 孙承泽《庚子销夏记·卢序》。
④ 《征刻唐宋秘本书启》，《绛云楼书白补遗》光绪刻本。
⑤ 王崇简《青箱堂文集》卷一〇。
⑥ 孙承泽《天府广记》卷三五。

四方学士多愿从之搜讨。当时名儒顾炎武、朱彝尊等曾亲至其寓，如《顾亭林先生年谱》载："入都，与秀水朱竹垞（彝尊）、嘉定陆菊隐等同在孙侍郎家详定所藏古碑刻。"叶方蔼、谈迁等亦往其寓，同堂接茵，主宾研磋。

第四，以史还史。孙承泽借朱熹治经的话来说明治史"如烛笼，添一条骨，则障了一路明；能去其障，使之通体光明乃更好"[①]。治学如烛笼，减其条骨，增其光明，以经还经，以史还史，这是孙承泽治学的基本精神。

以上诸点，在封建史家中是屡见不鲜的，却是孙承泽成为清代史坛大家的重要因素。

孙承泽是勤奋笃实的学者。与其有五十年交谊的王崇简说：

> 先生予告归第，闭门养重，拥书万卷，搜讨古人。予时一过之，未尝不相对忘反。复营退谷于西山，当松粒春新，柿林霜老，先生携笈其间，辄经时月，数年如一日也。[②]

清代北京史坛大家孙承泽，以耄耋之年，孜孜矻矻，撰述等身，殊为可鉴。

① 孙承泽《藤阴札记》。
② 王崇简《青箱堂文集》卷三。

第十三讲
张吉午：勤政修志惠京华

一、顺天府尹　勤政爱民

清朝京师顺天府[①]第二十二任府尹张吉午，字长白，广宁人，隶汉军镶蓝旗，在其官师顺天之任，主持纂修康熙《顺天府志》。

张吉午，清朝国史无传，《三十三种清代传记综合引得》亦无著录。其生平仕宦资料，星散于宦私册籍。仅据目击，信手摘卡，略加钩稽，粗作撮录。张吉午之仕宦生涯，初见于《八旗通志》：

> 顺治六年，朝廷以海宇平定，云、贵而外，尽入版图。州、县缺多，牧令需员。特命八旗乌真超哈通晓汉文者，无论俊秀、闲散人等，并赴廷试。选取文理优通者，准作贡士，即以州、县补用。[②]

是次汉军八旗廷试贡士，共取 332 人，内镶蓝旗 24 人，其中

① 《金史·粘哥荆山传》载：元兵石总管入亳州，"改州为顺天府"。是知除北京曾称顺天府外，亳州亦曾称顺天府。

② 《八旗通志初集》卷四六《学校志一》，东北师范大学出版社，1985 年，第 904 页。其"云贵"于明洪、永间，云、贵已各置布政使司，故"云贵"不应连点，而应破点。

“张吉午，授顺天玉田知县”①。是知张吉午为汉军镶蓝旗人，顺治六年（1649）以贡士，授顺天府玉田县知县。但是，张吉午于顺治九年（1652），赴玉田县知县任：“张吉午，镶蓝旗人，贡士，顺治九年任。”② 是为清朝玉田县第五任县令。其第六任，《玉田县志》载：“徐钟溥，浙江人，贡监，顺治十三年任。”③ 由是可知，张吉午任玉田县令之下限为顺治十三年（1656）。其任内之政绩，康熙《玉田县志·名宦》载：

> 张吉午，字长白，性明敏，美丰仪，有惠政，雅量宽弘，刑清讼简，民至今歌思之。行取御史，奉差陕西茶马，历升左通政。④

玉田县令任满之后，张吉午转陕西茶马御史，后又任浙江道御史。他勤政事，性介直，上疏言，获旨允。《清圣祖仁皇帝实录》记载：

> 浙江道御史张吉午疏言：“三年考满之法，一二等称职者，即系荐举。应将督、抚二年荐举一次之例，概行停止。”从之。⑤

疏在康熙二年（1663），玄烨尚属冲龄，辅臣执掌朝纲，削停封疆大吏荐举之例，强化辅政大臣遴选之权。上疏奏准不久，张吉午又转巡盐御史。康熙三年（1664）二月，长芦巡盐御史张吉午上疏：

> 户部议覆：长芦巡盐御史张吉午疏言，“请增天津卫盐引一

① 《八旗通志初集》卷四六《学校志一》，第910页。
② 康熙《顺天府志》卷六，第141页，北京图书馆善本部藏。
③ 乾隆《玉田县志》卷六，第6页，清乾隆二十一年（1756）刻本。
④ 康熙《玉田县志》卷四，第12页，清康熙二十年（1681）刻本。
⑤ 《清圣祖实录》卷八，康熙二年二月丙午，中华书局影印本，1985年。

千二百道。”查各州、县行盐，俱有定例。天津卫议增之引，恐为民累，应无庸议。从之。①

张吉午请增天津卫盐引以裕国库之疏，受到户部的驳覆。《清史稿》载述此事，直记：“巡盐御史张吉午请增长芦盐引。斥之。”

张吉午从顺治六年（1649），贡士以来，凡十五年，未见显升。遭斥之后，又十五年，政坛沉寂。但寂中有升，他升任通政使司左通政。此职顺治元年（1644）设，满、汉各一人，康熙九年（1670）改官正四品。至康熙二十年（1681），吉午之宦迹，又见于史载：

大学士、学士随捧折本面奏请旨：为吏部题补顺天府尹员缺事，正拟太仆寺正卿王继祯，陪拟左通政张吉午。上曰：“王继祯不足论，张吉午为人何如？”大学士明珠奏曰：“张吉午以前一应条奏事宜皆无关系，其人亦无才干。”上曰：“府尹职任紧要，事虽不多，但在京师内地，甚有碍手之处。尔等可有素知堪用之人否？尔等拟妥，再行启奏。”②

吏部以张吉午任顺天府府尹之题拟，被大学士明珠奏阻。翌日，康熙帝御乾清门听政，明珠提议熊一潇补授顺天府府尹。《康熙起居注册》记载：

大学士、学士随捧折面奏请旨：为吏部题补顺天府府尹事。上曰：“尔等所议若何？”大学士明珠奏曰：“臣等公议熊一潇、徐旭龄俱优，皆属可用。”又汉大学士等言：“熊一潇为人厚重，徐

① 《清圣祖实录》卷一一，康熙三年二月壬寅。
② 《康熙起居注册》，康熙二十年五月二十一日（癸酉），中国第一历史档案馆藏。

> 旭龄系敏捷堪用之人。”上曰：“熊一潇着补授顺天府府尹。”[①]

此事，《清圣祖仁皇帝实录》同日做了记载。熊一潇为江西南昌人，康熙三年（1664）甲辰科进士，以右通政于康熙二十年（1681）五月甲戌（二十二日）[②]，迁顺天府府尹。张吉午未升顺天府府尹，却授左佥都御史[③]。但是，在廷议补授太仆寺正卿员缺时，张吉午再次受到大学士明珠之旁白：

> 大学士、学士随捧折面奏请旨：为吏部补授太仆寺正卿员缺，开列通政司左通政张可前、大理寺少卿荣国祚事。上问曰：“尔等云何？”大学士明珠奏曰：“臣等满、汉公议，张可前与张吉午才具相同，张吉午已升佥都御史，张可前似亦可用。”上从之。[④]

康熙二十一年（1682）六月，张吉午以左佥都御史[⑤]，升任顺天府府尹。《清圣祖仁皇帝实录》记载：

> 升左佥都御史张吉午，为顺天府府尹。[⑥]

---

① 《康熙起居注册》，康熙二十年五月二十二日（甲戌），中国第一历史档案馆藏。

② 钱实甫《清代职官年表》（二），第1151页注为“五（月）甲戌廿”，误；甲戌为二十二日。中华书局，1980年。

③ 《清史稿·职官志二》：“汉左佥都御史一人，先用汉军，后用汉人，乾隆十三年省。”

④ 《康熙起居注册》，康熙二十年十月二十七日（丙午），中国第一历史档案馆藏。

⑤ 钱实甫《清代职官年表》（二），第1152页作张吉午“右佥迁”，误；《清史稿·职官志二》：“右都御史、右副都御史、右佥都御史为督、抚坐衔”，应作“左”。同页“癸午”误，应作“癸未”。

⑥ 《清圣祖实录》卷一〇三，康熙二十一年六月癸未。

此事，康熙《顺天府志·政事·府尹》记载：

张吉午，镶蓝旗人，贡士，康熙二十一年六月任。[1]

顺天府府尹张吉午在任四年半，于康熙二十五年（1686）十二月，升为通政使："升顺天府府尹张吉午，为通政使司通政使。"[2] 一年零两个月之后，张吉午以原官休致："以通政使张吉午，衰老失职，命原官休致。"[3]

张吉午从顺治六年（1649）贡士，至康熙二十七年（1688）休致，仕途几四十年，其主要政绩在顺天府府尹任上。张吉午政绩卓著者两端：其一是勤政敏事，疏报府情民瘼；其二是兴文重教，纂修《顺天府志》。

顺天府府尹张吉午，勤敏政事，忠直耿介，屡疏府情民瘼。现存《顺天府志》中四疏：

第一，《请盛兴教化疏》。他于康熙二十一年（1682）六月十二日上任，十一月初十日即上此疏。疏称顺天为首善之地，应"厚风俗，正人心"，复行"乡饮酒礼"[4]。同月十四日，即奉旨依议。此疏、旨《清圣祖仁皇帝实录》和《康熙起居注册》均未载。

第二，《请豁年远无征地价疏》。大兴、宛平积欠未完地价银一千八百二十三两四钱八分，县民"自遭地震，房颓户塌，残喘老幼，皮骨仅存，委系追无可追，变无可变"[5]。他"为民哀，恳援赦"。上疏康熙二十一年（1682）十一月十七日题奏，十九日"奉旨依议"。

---

① 康熙《顺天府志》卷六，第8页，北京图书馆善本部藏。

② 《清圣祖实录》卷一二八，康熙二十五年十二月己巳。

③ 《清圣祖实录》卷一三三，康熙二十七年二月己未。

④ 张吉午《请盛兴教化疏》，康熙《顺天府志》卷八，无页数，北京图书馆善本部藏。

⑤ 张吉午《请豁年远无征地价疏》，康熙《顺天府志》卷八，无页数，北京图书馆善本部藏。

此疏、旨《清圣祖仁皇帝实录》和《康熙起居注册》俱未载。

第三，《请换贡院号房瓦椽疏》。贡院号房，士子试场，年久失修，下雨滴漏。前任府尹魏象枢、徐世茂“咸以节省钱粮，暂行停止具题”[①]。他亲自巡察，题请修葺。康熙二十三年（1684）十二月初三日具疏，初五日“奉旨依议”。此疏、旨《清圣祖仁皇帝实录》和《康熙起居注册》亦俱未载。

第四，《请停圈民地疏》。张吉午援引大兴、宛平、东安、香河、永清、文安诸县令申称：“圈地以来，民失恒产，零星开垦，旋垦旋圈。”[②] 题请永免圈取民地。但此疏遭户部议驳。康熙二十四年（1685）四月初九日，康熙帝御瀛台门听政，《起居注册》载述此事：

> 户部题顺天府府尹张吉午疏请，自康熙二十四年起，凡民间开垦地亩，永免圈取。议不准行。上曰：“凡民间自开田亩，毋许圈取，久已有旨。今若圈与旗下，恐致病民。嗣后百姓自开田亩，永不许圈。如有应给之处，着以户部现存旗下多余田地给发。”[③]

《清圣祖仁皇帝实录》《康熙起居注册》《八旗通志》[④]《养吉斋丛录》[⑤] 等官私要籍，俱著摘录。但此疏全文，极为罕见，兹附文末，以便稽考。张吉午《请停圈民地疏》，虽获康熙帝特旨允行，却

① 张吉午《请换贡院号房瓦椽疏》，康熙《顺天府志》卷八，无页数，北京图书馆善本部藏。

② 张吉午《请停圈民地疏》，康熙《顺天府志》卷八，无页数，北京图书馆善本部藏。

③ 《康熙起居注册》，康熙二十四年四月初九日（戊戌），中国第一历史档案馆藏。

④ 《八旗通志初集》卷一八《田土志一》，第 320 页。

⑤ 吴振棫《养吉斋丛录》卷一《余录》，北京古籍出版社，1983 年，第 286 页。

埋下招怨遭訾种子。《顺天府志》未能梓行，抑或与此有关。

顺天府府尹张吉午，兴举学校，重视教化，纂修《顺天府志》。其重文兴教之一举，是主持纂修《顺天府志》。但原书未署纂修者姓名，推断康熙《顺天府志》的纂修者，基于以下史实与义理：第一，修撰《顺天府志》值张吉午官师顺天之时，他当为主持纂修者。第二，其前万历《顺天府志》与其后光绪《顺天府志》，均由府尹主持纂修，康熙《顺天府志》当不例外。第三，张吉午一向勇于任事、倡兴文业，时慕修府志，必躬自主持。第四，志中收录大量针砭时弊奏疏，同张吉午的宦迹、品格相通。第五，府志卷八《奏疏》最后著录张吉午四疏，均无页数，显系添加，旁证其主持此书之修纂。第六，康熙帝以顺天府府尹"职任紧要"，旨授慎重，且几次御门听政议及他，又经反复考察，不信权相明珠"其人亦无才干"之词，而升其为京师府尹。缘此知遇，府志稿就，缮正呈览者，似只应是张吉午。综上六项，可以定断：顺天府府尹张吉午是康熙《顺天府志》的纂修者。

二、今存志书　世间孤本

康熙《顺天府志》的版本，是需要探讨的问题。

康熙《顺天府志》一部，现为北京图书馆善本部庋藏，存卷二至卷八，凡七卷，七册。本书为白绵纸，黄绫封面，丝线原装，书签题"顺天府志"。书每页长 36.5 厘米，宽 23.5 厘米，版框木刻，印栏黑格，四周双边，单鱼尾，版心刻"顺天府志"四字，并标卷数、页数。本书半叶 10 行，行 20 字，小字双行、行 20 字，共 847 页，约 338 800 字。全书仿刻精写，笔画工整，酷似刻本。书中"皇"字顶格，"世祖""今上"抬行。全书凡遇"玄"字皆讳，如第三卷第五四页玄宁庵、玄极庵，同卷第六四页玄帝庙等；凡遇带"玄"偏旁之字亦皆讳，如第六卷第三四页王金弦、第四七页朱弦、第五四页施炫和陆炫、第七八页马玹、第九一页范铁铉、第一〇七页许应铉、第一三一页朱景铉等。但是，不讳“胤”字，如第六卷第十六页高辛胤、第二〇页杨宝胤、第五九页魏象胤和第七六页王鼎胤等。同书皆不讳“弘”字，如第六卷第三二页纪弘谟、第三七页汪弘道、第四八页包弘、第五七页陆弘贤、第一二六页张志弘、第一三四页汪弘、第一三五页王弘祚、第一五〇页姬弘基、第一八六页周弘道等。

康熙《顺天府志》的版本，皆著录为抄本或钞本。诸如：

北京图书馆在本书的书封签注：康熙《顺天府志》，史部地理类，清康熙张吉午纂修，清康熙抄本①。《北京图书馆古籍善本书目》亦载：“《〔康熙〕顺天府志》，八卷，清张吉午纂修，清康熙抄本。”

朱士嘉《中国地方志综录》（增订本）：《顺天府志》，纂修人张吉午，康熙二十四年抄本②。

冯秉文主编《北京方志概述》：康熙《顺天府志》“避玄烨讳，不避胤禛、弘历，内容记事至康熙二十四年，当为康熙间抄本”③。

《中国地方志联合目录》载记：“《〔康熙〕顺天府志》八卷。（清）张吉午纂修，清康熙抄本。”④

王灿炽《北京地方历史文献述略》记载：“《〔康熙〕顺天府志》，现存的是康熙二十四年（1685）的抄本，黄皮大字。”⑤

上引诸见，俱断言康熙《顺天府志》为抄本。诚然，就版本学来说，抄本是相对刻本而言。由是，抄本的含义相当宽泛。而界定康熙《顺天府志》为抄本，虽能够说明这是一部非雕印的手抄之书，但不能区别于其他传抄之书，尤未能准确地表述其版本特征。似应当

---

① 康熙《顺天府志》卷二，书封签注，北京图书馆善本部藏。
② 朱士嘉《中国地方志综录》（增订本），商务印书馆，1958 年，第 1 页。
③ 冯秉文主编《北京方志概述》，长春第六印刷厂印，1985 年，第 30 页。
④ 庄威风等编《中国地方志联合目录》，中华书局，1985 年，第 1 页。
⑤ 王灿炽《王灿炽史志论文集》，北京燕山出版社，1991 年，第 58 页。

将康熙《顺天府志》的版本，加以确切的而不是笼统的界定。我认为，康熙《顺天府志》是恭缮呈览待梓之缮写正本，即呈写正本，理由如下：

其一，抄本是相对刻本而言的版本。抄本的界定有广义与狭义之分，广义指手抄之书，狭义指传抄之书。前者，乾隆帝《四库全书总目·圣谕》曰："其有未经镌刊，只系钞本存留者，不妨缮录副本，仍将原书给还。"[①] 此为广义手抄之书。后者，李清照《金石录后序》曰："独余少轻小卷轴书帖，写本李、杜、韩、柳集，《世说》《盐铁论》。"[②] 此为狭义手抄之书。但近代以来，抄本泛蕴狭义传抄之书。

其二，近代抄本常指转抄之书。《辞海》释"抄本"云："宋以后，雕版虽已盛行，但有些比较专门、不甚著名而需要不广的著作，仍靠传抄流通，因此，抄本图书一直为研究工作所重视。"[③]《图书馆学情报学辞典》释"抄本"亦云："根据底本（不论其为写本或刻本）传录而成的副本，故又称传抄本。"[④] 上述两例，虽属两家之言，但表明近代以来，"抄本"的概念逐渐地由广义向狭义转化。

其三，康熙《顺天府志》每页俱为木刻版框，黑格印栏，四周双边，有单鱼尾，字迹工整，端正划一，酷如镌刊，故不是传抄之书，而似呈览后按式雕版之底本。

其四，现存康熙《顺天府志》，凡七卷，其第二卷为"地理"、第三卷为"建置"、第四卷为"食货"、第五卷为"典礼"、第六卷为"政事"、第七卷为"人物"、第八卷为"艺文"，内容完整，但

① 《清高宗实录》卷九〇〇，乾隆三十七年正月庚子，中华书局影印本，1986 年。

② 李清照《金石录后序》，《金石录》卷末，顺治七年（1650）刻本。

③ 《辞海》（缩印本），上海辞书出版社，1980 年，第 671 页。

④ 周文骏主编《图书馆学情报学辞典》，书目文献出版社，1991 年，第 56 页。

卷序阙一。推其原因，或为独缺卷一，预留承旨，雕刻圣藻，以示尊崇。如系转抄本，当自卷一始，不必卷二起抄。

其五，书藏北京图书馆善本部，而北京图书馆最初为清宣统元年（1909）学部奏建的京师图书馆。康熙《顺天府志》书末有“京师图书馆藏书印”。京师图书馆的馆藏册籍，远溯至南宋缉熙殿、明文渊阁和清内阁大库。本书的收藏源流表明，它成书后，恭缮呈览，因故留中，藏之内库，而未镌刊。

其六，呈写正本，史有先例。呈写正本是写本的一种。写本，亦“特指抄本中字体工整的本子”[①]。但呈写正本，更为规范。“呈写正本”作为版本学的名词，史有所载。《安徽通志》修辑告竣后，缮写正本呈览。史载如下：

> 谕内阁：邓廷桢奏创修安徽省志告成一折，安徽自分省以来，未经辑有通志。道光五年，陶澍奏准予限纂辑。现据邓廷桢奏称，业经修辑完竣，并缮写正本呈览。此书由陶澍具奏创修，邓廷桢督办蒇事，陶澍、邓廷桢均着加恩交部议叙。[②]

可见，修辑完竣之《安徽通志》，镌刊之前，恭缮呈览，是为呈写正本。

综上，现存康熙《顺天府志》是修竣呈览缮写正本，而不是镌刻刊本，也不是缮录副本，更不是传录抄本。呈写正本是康熙《顺天府志》区别于其他古籍抄本之版本特征。其特点：一是呈览，二是缮写，三是正本，四是仿刻。所以，我认为：今存康熙《顺天府志》是呈写正本。

---

① 诸伟奇等编著《简明古籍整理辞典》，黑龙江人民出版社，1990 年，第 97 页。

② 《清宣宗实录》卷一五七，道光九年六月戊辰，中华书局影印本，1986 年。

今存康熙《顺天府志》，不仅是呈写正本，而且是世间孤本。

在明代，以顺天府为名的志书有二，即永乐《顺天府志》和万历《顺天府志》。然而，北京自元代成为全中国政治中心以来，其最早的志书为《析津志》（又称《析津志典》）。但它早已散佚，经北京图书馆善本组诸先生累年搜求，撷采索辑，成《析津志辑佚》，于 1983 年由北京古籍出版社出版。而后，明初之《顺天府志》，凡二十卷，未刊已佚，幸被录入《永乐大典》卷四六四四至四六六三，清乾隆间有人从《永乐大典》中辑出其卷七至卷八，共两卷；清光绪间缪荃孙又从《永乐大典》中辑出其卷七至卷十四，共八卷。[①] 以上所辑，仅为其原书的 40%。而万历《顺天府志》，《四库全书总目·〈顺天府志〉提要》载："《顺天府志》六卷，明谢杰撰，沈应文续成之。"[②] 后人评曰："明万历有志，简率未备。"[③] 有人误将康熙《顺天府志》作万历《顺天府志》，致北京图书馆善本部在其卷二书封上特识签注：

> 按，此书事实都至康熙二十四五年，前油印书目据光绪《顺天府志》原奏称，《顺天府志》自前明万历癸巳年府尹谢杰等修辑后，迄今并未续修，误作万历谢杰修者，今查明更正，认为康熙年修，特此备查。[④]

所以，明代两部《顺天府志》，虽其价值不容低视，但或阙佚，或疏略，与北京的历史与地理之实情差距甚远矣。

在清代，以顺天府为名的志书也有二，即康熙《顺天府志》和

---

① 阎崇年《北京方志探述》，《前线》1982 年第 8 期。

② 《四库全书总目》卷七四《〈顺天府志〉提要》，中华书局影印本，1965 年，第 646 页。

③ 光绪《顺天府志·周序》，光绪十二年（1886）刻本。

④ 康熙《顺天府志》卷二，书封签注，北京图书馆善本部藏。

光绪《顺天府志》。然而，康熙《顺天府志》既未插架，亦未留传。光绪十一年（1885），直隶总督、府志监修李鸿章称：

> 前代志顺天者，仅有谢杰、沈应文之书，草创荒略。皇朝宅京垂三百年，文轨大同，天下郡县皆有志，而京府尚阙，非所以昭首善也。[①]

署顺天府府尹、府志总裁沈秉成亦序曰：

> 《燕京志》《析津志》佚矣。明洪武《北平图经》，其书亦佚，仅见之《永乐大典》卷八千四百二十平字韵。《文渊阁书目》暑字号《北平图志》，或即一书。又载旧志二册，又往字号载《顺天府志》一册，书皆不传。传者万历间谢杰、沈应文志六卷，非略即舛，殊难考征。我朝宅京二百数十年来，志尚阙如。[②]

博学广识的缪荃孙在纂修光绪《顺天府志》时，曾征引书目凡892种[③]，而康熙《顺天府志》阙录。

在清代公私书目中，康熙《顺天府志》均未见著录。前已述及，此志久藏宫中，未曾刊刻，不见著录，睹者绝少，在清代已是罕见之书。但在清末民初，康熙《顺天府志》由内阁大库流入京师图书馆，后嬗入北京图书馆善本部。

北京图书馆善本部所藏之康熙《顺天府志》，或为海内孤本，尚难做出定断。这需要在全国地方志普查和善本书普查后，方能做出

---

① 光绪《顺天府志·李序》，光绪十二年（1886）刻本。

② 光绪《顺天府志·沈序》，光绪十二年（1886）刻本。

③ 缪荃孙《光绪〈顺天府志〉恭引书目》和《光绪〈顺天府志〉引用书目》，光绪《顺天府志》卷末，光绪十二年（1886）刻本。

结论。

全国地方志的普查工作始于1975年。由中国科学院、教育部、国家文物局等单位，会同有关科研机构、高等院校、图书馆和博物馆等组成普查组，对全国的地方志进行普查。历时七年，编成《中国地方志联合目录》。此目录的编修经历了多次反复的过程："一九七六年，我们先以朱士嘉先生一九六二年修订的《中国地方志综录》为蓝本，印发给各有关单位与实际馆藏进行核对，并且补充和修改；一九七七年秋至一九七八年春，编者们经过两次集中，根据各单位的核对结果，按照共同制订的编例，重新考订、著录，编辑成《中国地方志联合目录》（初稿）。以后又将目录的初稿再次印发给各参加单位进行核对；编者又根据各单位的修改补充意见，并参考上海图书馆、中央民族学院图书馆、天津市人民图书馆等单位新编的地方志目录"①，进行了复查和修订。该目录著录其时中国大陆30个省、市、自治区的196个公共、科研、高校图书馆和博物馆、文史馆、档案馆等所收藏的地方志，仅见北京图书馆善本部收藏有康熙《顺天府志》。此后，中国大陆两千余个市、县全面展开纂修地方志的工作，又一次对地方志进行了普遍的调查。与此同时，为编纂《中国善本书目》，中国大陆又对善本书之收藏进行了联合调查。以上地方志和善本书的普查，是自乾隆帝纂辑《四库全书》以降，二百多年来时间最长、范围最广、核对最细的普查，但均未见其他单位收藏康熙《顺天府志》。至此，可以得出一个结论：康熙《顺天府志》是海内孤本。

但是，康熙《顺天府志》海内属孤本，并不等于海外无藏本。有的善本书，海内虽无，海外却有，如嘉靖《通州志略》国内无书，却在日本尊经阁文库独藏。所以，要对海外康熙《顺天府志》之收藏实情进行查证。在美国，朱士嘉先生编著美国《国会图书馆中国

① 《中国地方志联合目录·前言》，第1页。

地方志目录》，康熙《顺天府志》未予著录①。我1989—1990年赴美讲学期间，在美国国会图书馆同中文部王冀主任、居密博士查询此书，该馆确未庋藏。又在哈佛大学、耶鲁大学、哥伦比亚大学、印第安纳大学、夏威夷大学、加州大学等诸图书馆及其他图书馆查阅中国地方志目录，亦概未著录康熙《顺天府志》。在欧洲，我通过其他途径查询，亦未见著录康熙《顺天府志》。在日本，除有人已查阅日本的中国地方志联合目录外，我1987年赴日本，曾在东洋文库看书，并查阅日本的收藏中国地方志的目录，未见著录康熙《顺天府志》。

在中国台湾，除有人已核阅台湾公藏地方志联合目录外，我1992年赴台湾，在“中研院”史语所图书馆、台北故宫博物院文献处和台湾“中央图书馆”等进行查询，均未见著录康熙《顺天府志》。此外，我在香港大学、香港中文大学和澳门大学的图书馆均做过查阅，亦未见收藏康熙《顺天府志》。

至此，似可以说：康熙《顺天府志》不仅是海内孤本，而且是世间孤本。

综上，可以得出结论：康熙《顺天府志》是世间孤本。

三、掌故尽载　尤重奏疏

康熙《顺天府志》的内容。

康熙《顺天府志》成书于康熙二十四年（1685）。其收录的志料，上起《召诰》，下至《请停圈民地疏》。全书下限的志料为最近的府丞：“王维珍，镶蓝旗人，进士，康熙二十四年九月任。”② 因此，康熙二十四年九月，是本书完稿的下限时间。

① 朱士嘉《国会图书馆中国地方志目录》，新文丰出版公司印行，1985年，第212页。

② 康熙《顺天府志》卷六，第16页，北京图书馆善本部藏。

康熙《顺天府志》标八卷，缺卷一。前文已述，所缺仅为本书序号，无碍于体例与内容。所以，它实际上是七卷，内容完整。全书七卷，分为七志——地理志、建置志、食货志、典礼志、政事志、人物志和艺文志。每志首列，志类小言，四字一句，挈领提纲。全书七纲五十三目，分装七册，其册卷结构，列表于下。

<table>
<tr><th>册序</th><th>卷序</th><th>分目</th><th>页数</th><th>页行</th><th>行字</th><th>字数</th></tr>
<tr><td rowspan="2">1</td><td>2</td><td>7</td><td>81</td><td>20</td><td>20</td><td>32 400</td></tr>
<tr><td>3</td><td>8</td><td>77</td><td>20</td><td>20</td><td>30 800</td></tr>
<tr><td rowspan="2">2</td><td>4</td><td>2</td><td>36</td><td>20</td><td>20</td><td>14 400</td></tr>
<tr><td>5</td><td>2</td><td>4</td><td>20</td><td>20</td><td>1 600</td></tr>
<tr><td>3</td><td rowspan="2">6</td><td rowspan="2">5</td><td rowspan="2">322</td><td rowspan="2">20</td><td rowspan="2">20</td><td rowspan="2">128 800</td></tr>
<tr><td>4</td></tr>
<tr><td>5</td><td>7</td><td>15</td><td>175</td><td>20</td><td>20</td><td>70 000</td></tr>
<tr><td>6</td><td rowspan="2">8</td><td rowspan="2">14</td><td rowspan="2">152</td><td rowspan="2">20</td><td rowspan="2">20</td><td rowspan="2">60 800</td></tr>
<tr><td>7</td></tr>
<tr><td>合计</td><td>7</td><td>53</td><td>847</td><td>—</td><td>—</td><td>338 800</td></tr>
</table>

康熙《顺天府志》自卷二至卷八，内容梗概，略作分述。

卷二志地理：疆域、形胜、山川、风俗、物产、古迹、陵墓，凡七目。

卷三志建置：沿革、城池、公署、学校、坛壝、庙宇、邮舍、关梁，凡八目。

卷四志食货：户口、田赋，凡二目。所列户口和田赋，保存了清初京畿州县重要的史料。兹以今北京疆域范围，将其中大兴、宛平、良乡、通州、房山、平谷、昌平、顺义、密云、怀柔的户口资料，列表统计于下。

	原额		实在		续人原额（丁数）	实在（丁数）
	户数	丁口	户数	丁口		
大兴	15163	71797	15163	71007	4136	2892
宛平	14441	61215	14441	62067	14030	11064
良乡	2900	13707	2901	14806	1844	2563
通州	3896	18507	3687	12954	5042	1289
房山	1829	10297	1348	30647	5005	3869
平谷	1203	8096	1807	5344	5444	2796
昌平	3680	16946	2990	15473	1177	2413
顺义	1247	12477	1247	12966	11716	2711
密云	1647	16447	1647	17051	16553	8332
怀柔	1026	6642	1020	7316	3872．5	1730
合计	43032	236131	46251	249631	68819．5	39659

以上十州、县的田赋、丁银资料，列表统计于下。

	原额田赋		实存田赋		人丁征银			地丁共征银（两）
	民屯牧地（亩）	征银（两）	实在田地（亩）	征银（两）	原额人丁（丁）	实在人丁（丁）	共征银（两）	
大兴	190963	7390	554650	3822	4136	2892	1203	5025
宛平	327256	9485	144587	4069	14030	11064	3822	7892
良乡	291824	13415	192557	3952	1844	2563	369	4321
通州	573176	16079	194823	3577	5042	1289	140	3717
房山	176737	11095	120855	5715	5005	3869	806	6521
平谷	112430	5362	66531	1310	5444	2796	680	1991
昌平	288870	8651	180431	4701	1177	2413	684	5395
顺义	248688	13069	127980	2613	11716	2711	522	3136
密云	273343	7623	166952	3172	16553	8332	1746	4918
怀柔	139222	6764	64095	1917	3872	1730	554	2472
合计	2622509	98933	1813461	34848	68819	39659	10526	45388

表中所列的原额田，指原额民屯牧地；实存田，指除圈占、投充带去地亩外，实在存剩拨补、香火、新旧开荒等地；原额人丁，指原来额定的人丁；实在人丁，指经编审实在行差的人丁。从表中可以看出：约今北京地区的土地，自顺治元年（1644）至康熙二十四年（1685），实存田地比原额田地减少 809 048 亩，比原额田地减少30. 9%——主要是八旗圈占和投充带去的田地；此期人丁减少29 160，比原额人丁减少 42. 4%——主要是汉人投充和逃走死亡的人丁。另从书中保定、固安、永清、东安、香河、三河、武清、宝坻、涿州、蓟州、玉田、遵化州、丰润、霸州、文安、大城共十六州、县统计资料（统计表从略）可以看出：实存田地比原额田地减少2 055 631 亩，比原额田地减少 35%；此期人丁减少 44 640，比原额人丁减少 31. 3%。综上，清顺天府属六州二十县，自顺治元年，至康熙二十四年，实存田地比原额田地减少 2 864 679 亩，比原额田地减少 25. 1%；此期人丁比原额人丁减少 73 800，比原额人丁减少 28. 3%。

卷五志典礼：经费、祀享，凡二目。其经费项内，详列官吏俸银：知县六十两，县丞四十五两，典史三十一两，夫役六两等。

卷六志政事：历官、职掌、名宦、武备、徭役，凡五目。

卷七志人物：征辟、进士、举人、贡生、乡贤、理学、忠贞、功业、廉直、儒林、孝义、节烈、流寓、隐逸、仙释，凡十五目。全书的《人物志》共载录 5 350 人，或详或略，可资参酌。其人物分类统计，详见下表。

	征辟	进士		举人		贡生	乡贤	理学	忠贞	功业
		明	清	明	清					
人数	5	956	304	1 128	728	1 730	72	7	68	111

	廉直	儒林	孝义		节烈		流寓	隐逸	仙释	合计
			孝子	义士	节妇	烈妇				
人数	29	35	12	13	68	46	11	9	18	5 350

卷八志艺文：御制文、册文、古诰、奏疏、议、论、书、序、记、传、箴、赞、赋、诗，凡十四目。其文体分类统计，列表于下。

文体	御制文	册文	古诰	奏疏	议	论	书	序	记	传	箴	赞	赋	诗	合计
篇数	11	1	1	23	2	3	3	1	11	1	1	1	1	96	156

艺文志中的奏疏，价值尤为重要。

康熙《顺天府志》中的“奏疏”，凡二十三件①。其前万历《顺天府志》之《艺文志》，列碑刻与题咏二目；其后光绪《顺天府志》之《艺文志》，列纪录顺天事之书、顺天人著述和金石三目，均未著录“奏疏”。康熙《顺天府志》所列“奏疏”，不畏时讳，文字犀利，针砭政弊，颇具胆识，成为本书价值与特色之焦点。且所录“奏疏”，为《清世祖实录》《清圣祖仁皇帝实录》②《康熙起居注册》和《皇朝经世文编》等所未编录，极富史料价值，学人应予珍视。书中所列“奏疏”，依其内容，略加评述。

圈占房屋是清初顺天之一弊政。八旗官兵及其眷属进入北京后，将原京师内城民人全部逐出，迫令其迁入外城住居，原住房或拆或卖，造成社会震荡。魏象枢上《小民迁徙最艰疏》言：

南城块土，地狭人稠，今且以五城之民居之，赁买者苦于无

① 薛所蕴《请颁清字禁约疏》，未列标题，以礼部覆疏具题著录，康熙《顺天府志》卷八，第13—15页，北京图书馆善本部藏。

② 张吉午《请停圈民地疏》，《清圣祖仁皇帝实录》载述其事，但未录原疏。

房，折盖者苦于无地。嗟此穷民，一廛莫□，将寄妻孥于何处乎！……民间赁买房屋，爰有定价，近闻鬻房之家，任意增加，高腾数倍，势必至罄家所有，不足以卜数椽之栖，则迁者更多一苦矣。[①]

此疏勾勒出清初京师内城民人迁徙外城住居的悲苦万状的画面。

圈占土地是清初顺天之二弊政。顺治定鼎燕京，即谕令圈占京畿土地，分给八旗官兵。顺天地处王畿，圈占土地尤烈。虽顺治四年（1647）、十年（1653）谕禁圈拨土地，但仍屡圈不止。郝惟讷《条陈国地疏》言：

迩年以来，有因旗下退出荒地，复行圈补者；有自省下及那营处来的壮丁，又行圈拨者；有各旗退出荒地召民耕种，或半年或一二年青苗成熟，遇有拨补复行圈去者；有因圈补之时，将接壤未圈民地取齐圈去者。以致百姓失业，穷困逃散。且不敢视为恒产，多致荒废。而旗下退出荒地，复圈取民间熟地，更亏国赋。[②]

郝惟讷“圈取民地，永行停止”之疏请，未载“奉旨依议”，亦未着实停圈，致引出前文所析，康熙二十四年（1685）张吉午《请停圈民地疏》。

汉人投充是清初顺天之三弊政。投充是指民人投到旗下充作奴仆，有强逼者，也有自愿者；有贫寒者，也有富厚者。投充弊窦不胜枚举，卖身挟诈仅为其一。郝惟讷《请杜卖身挟诈疏》言：

① 魏象枢《小民迁徙最艰疏》，康熙《顺天府志》卷八，第32—33页，北京图书馆善本部藏。

② 郝惟讷《条陈圈地疏》，康熙《顺天府志》卷八，第30页，北京图书馆善本部藏。

近日多有无赖之徒，一入旗下，便指称妻子在某家寄居，田地、财物在某处坐落；或本人私自回籍，或主人代为控告。及至原籍，借端诈害。①

书中，未载“奉旨依议”。

督捕逃人是清初顺天之四弊政。奴仆逃亡，数月之间，几至数万，事态严重。顺治三年（1646）五月，严申隐匿满洲逃人从重治罪：“逃人鞭一百，归还本主；隐匿之人正法，家产籍没；邻右九、甲长、乡约，各鞭一百，流徙边远。”② 是法过于严酷，尤涉甲长邻右，章云鹭《请别逃人之地邻情罪疏》言：

至于窝隐之罪，总由窝犯一人。其十家长、地方两邻，皆系牵连无辜。而不肖官吏，因之为货。有一窝犯，即将住址数里之内，搜罗殷实者，概言收禁，饱欲而后纵之。③

此疏，书中亦未载“奉旨依议”。

文字之狱是清初顺天之五弊政。清兴文字之狱，胜于前代诸朝。朝廷查禁“邪说悖词”，群小告讦，刁诬成风。郝惟讷《请杜告首诗文疏》言：

无赖之徒，借端倾害，地方光棍，乘机诈索，或摘拾一二字句，或牵引旧日诗文，甚且以自己之私作，假他人之姓名，转相

① 郝惟讷《请杜卖身挟诈疏》，康熙《顺天府志》卷八，第 28 页，北京图书馆善本部藏。

② 《清朝文献通考》卷一九五，浙江古籍出版社影印本，1988 年，第 6601 页。

③ 章云鹭《请别逃人之地邻情罪疏》，康熙《顺天府志》卷八，第 35 页，北京图书馆善本部藏。

> 谋陷者，亦复不少。[①]

宵小告首，闾阎不安。本书篇内，未见“依议”。

内院访役是清初顺天之六弊政。明朝锦衣，恣行京师，广窃事权，巧于捏造：“或诱人妄首，引之成词；或窥人厚藏，诈之使贿；或以无为有，私拷示威；或以是为非，饱囊卖法。势之凶横，如虎如狼；计之罗织，如鬼如蜮。”张国宪在《亟禁访役疏》中，痛斥明朝厂卫上述罪行外，疏言内院访役：

> 臣等办事科中，间有缉事员役，在内院门首，访察赐画。夫赐画特典也，内院重地也，有何弊端，容其缉访！内院有可访，则在外有司，何所不至哉。此而不禁，弊将更甚前朝矣！[②]

同样，书中亦未载“奉旨依议”。

抑汉扬满是清初顺天之七弊政。“首崇满洲”是清廷之国策。京师为辇毂之地，满汉杂处，崇满抑汉，尤以为甚。满汉同官不同品，同职不同权，同绩不同迁，同罪不同刑。书中收录蒋超《请酌复进取旧额疏》，上言满、汉生员同试不同取：

> 最苦者顺天一府，向时止是汉人考试，每次尚入一百二十名。今增入八旗满洲、蒙古、汉军，以千余名之童生，共取六十五名，人多数少，进取万艰。[③]

---

① 郝惟讷《请杜告首诗文疏》，康熙《顺天府志》卷八，第27页，北京图书馆善本部藏。

② 张国宪《亟禁访役疏》，康熙《顺天府志》卷八，第20页，北京图书馆善本部藏。

③ 蒋超《请酌复进取旧额疏》，康熙《顺天府志》卷八，第42页，北京图书馆善本部藏。

郝杰则疏言既敬满又礼汉："如满洲①贵人，宜辨章服、别仪从，使汉人望而起敬；即汉官大小，亦宜辨章服、别仪从，使满人亦见而加礼。"②

文物破坏是清初顺天之八弊政。清初八旗兵入京后，文庙、国子监、府学等均遭到不同程度的破坏。侍读学士薛所蕴《请颁清字禁约疏》言：文庙和国子监之"庙庑倾圮，堂斋颓废，不蔽风雨，心窃伤之"。经府尹、绅士捐资修葺，皆已改观。但是，擅自破坏，不能禁止：

> 学宫左右，居住满州〔洲〕旧人，比屋连墙，私开便门，往来行走。及儿童妇女，任意作践。有修葺未毕，而旋经折毁者。臣屡制止不能，乃移文礼部，请给清字告示。③

上疏奉旨，严行禁饬；拆毁作践，禁约不止。顺天府府尹王登联再上《请禁约疏》言：

> 墙垣俱无，庑门全毁，庙庑左右，多被邻兵旗下人等，侵占基址，擅开门户。且无知人等，拆毁搅扰，恣意作践。虽有禁约，无所责成。④

此疏，礼、工二部俱覆，"奉旨依议"。

---

① 洲，原作"州"，误，今正之。

② 郝杰《请开经筵阙里疏》，康熙《顺天府志》卷八，第9页，北京图书馆善本部藏。

③ 薛所蕴《请颁清字禁约疏》，康熙《顺天府志》卷八，第13页，北京图书馆善本部藏。

④ 王登联《请禁约疏》，康熙《顺天府志》卷八，第15—16页，北京图书馆善本部藏。

治安不靖是清初顺天之九弊政。科试盛典，士子群集，生员事竣出场，帽毡笔砚等物，尽被抢去。高尔位《贡院禁止抢夺疏》言：

> 朝廷取士之巨典，士子济济千里，跋涉匍匐而至。十五日三场事竣，忽有多士齐至公堂，口云："场外抢夺，不敢出场，讨役护送"等语。臣以为辇毂之地，咫尺天威，焉有不法之徒，辄敢公然无忌，横行于白昼乎？少顷，场外喧声，乃广平府曲周县生员王泽远、沧州生员戴王纲也，帽、毡、笔、砚等物，尽被抢去。①

科试贡院治安尚且如此，京师秩序混乱可见一斑。

清初有六大弊政，即剃发、易服、圈地、占房、投充和捕逃。上列疏言所讥刺，除剃发和易服外，还有文字之狱、访役缉查、满汉不协、文物破坏、治安不靖等。但是，有些弊政，颇为帝讳，缄封民口，严禁上疏。顺治帝颁谕，禁止疏奏五事："有为剃发、衣冠、圈地、投充、逃人牵连，五事具疏者，一概治罪，本不许封进。"② 旨词严切，圣怒难犯。然而，诸大臣勇于上疏，张吉午敢于录疏，其责任感，其高风节，殊为可贵，青史永垂。

四、史坛瑰宝　价值不朽

清张吉午纂修的康熙《顺天府志》，具有多方面的重要价值。

康熙《顺天府志》于方志学史是一部承上启下的接轨性之作。其上的万历《顺天府志》，谢杰、沈应文、谭希思修，张元芳纂，凡

---

① 高尔位《贡院禁止抢夺疏》，康熙《顺天府志》卷八，第38页，北京图书馆善本部藏。

② 《清世祖实录》卷二八，顺治三年十月乙酉，中华书局影印本，1985年。

六纲三十四目，六卷，567页，页18行，行20字，约204 120字，万历二十一年（1593）雕梓。其下的光绪《顺天府志》，周家楣、缪荃孙编纂，凡十一纲六十九目，一百三十卷，约三百余万字，光绪十二年（1886）梓行。而康熙《顺天府志》，从纲目、卷字、内容等方面，都比万历《顺天府志》为详，而较光绪《顺天府志》为略。它上距万历《顺天府志》约百年，下距光绪《顺天府志》亦约百年，恰为两志中间接轨之作，在方志学史上占有凸显的位置，具有重要的价值。

康熙《顺天府志》于版本学史是稀世之珍。它成书于清康熙年间，已属善本；又系世间孤本，更属国宝。且此种版本，颇为罕见。一般写本、抄本、稿本、底本等，比比皆是，未必俱珍。但康熙《顺天府志》为呈写正本，其缮写之工，酷似刻本，几可乱真，故于版本学确为稀世珍宝。

康熙《顺天府志》于文献学具有补缺纠谬的价值。全书所用顺天府档案、金石录、采访册等史料，为修史、证史、纂志、补志等提供了文献学的依据。其所收志料，有些原档已毁佚，有些则不见于他书；赖此载体加以保存，已成弥足珍贵之原始性资料。以清顺天府府尹为例。光绪《顺天府志》在《官师志》中，从顺治元年（1644）至康熙二十六年（1687），其四十四年间，仅列四位，且多舛误[①]，甚至连阎印、熊一潇、张吉午这样著名的府尹，均付阙如。而康熙《顺天府志》纂修者，依据顺天府档案，详列清代顺天府府尹自首任至二十二任之姓名、身世、任期等。这既填补了光绪《顺天府志·国朝官师表》之空白，又纠正了此书及他书载述之疏误。[②]

康熙《顺天府志》于北京史填充丰富资料。明末清初记顺天之

---

① 光绪《顺天府志》卷八一，北京古籍出版社，1987年，第3332—3334页。如魏象枢于康熙十三年二月丙申，以左佥都御史授顺天府府尹，该书误作“十二年”。

② 钱实甫《清代职官年表·顺天府府尹》有多处疏误，此不一一列举。

书，孙承泽的《春明梦余录》和朱彝尊的《日下旧闻》等都是一代名著，但或侧重于宫署坛庙，或侧重于宫署城苑。康熙《顺天府志》则重笔于京师的人口、田赋、徭役、经费、物产等经济志料，疆域、形胜、山川、关梁、邮舍等地理志料，官制、学校、科举、人物、诗赋等人文志料，为北京史的研究与修纂提供了无可替代的资料。

康熙《顺天府志》于宫廷史学关系至切。清宫在顺天府疆域内，顺天又为王畿首善之区，顺天府志不同于其他通志、府志，它与宫廷有特殊之关系。诸如帝京之城池、朝廷之衙署、禁卫之武备、游幸之园囿、祭祀之坛壝、敕建之庙宇、圈占之房地、供奉之徭役、御制之诗文、殿试之进士，以及出入内廷之僧道、题咏宫苑之篇什等。康熙《顺天府志》书成呈览，留中不发，辗转传出，幸存孤本，即其版本特色，亦同宫廷攸关。这表明康熙《顺天府志》，既是研究清代宫史不可或缺之史书，也是研修清朝宫史必备插架之志书。

最后，清顺天府府尹张吉午主持纂修的康熙《顺天府志》，将顺治帝和康熙帝的御制文，全文著录于卷八《艺文志》之首，又将触碍时讳的奏疏，全文著录于卷八《艺文志》之内。此其两举，突破时例，体现了张吉午府尹可贵的民本思想。这必然在书成之后，引起朝廷官宦异议。呈览留中，未能雕刊。至翌年冬十二月，张吉午迁通政使。此书也就无人过问，尘封长达二百余年。然而，事出意外，否极泰生。张吉午纂修的《康熙顺天府志》，呈写正本，孤本尘封，成为中华古籍中的一颗珍珠，也成为人类书库中的一块瑰宝。

附　录

请停圈民地疏

张吉午

题为经国必先体〔草〕野垦植，宜筹实济，谨吁管窥，仰祈睿鉴事。窃思："邦以民为本，民以食为天。"此王政之首正经界，而次课桑麻者。其经国之道要，惟切切于体恤草野而已。今我皇上，深仁厚泽，已遍陬隅。然犹御驾亲巡，省方问俗，不使一夫不遂、一物失所。至矣，爱民之心，上媲五帝；大哉，宜民之德，远轶三王。臣荷圣恩，智术莫补，一寸蚁丹，凛遵睿念，因劝民垦荒植树，期与所属州、县，共相鼓励。于正月十四日，严檄通行。去后，今据：

大兴县知县张茂节申称："圈拨地亩，势不容已。则有新旧寄留、私买、私卖、入官、退出等地焉。惟开垦、清查二项，原属民业，若尽圈拨，民皆失所。必请停圈，庶肯争先垦植。"

又宛平县知县王养濂申称："近畿之地，尽归大圈。至于节年开垦，其中有零星连合成畔者，民种不一二年，又尽圈无遗。嗟此小民，血汗徒劳。为今之策，必将开垦首报之地，请停圈给，庶垦荒植树之美政，方能责其子来。"

又东安县知县吴兆龙申称："自经圈地，民失恒产。后奉俞旨，永行停圈。百姓踊跃，用力开垦。后于康熙十六年，又奉恩旨，民间开垦隐漏地亩，悉于限内，许民首认，免其应得之罪，并免从前钱粮。民又鼓舞首认，并无遗漏。则此项开荒查出地土，实皆民力自垦之地，穷民满望子孙世传养命。乃自康熙二十三年，将节年开垦查出等地，圈给旗丁。又谁肯开荒植树，以候圈拨!"

又香河县知县韩镐申称："自顺治初年，房地尽圈，民失恒业。后奉俞旨，永行停圈。百姓思归，遂将夹空老荒等地，节年垦种。康熙十六、十七、十九等年，又奉圣旨，民皆鼓舞首认，以为世传养命之产。自康熙二十二、二十三两年，将开垦查出等地，圈给旗丁。今虽民愿垦植，而实畏圈拨。"

又永清县知县陈国祝申称："永邑自圈地以来，民失恒产。零星开垦，旋垦旋圈。谁肯再负资本!"

又文安县知县万联捷申称："民苦圈拨，恳将开垦完粮等地，概请停圈。庶民有恒产，自勤垦植。"

各等情到，臣余申同情，不敢尽琐。该臣看得圈地给旗，寓兵于农，国家定制，实为尽善。至于开垦良法，遵行已久；但圈给与开垦不相关碍而后可也。夫开垦原非易事，竭力于洼淤沙砾之区，措办以牛种籽粒之费，积血本苦工，方渐成熟土。一旦圈去，产业仍无。故虽垦法行，而无实济也。今海宇已尽升平矣，臣阅各申，欲以各州、县之旷土，听各州、县之民，随便开垦，照例起科，垦旁隙地，遍植榆、柳、果、木之类，力周地利，悉可资生。请自康熙二十四年起，凡开垦查出等地，概使各为世业，永行停圈。若有旗丁，例应圈给，俱于退出、丈出、入官、寄留等地，分给应给之人。夫然后旗丁、百姓，各得其所，而穷困安心，奋先垦植。将见阡陌连延，桑麻葱翠，群黎咸乐，比屋可封。击壤鼓腹之风，皞皞于今；而光天化日之治，绵绵于万世矣。臣为国本民生其见，冒昧管窥，上渎宸听。字多逾格，贴黄难尽。仰祈皇上，全赐睿鉴。如果不谬，伏乞敕议施行。

康熙二十四年四月初七日题

第十四讲
蒋良骐：修纂《东华》鉴兴衰

蒋良骐，字千之，一字嬴川，又作螺川，广西全州升乡石冈（今全县才湾乡才湾村）人。他撰修的《东华录》，是一部传世之作。

一、出身宦门　入选翰林

蒋良骐于清康熙六十一年（1722）正月十五日，出生在“诗书之乡”的升乡石冈。广西素有“全州人文，甲于一省”之誉。全州的升乡，明、清以来，文风昌盛。明崇祯朝全州乡试五科94人，其中升乡54人，占全州举人总数的58%；而蒋氏独领23人，占升乡举人总数的42%。清朝定鼎之后，升乡文风尤著。据乾隆三十年（1765）重修《全州志》统计，清初以来全州进士25人，其中升乡10人，占其总数的40%。

蒋良骐不仅出生于“诗书之乡”，而且生长在“书香门第”。其父蒋林，字元楚，一字介庵，幼聪慧，愤攻读，“年二十一，举于乡，明年成进士，选庶吉士”①。又授“翰林院检讨，入直南书房”②。其故居门额为康熙帝御书“以静为用，是以永年”；大厅楹联为“三世选词林箕裘迭绍，五传襄国政阀阅宏开”。蒋林为人耿

① 乾隆《全州志》卷八《人物上》。

② 《蒋林神道碑铭》抄件。

介，雍正初，大将军年羹尧贵宠倾朝，重其名，欲延其为幕府。但“公遽请归省，人皆指为迂。未几，羹尧败。在幕下者，多访党籍，人始服公先见。顷之还朝，调户部郎”①。乾隆元年（1736），晋长芦盐运使，著有《介庵诗稿》四卷。林季叔肇，康熙四十二年（1703）成进士，为侍讲学士。蒋良骐的伯叔兄弟子侄等，先后有10人中举人，4人成进士。而良骐与父林、兄良翊一门三进士，时传为全州佳话。

蒋良骐出身于书香宦门，奋励笃学，聪敏过人，“才思宏富，倚马千言，为西粤文人之冠”②。乾隆十二年（1747），与伯兄良翊丁卯同科乡试中举，时称蒋门“双俊”。乾隆十六年（1751），成辛未科吴鸿榜二甲第六十二名进士。以文学书法殊异，被选为翰林院庶吉士。三年期满御试，又以文义优异被授为翰林院编修。

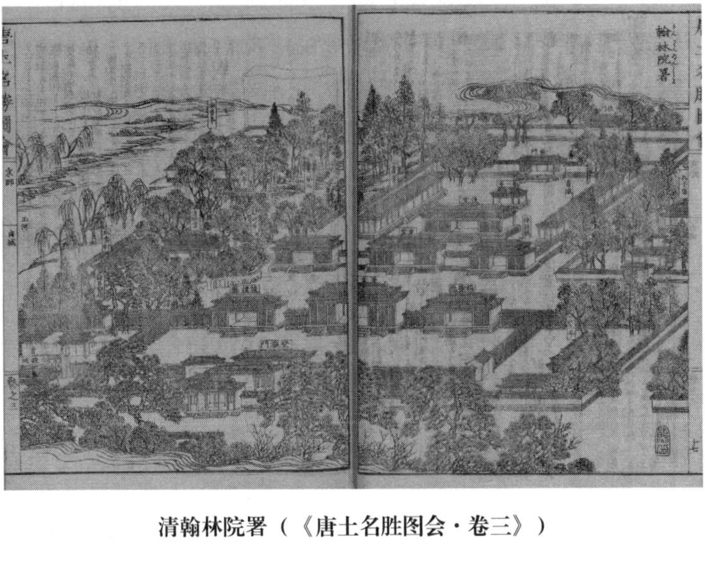

清翰林院署（《唐土名胜图会·卷三》）

---

① 陈黄中《中大夫直隶长芦都转盐运使蒋公林墓志铭》，《碑传集》卷八二。

② 嘉庆《全州志》卷八《人物上》。

二、长于修史　敬业守常

蒋良骐任翰林院编修后，以弟良骥死，归里省亲。他兄弟五人，长兄良翊，字廷勷，一字补堂，乾隆十九年（1754）成进士，任直隶万全县令，远离故里。仲弟良骥，字德甫，乾隆十五年（1750），乡试中举。良骥性虔孝，传记说他“以侍父母重疾，哀劳过度，羸症而卒”[①]。幼弟良骃、良骕，居于乡里。蒋良骐归里终养老母，训课二弟，抚育孤侄，使其“皆列胶庠”。

蒋良骐在定省之暇，纂修乾隆《全州志》。先是，康熙二十八年（1689），州牧黄志璋等修纂《全州志》，“其纲有八，其目六十有三”[②]，凡八卷。到乾隆二十七年（1762），黄德星任全州知州。他以旧志简陋，时移事迁，议延人开局，撰修新志。黄德星自任总裁，邀揽曾为翰林院庶吉士、原任山西吉州知州谢庭瑜和时任翰林院编修蒋良骐为修纂。他们对康熙《全州志》“删其繁芜，补其缺漏”[③]，并搜集近年史事，采录荒碑断碣，“据实征调，依类而附”，历时半年，全书告竣。重修的《全州志》较旧志体例整严，内容详具，取材精核，文字简赅。乾隆《全州志》不仅承上启下，而且在现存康熙、乾隆、嘉庆和民国四种《全州（县）志》中，是最好的一种。乾隆《全州志》十二卷，实为蒋良骐总纂。志书卷首开列重修《全州志》纂修、采访、编辑、校勘者姓名，尽出蒋氏家族，可见蒋良骐撰志桑梓之劳。

乾隆三十年（1765）十月，清廷为重修国史列传，又在紫禁城东华门内重开国史馆。蒋良骐返里终养和续修州志事毕，赴京复职，

---

① 乾隆《全州志》卷八《人物上》。
② 康熙《全州志》卷首。
③ 乾隆《全州志·李序》。

充国史馆纂修官，“著《名臣列传》，经手者居多”[1]。他在国史馆，遍览典籍，随时摘录，累月经年，积材宏富。据《东华录·自序》载：

> 乾隆三十年十月，重开国史馆于东华门内稍北，骐以谫陋，滥竽纂修。天拟管窥，事凭珠记。谨按馆例，凡私家著述，但考爵里，不采事实，惟以实录、红本及各种官修之书为主，遇阁分列传事迹及朝章国典、兵礼大政，与列传有关合者，则以片纸录之，以备遗忘。

蒋良骐在国史馆撮抄实录、红本、官书、文集等，为编撰《东华录》做了资料准备。

蒋良骐在翰林院国史馆，勤敏敬慎，耿介正直，被晋日讲，擢侍御。日讲，即日讲起居注官。先是，清顺治帝设满、汉词臣八人为日讲官，每日为其讲解经书。康熙帝又定满、汉词臣数员备顾问，记起居。雍正朝的记注官，仍兼日讲衔。乾隆时其职重在起居注。蒋良骐任日讲起居注官，逢乾隆帝坐朝及举行典礼时，常要按班随侍左右，为皇帝记言行，载档案，以备编纂起居注册时查考。他性严肃，陈时弊，深受乾隆帝的“恩遇”。

蒋良骐于乾隆四十二年（1777），升为鸿胪寺少卿。后以府丞视学奉天，提督学政。在奉四年，整饬学弊，丕振文风。乾隆四十八年（1783）十一月，以奉天府丞升为太仆寺卿，又受命稽查京师右翼宗学。乾隆五十年（1785）正月，赴“千叟宴”，嘉庆《全州志》载有其《千叟宴恭纪七律四首》。后乾隆帝临辟雍讲学，蒋良骐进呈《辟雍颂》八章，帝览有喜。乾隆五十一年（1786）二月，由太仆寺卿升为通政使司通政使，位列九卿。至乾隆五十三年（1788）罢。同

① 嘉庆《全州志》卷八《人物上》。

年二月初一日，卒于京师①，年六十七。后驿传归榇乡里。

蒋良骐生逢“盛世”，居官勤慎，恪守清正，毁誉不及。他的官绩虽不足称道，但其所撰《东华录》，却为一部史学名著。

三、精心熔裁　匠心独运

《东华录》是一部清代编年体史料长编。它起明万历十一年（1583），迄雍正十三年（1735），记载清入关前后五帝（太祖、太宗、世祖、圣祖、世宗）六朝（天命、天聪、崇德、顺治、康熙、雍正）之史事，计32卷。蒋良骐开创了“东华录体”清代史料编年长编的先河。光绪间王先谦仿蒋录体例，续抄乾隆、嘉庆、道光三朝实录，并将蒋录增补加详，为《九朝东华录》。而后，王先谦等又辑抄咸丰、同治两朝《东华录》，总称《十一朝东华录》。再后朱寿朋辑录光绪朝史料，成《光绪朝东华录》。共凡845卷。

《东华录》一书，不但具有重要的史料价值，而且反映了蒋良骐的进步社会历史观。他并不像司马光那样，在编年体史书《资治通鉴》中，以“臣光曰”来表述自己的社会历史见解。这是因为乾隆朝文网严酷。但是，透过他对史料颇具匠心的采录与详略、取舍与剪裁，仍可洞见其社会政治观的一斑。例如：

第一，申扬忠直。顺治元年（1644）九月，史可法答多尔衮书，《清世祖实录》不载。蒋良骐据内阁册库原札，全文录取，并附载乾隆帝《御制书明臣史可法复书睿亲王事》云：“幼年即羡闻我摄政睿亲王致书明臣史可法事，而未见其文。……而所云可法遣人报书，语多不屈，固未尝载其书语也。夫可法，明臣也；其不屈，正也！不载

① 蒋良骐之卒年，据《蒋良骐神道碑铭》。其死在乾隆五十三年二月初一日；其罢通政使在同年三月十九日，是为其死报闻后，由太仆寺卿吉梦熊补通政使之旨授日期。故其死日在先，罢职在后，史籍所载，并无抵牾。

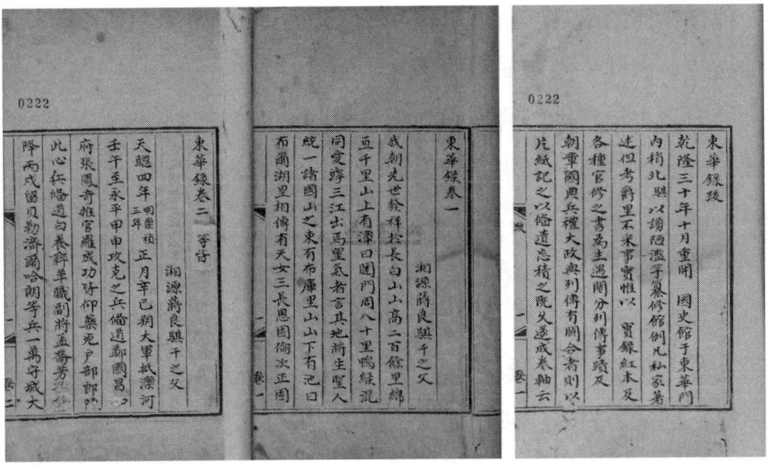

《东华录》

其语，不有失忠臣之心乎？且其语不载，则后世之人，将不知其何所谓，必有疑恶其语而去之者，是大不可也。因命儒臣物色之书市及藏书家，则亦不可得；复命索之于内阁册库，乃始得焉。卒读一再，惜可法之孤忠，叹福王之不慧，有如此臣而不能信用，使权奸掣其肘，而卒至伦亡也。”① 通过载录御书，以伸张史可法之正气。又如康熙二十七年（1688），御史参劾权相明珠事，郭琇疏稿，实录未载。蒋良骐遍寻内阁红本无有，便从《华野集》中，全文录取，赞其耿直。

第二，省官宁民。蒋良骐辑录康熙二十一年（1682）八月，右都御史徐旭龄疏言：

> 国家省事，莫如省官。康熙元年以各省监司浮于郡守，酌议冗官尽去。自十三年变乱，添设巡守道二十七员。今天下承平，多一衙门，即多一供应。请将十三年后所添道员，或裁巡归守，或并守归巡，或守巡全裁，亦息事宁人之道也。②

---

① 蒋良骐《东华录》卷四，顺治元年七月。

② 《东华录》卷一二，康熙二十一年八月。

他借徐旭龄疏言，敕九卿议行事，指出增设衙署，即增多供应，增加滋扰。因此，要精简机构，裁汰冗员，官吏尽职，息事宁民。

第三，吏治清廉。蒋良骐的父、兄均为清官。《全州志》载乡贤蒋林，历官杭、严、金华三府，课农桑、办学校、平冤狱、赈饥民，“岁饥，檄长吏开仓，不俟报可，又出俸钱籴米他境，设粥厂，四野饲之。老、疾更给钱、帛、医、药，全活者无算”。《全州志》又载其兄良翊政绩说：“仕万全县令，县为极边通衢。君在任七年，席不暇暖。时连年荒旱，残黎孑然。君尽心抚循，每预请资给籽种，及奏请赈恤。且亲历村堡，按户支发，不使中饱，全活无算。……以诖误去职，士民扳辕卧辙者数里不绝。”

上述乾隆和嘉庆《全州志》所载蒋林及其长子良翊克己恤民，赈灾济贫，平反冤狱，劝农兴学，反映了蒋良骐心目中清官的形象。他在《东华录》里记述康熙帝谕大学士等浙江布政使赵申乔“居官甚清”后，特辑赵申乔陛辞奏言：“到任不做好官，请置重典。”① 做官要做好官，做清官，是蒋良骐在《东华录》中反复阐述的一个社会政治观点。

第四，注重经济。蒋良骐的《东华录》，对兴水利、奖垦殖、劝农桑、革苛派、弛海禁、通贸易、平粮价、禁私铸等，均较王录记载为详。如援引河南巡抚兼理河道佟凤彩条陈长达一千二百余言，记载靳辅和于成龙关于治河方略的辩论等都是例证。

第五，隐砭弊政。蒋良骐在《东华录》中，对顺治间言官论圈地、逃人等弊政而获谴者，康熙间陆清献论捐纳不可开而受斥者等均录之，但王录缺载②。

逃人法是清初一大弊政。蒋良骐冒罹文狱之厄，辑录给事中李裀抨击逃人法七弊。疏言：“逃人一事，立法过重，株连太多，使海内

① 《东华录》卷一八，康熙四十一年八月。

② 孟森《读清实录商榷》，《明清史论著集刊》下册，第620页。

无贫富、无良贱、无官民，皆惴惴焉莫保其身家，可为痛心者一也。法立而犯者重，势必有以逃人为奇货，纵令索诈，则富家立破，祸起奴婢，则名分荡然，可为痛心者二也。犯法不贷，牵引不原，即大逆不道，无以过此，且破一家即耗朝廷一家之供赋，杀一人即伤朝廷一家之培养，古人十年生之，十年教之，今乃以逃人一事戕之乎？可为痛心者三也。人情安居，何苦相率而逃至三万之多，不以恩义维系其心，而但以法穷其所往，可为痛心者四也。即曰捕获以后，起解质审，道途骚扰，冤陷实烦，滋蔓不已，生齿凋蔽，可为痛心者五也。且饥民流离，地方官以挨查逃人，故闭关不纳，嗟此穷黎，朝廷日捐租煮赈，衣而食之，奈何以酷法苛令迫而毙之乎？可为痛心者六也。妇女彳亍于原野，老稚僵仆于沟渠，强有力者势必铤而走险，今寇孽未靖，何为复驱赤子作贼乎？可为痛心者七也。”① 旨令会议。未几，将李裀流徙尚阳堡。

《东华录》直书清初酷法苛令，表现出蒋良骐不顾当权者文网，而秉董狐之笔以修史的可贵精神。

第六，重辑桂史。蒋良骐在《东华录》中，尤重广西地方史事的辑录，且多为王录所无。试举二例：

其一，“广西抚金铁疏言：‘桂林府属涝江等处各矿，请召募本地殷实商民，自备资本开采，所得矿砂，以三归公，以七给商。其梧州府之芋英山，产有金砂，请令委员办理。粤西铜器稀少，不足以资鼓铸，如开采得铜，并请价买，以供鼓铸。’从之”②。

其二，“户部议覆广东巡抚范时崇言：‘广西全州、灌阳、兴安三州县盐引易销，灵川、旸朔、义宁三县盐引难销，应拨灵川等三县额引于全州等三州县。’从之”③。

以上说明蒋良骐对广西、全州的生计、民瘼至为关切，特加书

① 《东华录》卷七，顺治十二年正月。
② 《东华录》卷二九，雍正六年十二月。
③ 《东华录》卷二一，康熙四十八年五月。

录。而载录鼓励当地商民开矿，则反映出蒋良骐同顽固派力阻采矿相左，具有开明的政治态度。虽然蒋良骐在《东华录》中也表现了他对一些事件的唯心史观，但那是由于历史的局限性，不可苛求。

蒋良骐撰修《东华录》外，还著有《逆臣传》四卷。此外，倘有“《下学录》《京门草》《覆釜纪游》诸集”[①]，未行于世。在《全州志》中载录其七言古诗《登书堂山》和《登白云庵后山绝顶》以及七律四首、七绝八首、五绝三首。他博通经史，学识渊洽，“尤工小楷，至于青鸟、岐黄，悉精其术”。

蒋良骐在文学、书法、史学诸方面造诣精深，尤于史学留下《东华录》，成为清代著名的历史编纂学家。

四、留名史志　懿德统芳

附记：嘉庆《全州志》载蒋良骐传记，全文不足六百字；全县才湾今存其神道碑，碑文八百余字，均不易见。尤于后者，手中抄本复经李笑先生转请才湾村蒋云龙、蒋福姚二同志与原碑校核。兹将两文附录于后。

嘉庆《全州志·蒋良骐传》

蒋良骐，字千之，一字嬴川，升乡石冈人，长芦盐运使林次子。才思宏富，倚马千言，为西粤文人之冠。年二十五，与伯兄良翊同领乾隆丁卯乡荐。辛未，成进士。选庶常，授编修。既而伯兄捷南宫，令万全。仲弟孝廉良骥卒于家，乃以母老终养归。定省之暇，训课幼弟良驷、良骕，皆列胶庠。故良驷伟志晞颜，文章人品，已为公后劲。其抚育孤侄一节，尤为时所称。虽年未老成，大发声望，公之教也。终养事毕，赴都复职，充国史馆纂官。著《名臣列传》，经手者

① 梁章钜辑《三管英灵集》卷一五。

居多。晋日讲，擢侍御。性益严肃，问典朝仪，恪恭无失。奏请严拔贡、朝考四条，切中时弊。丁酉，护送太皇太后梓宫，亲行扶掖。升鸿胪寺少卿。旋以府丞，视学奉天，本经义以造士者四年，文风丕振。翠华东巡，分校八旗汉军生员，每得佳卷，辄为奖异，锡予者甚厚。迁太仆寺卿，召见热河，天语温褒。复以学问渊邃，稽察右翼宗学。乙巳，与千叟宴，分韵赓飏，赏赐自御制诗章外，其寿杖、如意、朝珠、蟒缎并珍具至三十余色。是年，举行辟雍盛典，进《辟雍颂》八章，授通政使司通政使。公益循分供职，夙夜匪懈，其间乡、会试总裁磨勘，与夫前此之稽察京仓，历署兵科，一皆秉公剔弊，盟之幽独，期无负于朝廷。所以通籍四十余年，独能镇定从容，发抒抱负，毁誉不及，特见风采，其事实载诸国史者甚详。生平著有《下学录》《京门草》《伤神杂咏》《覆釜纪游》诸集，藏于家。尤工隶书、小楷，至于青鸟、岐黄，悉精其术。年六十七，卒于京。驿传归榇焉。

诰授通奉大夫螺川府君诰封夫人母赵太君墓志

府君讳良骐，字千之，号螺川，行二，直隶长芦盐运使司王父介庵次子。王母周太夫人出。元配母赵氏，系宜乡丕喆公女。府君生而颖异，弱冠举茂才，肄业省城秀峰书院。中丞杨清江先生见而奇之。乾隆丁卯，与伯父补堂公同领乡荐，均出东山李公门下。人曰："东山门下，收双俊矣。"遂偕公车北上，将入都，即闻讣。丁王父艰，匍匐抵里。服阕，复北上。辛未，成进士。选庶常，授编修。次科甲戌，伯父补堂公即捷南宫，令万全。三叔认斋公，领庚午乡荐，未几溘逝。四叔鲁作公、五叔东园公，俱幼。以先祖妣周太夫人侍养乏人，府君乃乞假南归。定省之暇，教同许武，是以两叔均列胶庠，大发声望。终养事毕，赴都供职。晋日讲，擢侍御，转鸿胪寺少卿。视学奉天，提督学政，本经术以造士者四年，文风丕振。翠华东幸，选太仆寺卿。召见热河，赏赐。是年，举行辟雍盛典，得与皤皤元老其间，进呈《辟雍颂》八章，天颜有喜，升通政使司通政使。循分尽职，勤慎倍加。自通籍以来，坐镇从容，发抒抱负，有如此。母赵氏，德容贞静，与府君眉案相庄。当府君家居，奉养鸡鸣盥漱，佐滫瀡栉沐之劳。及府君供职京师，家政悉母掌焉。宗族称其贤能。三十余年致府君无内顾忧者，皆母勷之力也。生子一善承，中乾隆庚寅恩科举人，任陕西褒城令；女一，适乾隆丁卯孝廉陈学校公长子州彦，生锡瑀。继娶生母许氏生子四：善启、善同、善瑶暨不肖善陈；女一，适临桂孝廉同安人王仁修公次子，名诒珏。庶母周氏，生子一善殖，早殇。又庶母唐氏，生女一，适临桂孝廉郁林州学正陈兰蔼公长子建殿。呜呼，府君弃不肖已四十年矣，母赵氏去世已四十七年矣，而陈尚未立石。姐丈陈锡璃，半子情殷，竭勷助，而陈汗颜无地，能不命工镌石，以乞志表于二大人之墓成。顾念畴昔之时，诸兄为政，陈以季子，未敢主专。无何，伯兄承卒于官，仲兄启、同、瑶暨六弟殖，均相继殒逝，痛惟我府君有子六人，仅存不肖，迄今六十有五。不孝之道通于天，虽殁喘之苟延，实攫发之难数。谨泣大概，以垂奕祀云。

公生于康熙壬寅年正月十五日子时，殁于乾隆戊申年二月初一日辰时，享寿六十七岁，卜葬本村沙帽岭，与妻赵氏合墓。

道光五年岁次乙酉，季春月，吉日。

第十五讲
唐英：御窑千年第一人

唐英是中国御窑千年史上，既有著作又有精品，既会管理又会匠作，既擅诗文又长书画，既倾心事业又清廉自守，可谓：御窑千年史，唐英第一人。本文以唐英旗分、历史贡献、心灵纠结，分作三节，进行辨述。

一、身份之谜　众说不一

唐英——千年一瓷人，首应辨明他的旗分与身份，因为这是影响其事业、其人格的一大因素，且存在着应当辨明的学术争议。

唐英隶籍的旗分和身份，是满洲正白旗包衣，还是汉军正白旗人？当下所见论著，多持后者之说。史籍之记载，亦颇有差异。这是一个需要考辨的问题。

唐英（1682—1756），字俊公，又作隽公，自称蜗寄老人，先祖为明末和后金时期辽东沈阳（今辽宁省沈阳市）人。唐英隶籍的旗分和身份，是满洲正白旗包衣，还是汉军正白旗人？史有两说：

其一说，唐英隶籍汉军旗人。持此论者，影响最大的是《清史稿·唐英传》的记载：

唐英像

唐英，字俊公，汉军旗人。[①]

《清史稿》初刻于民国十七年（1928），虽其流布广、影响大，却非时间早、史实确。此前，说唐英是汉军旗人，也有书载。清人铁保编修、嘉庆九年（1804）成书的《熙朝雅颂集》，采录唐英诗23首，其诗前作者小传云：

英，字俊公，一字叔子，晚号蜗寄老人，汉军人，官粤海关监督，有《陶人心语》。[②]

上述记载，似应可信。这或是因为：

---

① 《清史稿》卷五〇五《唐英传》，中华书局点校本，1977年，第13926页。

② 铁保辑、赵志辉校点补《熙朝雅颂集》卷五六，辽宁大学出版社，1992年，第1038页。

第一，作者官高。《熙朝雅颂集》编者铁保（1752—1824），隶满洲正黄旗，乾隆三十七年（1772）进士，年二十一，历官侍讲学士、侍读学士、漕运总督、都统、广东巡抚、山东巡抚、两江总督、礼部尚书、吏部尚书，并任“八旗通志馆”总裁，可谓位高权重，官宦显赫。

第二，时间较早。《熙朝雅颂集》成书于嘉庆九年（1804），翌年雕梓。其编纂者铁保自称：“臣充‘八旗通志馆’总裁官，编辑艺文，得满洲、蒙古、汉军诗抄百数十家，篇帙浩繁，未能悉登简册。当于通志内列其名目，其所为诗，拟别辑一书，以垂久远。”由是，铁保奉旨编纂《熙朝雅颂集》。此集，成书早，影响大。

第三，皇帝钦阅。《熙朝雅颂集》由清嘉庆帝颙琰御制序，云：“前此铁保在京供职，曾有采辑八旗诗章之请，经朕允行。兹据奏进诗一百三十四卷，请赐书名。朕几余披览，嘉其搜罗富有，选择得宜，格律咸趋于正，而忠义勇敢之气，往往借以发抒。存其诗实重其人，益仰见列圣培养恩深，蒸髦蔚起，正未有艾。爰统命名《熙朝雅颂集》，并制序冠于简端，以垂教奕祀，非徒赏其淹雅博丽之词也。着将原书发交铁保，付之剞劂，用昭同风盛轨焉。”

第四，影响深远。《熙朝雅颂集》问世后，影响深远。如：

（1）清道光刻本、彭蕴灿编著《历代画史汇传》卷三十载：“唐英，字俊公，一字叔子，号蜗寄老人，汉军人，粤海关监督。”

（2）《八旗画录》载唐英“隶汉军正白旗”。

（3）民国《奉天通志》载：“唐英，沈阳人，隶汉军正白旗。”

（4）民国年间徐世昌辑《晚晴簃诗汇》载：“唐英，字俊公，一字叔子，号蜗寄，汉军旗人，历官内务府员外郎、九江关监督。”①

（5）今人《景德镇讲义·唐英》载记：唐英“沈阳人，隶属汉军正白旗”。

---

① 徐世昌辑《晚晴簃诗汇》卷六二，民国退耕堂刻本。

（6）今人石奎济、石玮编著《景德镇陶瓷词典·唐英条》载述：唐英“隶汉军正白旗”[①]。

（7）今人张发颖编《唐英全集》，其《序》云：唐英“隶汉军正白旗”。[②]

以上所揭，七条资料，均载明唐英所隶籍旗分，为汉军正白旗。上引资料之外，还有其他载述，因书异意同，而不必赘述。

然而，史事的判定，历史的真实，应当遵循下述“四不原则”，即：不以作者的权贵身份而定，不以史料的时间早晚而定，不以君王的钦阅谕旨而定，不以史证的数量多寡而定，应以缜密考证的史实而定。

有关唐英的身世和旗分，早期史料奇缺。经查，唐英及其先祖的资料，《老满文原档》[③]《满文老档》均未查见，《清太祖武皇帝实录》《清太祖高皇帝实录》《满洲实录》《清太宗实录》《清世祖实录》《清圣祖实录》和《清世宗实录》等亦未载录。其后在《清高宗实录》中，唐英史事，凡有七见，如记载唐英为“内务府员外郎”。

其二说，唐英隶籍满洲正白旗包衣，笔者秉持此说。兹据史料，分别缕述，略加分析，以做考证。

第一，雍正《江西通志·陶务叙略碑记》载述：

> 英，关东之沈阳人也。世受国恩，从龙日下，隶籍内务府。幼即供役于养心殿，二十余载。我皇上御极之元年，仰蒙高厚殊恩，拔置郎署。方恐报称无由，乃复于雍正二年秋八月，怡贤亲

① 石奎济、石玮编著《景德镇陶瓷词典》，江西人民出版社，2014 年，第 520 页。

② 张发颖编《唐英全集·序》，学苑出版社，2008 年，第 1 页。

③ 《老满文原档》又称《旧满洲档》《无圈点档》《满文原档》《满文老档》等，同指今存台北故宫博物院图书文献处的清初最原始的以无圈点老满文为主撰写的清朝开国编年史料之档案。

王口宣天语，命英督监江西窑务。[①]

上述的雍正《江西通志》，为清雍正七年（1729），江西巡抚谢旻奉诏纂修并任监修，开局编辑。雍正十年（1732）刻本，一百六十二卷、首三卷。[②] 书中的《陶务叙略碑记》为唐英撰写，其时间应在雍正七年（1729）到九年（1731）之间。这是所见关于唐英身世的最早文字资料，且确实可信。

上文的唐英“隶籍内务府”，明确表明：唐英并不隶籍于汉军正白旗，因为汉军正白旗不隶籍于内务府；唐英隶籍于内务府与隶籍于八旗汉军正白旗是根本不同的。这是因为：清朝的八旗制度，分为八旗满洲、八旗蒙古、八旗汉军，而又各含镶黄、正黄、正白、镶白、正红、镶红、正蓝、镶蓝八个旗，共二十四个旗。在八旗满洲中，镶黄、正黄、正白三旗，直属清帝，隶内务府，又称内务府三旗，或称上三旗。清制的领侍卫内大臣六员，由内务府上三旗中每旗出两员组成。所以，满洲正白旗是隶籍内务府的，汉军正白旗则是不隶籍于内务府的。[③]

第二，乾隆朝纂修的《八旗满洲氏族通谱》，乾隆九年（1744）成书，首见唐英身份为满洲正白旗下包衣。后任八旗满洲正白旗包衣旗鼓佐领，复为八旗满洲正黄旗包衣旗鼓佐领。于此，《八旗满洲氏族通谱》记载：

唐应祖，正白旗包衣旗鼓人，世居沈阳地方。来归年分无

---

① 唐英撰《陶务叙略碑记》，谢旻等纂修《〔雍正〕江西通志》卷一三五，清雍正十年（1732）刻本。

② 庄威凤、朱士嘉、冯宝琳总编《中国地方志联合目录》，中华书局，1985年，第479页。

③ 《钦定八旗通志》卷二四《旗分志二十四》，吉林文史出版社，2002年，第423—437页。

考。其曾孙唐英，现任员外郎兼佐领。元孙德格，现任八品官；庚保、寅保，俱现系举人；寅年，现系生员。四世孙唐景，亦现系生员。[①]

第三，《厂署珠山文昌阁碑记》亦曰“予家从龙入关，历世五叶，隶旗百载”云云。

第四，《八旗通志·旗分志》记载：“以镶黄、正黄、正白为上三旗。余五旗统以宗室王公，居重驭轻，大宗维翰，盖皆创前古所未有，而建诸天地。”[②]

上述康熙、雍正、乾隆三朝文献、典籍、谱牒、档案、碑刻之记载，均清楚地说明：

其一，唐英的先祖籍辽东沈阳，汉人。

其二，唐英的曾祖唐应祖，在后金时期归顺后金汗努尔哈赤，后隶属于满洲正白旗包衣旗鼓佐领下之人。

其三，唐英隶籍于内务府，后官内务府员外郎，兼内务府正白旗包衣旗鼓佐领。

其四，唐英之子文保、寅保，时为生员。寅保考中乾隆六年（1741）辛酉科举人，后中乾隆十三年（1748）戊辰科进士，时年十九岁，后授庶吉士、任编修。唐英的第三子万保，年龄幼小，略而不述。

在这里，要说明同唐英旗分、身份攸关的“正白旗”“正黄旗”“包衣”“旗鼓人”四个概念。

前文已述，清朝的旗人，分作八旗满洲、八旗蒙古、八旗汉军。[③] 其中，八旗满洲的镶黄旗、正黄旗和正白旗为“内务府三旗”，

---

① 《八旗满洲民族通谱》卷七八，辽沈书社，1989 年。

② 《八旗通志》卷一《旗分志》，东北师范大学出版社，1985 年，第 1 页。

③ 清朝在旗的称旗人，不在旗的称民人。旗人，不能称作旗民，因为“旗”和“民”是两个不同的范畴，不可混淆。

称作“上三旗”。

清朝的“包衣”，全称是“包衣阿哈”，其包衣的满文为“bao i”，汉语意思是“家内的”或“家里的”；“阿哈”的满文为“aha”，汉语意思是“奴仆”。

清初的“旗鼓”，满文写作 cigu，为汉语“旗鼓”的音译。古代中原军队有旗鼓、仪仗人，而归顺满洲的汉人，被编为佐领，隶籍旗鼓佐领者，就称为旗鼓人。

清制正白旗有三：一是满洲正白旗，二是蒙古正白旗，三是汉军正白旗。[①] 唐英隶籍的不是汉军正白旗，也不是蒙古正白旗，而是满洲正白旗。唐英及其先祖是汉人，不是满洲人，怎么会隶籍于满洲正白旗呢？因为他是满洲正白旗的包衣。

所以，唐英先是隶属于清内务府八旗满洲正白旗包衣旗鼓佐领下的人。据《钦定八旗通志》记载：唐英隶籍于内务府八旗满洲正白旗包衣“第四参领第二旗鼓佐领”。[②] 该佐领为康熙三十四年（1695）编立，初以马虎为佐领，而后佐领或故，或转，或革，或调，其第五任旗鼓佐领，命员外郎唐英管理。而唐英怎么又与满洲正黄旗有关系呢？这是因为唐英被免去正白旗之佐领，而被任命为满洲正黄旗包衣旗鼓佐领。《钦定八旗通志》又载：八旗满洲正黄旗包衣第五参领下第四旗鼓佐领，康熙三十四年（1695）分立，而后佐领或故或调，以唐英管理。唐英为该旗包衣第五参领下第四旗鼓佐领的第八任旗鼓

① 清八旗汉军，天聪五年（1631）正月，皇太极将满洲八旗中的汉人拨出，另编一旗，后称汉军。崇德二年（1637）七月，分设汉军为二旗。崇德四年（1639）六月，又增设汉军二旗。崇德七年（1642）六月，汉军四旗扩充为八旗，旗色改为与八旗满洲、八旗蒙古相同。从此，清朝八旗实际上有八旗满洲、八旗蒙古、八旗汉军，共二十四旗，但仍统称其为八旗。

② 《钦定八旗通志》卷五《旗分志七》，文津阁《四库全书》本，国家图书馆藏。

佐领。[1] 后其子寅保，任满洲正黄旗包衣第五参领下第一旗鼓佐领的第十六任旗鼓佐领。[2]

唐英的旗分与身份，其旗分属于满洲正白旗，其身份为包衣。唐英的旗分属于八旗满洲正白旗，其与八旗汉军的关系，需进一步探讨。

唐英家族首见“汉军”学籍，始自寅保参加科举考试。唐英之子寅保，中乾隆六年（1741）辛酉科举人。此科中举者有汉军 12 人，其中汉军镶黄旗 1 人、汉军正黄旗 1 人、汉军正白旗 5 人、汉军正红旗 2 人、汉军镶红旗 1 人、汉军镶蓝旗 2 人；在正白旗 5 名中举者中，有“包衣庆恩佐领”的寅保和包衣四保柱管领的姚文。[3]《钦定八旗通志》中特别标明：寅保和姚文都是隶籍于正白旗的“包衣”。显然，其旗籍隶属于满洲正白旗，其身份则为“包衣”。

而后，寅保考中乾隆十三年（1748）戊辰科第三甲第二名进士。此科，八旗满洲籍 8 人、八旗蒙古籍 1 人、八旗汉军籍 1 人。《钦定八旗通志》记载：“汉军，寅保（正白旗一名。）”[4] 在北京孔庙进士题名碑上，镌刻着：“寅保正白旗汉军人。”[5]

以上，文献记载与文物碑刻都表明：寅保中举时的学籍身份是“包衣”，中进士时学籍是“汉军”。其时，旗人参加科考，只有三种学籍——满洲、蒙古、汉军，内务府三旗包衣佐领、包衣旗鼓佐领下人，凡原为汉人者，均被列入“汉军”学籍。学籍与旗籍，既有相同之处，更有相异之处。虽寅保的学籍是“汉军”，但其旗分仍隶籍

① 《钦定八旗通志》卷五《旗分志五》，吉林文史出版社，2002 年，第 94 页。

② 同上书，第 93 页。

③ 《钦定八旗通志》吉林文史出版社标点本，第 1747 页，在人名重排时顺序错简。

④ 《钦定八旗通志》卷一〇四《选举志三》，吉林文史出版社，2002 年，第 1575 页。

⑤ 北京孔庙进士题名碑，第 183 号，北京孔庙和国子监博物馆藏。

满洲正白旗包衣佐领。铁保《熙朝雅颂集》记载：

> 寅保，字东宾，一字芝圃，汉军人。乾隆戊辰进士，改庶吉士，散馆授编修，改内务府郎中官，杭州织造。有《秀钟堂诗钞》。①

上文寅保的“汉军”为科考时的“学籍”；他的“旗籍”仍为满洲正白旗包衣。然而，寅保之父唐英，终生未参加科考，依然是八旗满洲正白旗包衣。缘此，《清史稿·唐英传》记载：“唐英，字俊公，汉军旗人。”其根据何在？这或由其子寅保学籍而衍伸至其父，或据《熙朝雅颂集》的载述，无论前者或后者，都是值得讨论的。

寅保考中进士时的“汉军”，是指广义的汉军，也就是科考时的学籍，并不是说明唐英及其子寅保隶籍于八旗汉军的正白旗，因在《钦定八旗通志》的“旗分志”中，汉军正白旗里查不到唐英及其子寅保旗分的文字记载。

近世以来，所谓汉军有着狭义与广义之分：其狭义，是指八旗汉军；其广义，指后金和清初归附的汉人，被编入汉军和内务府三旗包衣佐领、包衣旗鼓佐领人。后者如唐英，在《八旗满洲氏族通谱》中，被列入内务府满洲正白旗包衣旗鼓佐领人，而不被列入汉军。特别是在官修《钦定八旗通志》的“旗分志”汉军正白旗里，根本找不到有关唐英的记载；但在该书“旗分志”的内务府八旗满洲正白旗包衣佐领或旗鼓佐领下，却记载着“唐英”。

由上可知，唐英的身份先是内务府八旗满洲正白旗包衣旗鼓佐领下的人，后升为该旗的旗鼓佐领；后又任八旗满洲正黄旗包衣旗鼓佐领。这样的身份，使唐英一直受到宫廷的信任，为宫廷内务府侍奉；同时，尽管职务升迁，官至内务府员外郎，但唐英终生没有洗掉

①　铁保辑《熙朝雅颂集》卷七六，第1283页。

“包衣”的身份。

二、历仕三朝　旗分未变

唐英生活在康熙、雍正、乾隆三朝，其隶籍旗分，未查见改变。

在康熙朝——内廷供役，旗分未变。唐英出生在康熙二十一年（1682）五月初五。7 岁入学读书。康熙三十四年（1695），14 岁时被编入内务府八旗满洲正白旗包衣第四参领第二旗鼓佐领下人。康熙三十六年（1697），16 岁时入养心殿造办处供奉，后任职宫廷画样。唐英忠耿做事，勤奋学习，在内廷见识名器、名书、名画、名家。如他同“四王”之一、《万寿盛典图》总裁官王原祁，系舟峰下，月映篷窗，二人对谈，受其指点：

> 有志斯道者，当于笔外求笔、墨外用墨，丘壑探之冰雪襟怀，结构炼之炉冶造化。趣味在有意无意之间，彩泽含若隐若显之中。……宁古毋今，宁拙无巧，惜墨等兼金，运笔疑鬼斧。兴至，则吮毫舒楮；兴尽，则趺坐闲吟。作画时如万物皆备，置笔后一物不着，乃为身在壶中跳出圈外，此则品高道胜者也。①

唐英虽得到康熙帝的信任，积淀了丰厚文化的底蕴；但唐英包衣的身份，使他没有机会潜心读书、精熟经典、参加科考、取得功名，而留下内心的终生伤痛。唐英的旗分和身份，终康熙朝没有得到改变。

在雍正朝——协理陶务，旗分未变。雍正元年（1723），雍正帝即位后，唐英遇到新的转机，被提拔为内务府员外郎。雍正三年（1725），圆明园来帖称：唐英“奉旨画的款式甚好”。他做事勤勉，

① 《唐英全集·题罗梅仙画山水跋》，学苑出版社，2008 年。

艺术修养高，受到雍正帝的肯定。雍正帝对唐英的表扬，成为他将要受到重用的信号。先是，明景德镇御器厂，“以中官督造，后改巡道，督府佐司其事，清初因之”①。康熙时，景德镇御窑先有臧应选督陶，出现“臧窑”御瓷；而后郎廷极督陶，出现“郎窑”御瓷。雍正时年希尧督陶，出现“年窑”御瓷。雍正六年（1728）八月，时唐英心灵聪慧，书画皆优，为人诚正，做事勤勉，命唐英赴景德镇，驻厂督陶，协助总理陶政的年希尧工作。唐英承旨，出都赴任，于十月间，抵达景德镇御窑厂。这一年，他 47 岁，是其人生事业的转折点。他到任后，整顿陶务，将烧造瓷器的名目、胎釉、纹饰、尺寸、铭款、工匠、出纳、赏勤、劝惰等，造册奏报，按月核算，归年希尧总管。唐英任事，兢兢业业，一干七年，薪水颇丰厚，年银五百两。然而，唐英的旗分和身份，终雍正朝没有得到改变。

在乾隆朝——创造辉煌，旗分未变。唐英先后管理淮安关、九江关，遥领陶务；又任职粤海关；再回九江关。直到乾隆二十一年（1756）七月二十七日才获准辞职，同年七月二十九日在署中病故。唐英在乾隆朝，于景德镇御窑的窑务及相关工作，长达近二十年。在有清一代景德镇御窑督陶官中，唐英任事最久，工作最勤，业务最精，贡献最大，烧造出举世闻名的“唐窑”瓷器。然而，唐英的旗分和身份，在乾隆朝至其临终前，没有得到改变。

唐英 16 岁就进入内务府，并在内务府造办处做画样设计，这对唐英的人生产生了很大的影响：一是养成忠于职、敏于行的素质；二是形成既谨慎又敬业的性格；三是培养绘画功底和艺术修养。这为唐英日后在御窑厂督陶期间，揣摩上意，推陈出新，而烧造出精美的“唐窑”瓷器，奠定了良好的基础。其中的一个重要原因，是他身为内务府八旗满洲正白旗包衣——既受到信任，应当勤奋工作；又受到

---

① 《清史稿校注》卷五一二《唐英传》，台湾商务印书馆，1999 年，第 11572 页。

卑视，应当敬慎工作。[①]

总之，辨明唐英的旗分与身份，是了解其奉上、敬上、唯上，为人、做人、待人，任事、勤事、慎事，苦学、实学、真学的重大枢机，也是探索唐英成为中国千年一瓷人的关键所在。

三、革新瓷艺　重兴御窑

唐英——千年一瓷人。做出此评价的依据，是唐英既对中国也对世界烧造瓷器的历史做出了重大贡献。

唐英人生的重大转折点，是在雍正六年（1728）。这一年，雍正帝命“唐英着内务府员外郎衔，驻景德镇御窑厂，佐理陶务，充驻御窑厂协理官”。[②] 时年希尧总理景德镇御窑陶务。唐英时年47岁，走出内务府，初到御窑厂，对于陶瓷烧造，如他自己所说：“茫然不晓，日唯诺于工匠之意，惴惴焉，惟辱命误公之是惧。”唐英面临着新的形势、任务、工作和责任，是退缩，是应付，是蛮干，还是奋进——放下官员架子，变外行为内行？唐英选择了后者。他说：

> 用杜门，谢交游，聚精会神，苦心竭力，与工匠同其食息者三年。[③]

唐英的做法是：

第一，闭门谢客，不应酬，不唱和，不访客，不出游。

第二，放下架子，与工匠，同吃饭，同劳作，同休息。

---

① 阎崇年《御窑千年·唐英督陶》，生活·读书·新知三联书店，2017年。

② 《瓷务事宜示谕稿序》，《养心殿造办处各作成做活计清档》，中国第一历史档案馆藏。

③ 《唐英督陶文档》，第3页。

第三，刻苦钻研，用三年，学制胎，学色釉，学烧造。

第四，成为内行，会制胎，会彩绘，会釉料，会窑火。

三年之后，到雍正九年（1731），唐英说："于物料火候、生克变化之理，虽不敢谓全知，颇有得于抽添变通之道。向之唯诺于工匠意旨者，今可出其意旨唯诺夫工匠矣。因于泥土、釉料、坯胎、窑火诸务，研究探讨，往往得心应手。"①

一个内府官员，一个八旗画匠——"纸上得来终觉浅，绝知此事要躬行（陆游句）"。唐英，能躬下身来，向工匠学习，变外行，为内行，实在难得，实为可贵。其精神，其实践，言行合一，知行合一，堪称榜样，百世可鉴。

唐英于御窑瓷器，主要有三大贡献：

第一，瓷艺贡献。唐英在 28 年的御窑管理与烧造过程中，亲自督导和烧造的瓷器，数量大，质量优，精品多，影响广，因而被誉为"唐窑"。从雍正六年（1728）到十三年（1735）的八年间，景德镇御窑烧造瓷器"不下三四十万件"。而一年两季接送京城的盘、碗、钟、碟等圆器，总计 57 种，其中一年，约 8 万余件。乾隆二年（1737），正月接旨、五月呈送瓷器 59 种、47 120 件。乾隆四年（1739），水陆分运呈交瓷器 30 375 件。乾隆十年（1745）十二月，进呈"洋彩花瓶二千件，圆器五千二百六十四件；次色黄器二千三百二十一件"。乾隆十三年（1748），"进上色琢圆瓷器四千七百三十八件"。有学者估计，在乾隆初期的 20 年间，唐英督陶，共为宫廷烧造瓷器达 50 万—60 万件。不仅数量庞大，而且新品和精品迭出。唐英既仿古又采今，既是集御窑瓷器艺术之大成者，又是集中华瓷器艺术之大成者。

所谓仿古，就是仿制历代名窑的名器。清朝雍、乾二帝追慕前朝

① 《瓷务事宜示谕稿序》，《唐英全集》第 1 册，第 179 页。

精美瓷器。于是复制宋代名窑及明窑的瓷器，就成为唐英的重要任务。如雍正帝好钧窑，唐英到任不久，就派幕友吴尧圃赴钧窑旧址，调查釉料配置方法。他作《春暮送吴尧圃之钧州》诗，勉励吴君：

> 此行陶冶赖成功，钟鼎尊罍关国宝。
> 玫瑰翡翠倘流传，搜物探书寻故老。

吴尧圃不辱使命，查清了钧窑的工艺诀窍。有了扎实的技术储备，唐英的仿制工作极为成功。有诗赞曰："如汝柴官哥定钧，各肖其式繁其伦。"①

唐英烧造的仿哥窑金丝铁线纹、仿宋官窑的冰裂纹、仿汝窑的天青釉、仿钧釉等，与宋器非常相似。他仿制的明朝永乐、宣德脱胎白釉、甜白刻花、印花等瓷器，形似神似，可以乱真。

所谓采今，就是开展烧造技艺的研发与创新。乾隆时期的"瓷母"、转心瓶、轿瓶、仿生瓷、西洋画瓷等，创新之例，不胜枚举。在唐英时，釉上彩、釉下彩、颜色釉、粉彩等均有新的突破。在他主持下，景德镇御窑厂创烧颜色釉几十种，其中胭脂红、秋葵绿等是最为著名的颜色釉。

"唐窑"瓷器被公认是御瓷中的珍品，不仅在国内，而且在世界，都达到空前之水平，且集过去瓷器烧造之大成。于瓷器造型设计，圆器和琢器，从尊、鼎、觚、盘礼器，花果、山水、人物、文房，类型繁多，应有尽有；于瓷器颜色装饰，各种色釉 57 种，色彩斑斓，无所不有；于瓷器烧造技艺，山水、人物、花鸟、鱼虫，皴染之制，极尽所能。唐英能文能诗，善书善画，兼事篆刻，瓷器烧造，尤为精通。由于他潜心钻研瓷务，并且心身力行，积累了丰富制瓷经验，其主持烧造的精美瓷器，深受雍、乾两朝皇帝的赏识，成为中华

① 钱陈群《香树斋诗文集》卷八，清乾隆刻本，国家图书馆藏。

瓷器艺术的珍品，在中国和世界瓷器史上，写下华彩之章。

清乾隆珐琅彩花卉纹诗句瓶，故宫博物院藏。瓶束颈、溜肩，圈足。通体施白釉，外壁用各色珐琅料，绘月季、蜡梅、翠竹、水仙等花卉。题写“夕吹撩寒馥，晨曦透暖光”。闲章首引“佳丽”，末尾“金成”“旭映”，末署“乾隆年制”四字双行款，外围双方框。画工细腻，妩媚娇艳。唐英将制瓷工艺与诗、书、画、印相结合。在陶瓷品类的创新上，后来成书的《景德镇陶录》赞叹道：“厂窑至此，集大成矣！”[1] 誉称唐英督陶开创“有陶以来，未有今日之美备”[2]！

清乾隆珐琅彩花卉纹诗句瓶

清雍正珐琅彩锦鸡牡丹纹碗，故宫博物院藏。高 6.6 厘米，口径 14.5 厘米，足径 6 厘米。碗的胎体极薄，内外白釉，匀净光润，洁白如玉。外壁以珐琅彩装饰，用多种色彩绘画牡丹和锦鸡，未署“雍正年制”四字双行款，外围双方框。画诗书印，融为一体。画工

① 蓝浦、郑廷桂《景德镇陶录》，黄山书社，2016 年。

② 《景德镇陶录》卷五，清嘉庆刻本、同治补修本，国家图书馆藏。

细腻，色彩艳丽。

清乾隆多种釉彩大瓶，故宫博物院藏。高 86.4 厘米，口径 27.4 厘米，足径 33 厘米。这件瓷器是唐英等人的一个创造：汇仿古大成、集采今创新——仿宋官、哥、汝、钧等各窑、各釉于一器，施以青花、斗彩、五彩、珐琅彩、粉彩、金彩、洋彩，彩用白、青、蓝、黄、红、绿、紫、酱、金等，窑变、开片，釉下彩、釉上彩，十二面开光、十五种釉彩、十六道纹饰，施以金彩细条隔开。这件瓷器具有大、繁、难、美、精、绝六个特点，其工艺精卓，争奇斗艳，华丽繁缛，巧夺天工，是瓷器史上的一座丰碑，至今无法复制，被誉为“瓷母”。

唐英不仅在瓷艺上有重大突破，而且在学术上也有重大贡献。

第二，学术贡献。唐英悉心钻研陶务，身体力行，不仅实践经验丰富，而且进行科学总结，先后编写出《陶务叙略》《陶冶图说》《陶成纪事碑记》《瓷务事宜示谕稿序》等文献。学苑出版社出版的《唐英全集》则是其集大成者。唐英对御窑瓷器烧造及其发展创新，做出了开创性的贡献。

《陶冶图说》。先是，乾隆帝命宫廷画师孙祜、周鲲、丁观鹏绘制《陶冶图》二十幅，记录乾隆御窑制瓷工艺过程。据《清宫内务府造办处各作成做活计清档》记载：乾隆八年（1743）闰四月，宫廷造办处将此图送交给唐英，命其按制瓷顺序编排，并为每张图画撰写文字说明。当年五月唐英即以左图右文编成《陶冶图册》，即《陶冶图说》。它图文并茂、完整地记录烧造瓷器的工艺与技术过程。唐英的《陶冶图说》，全文只有 4 500 字，却是对我国古代制瓷工艺技术与实践的总结，是一部瓷器工艺史的经典文献，也是中国第一部系统完整记录景德镇御窑制瓷工艺的、有重大影响的历史性文献。①

---

① 李子嵬《院画本〈陶冶图〉小考》，《督陶官文化与景德镇学术研讨会论文集》，江西美术出版社，2011 年，第 321 页。

《陶成纪事碑记》。这是一篇陶瓷工艺学著作，为当时御窑烧造陶瓷产品、工艺的实录。备载经费、工匠解额，胪列诸色瓷釉，仿古采今，有57种。自宋大观，明永乐、宣德、成化、嘉靖、万历诸官窑及哥窑、定窑、钧窑、龙泉窑，西洋、东洋诸器，皆有仿制。其釉色，有白粉青、大绿、米色、玫瑰紫、海棠红、茄花紫、梅子青、骡肝、马肺、天蓝、霁红、霁青、鳝鱼黄、蛇皮绿、油绿、欧红、欧蓝、月白、翡翠、乌金、紫金诸种，并有浇黄、浇紫、浇绿、填白、描金、青花、水墨、五彩、锥花、拱花、抹金、抹银等。名目繁多，不一而足。这是唐英的一项重要学术贡献。景德镇考古工作者在御窑遗址发掘清理出《陶成纪事碑记》残碑，[1] 具有重要的文物、历史与学术之价值，由景德镇市陶瓷考古研究所收藏。

今国宝级陶瓷中的唐英作品，无一例外，都是精品。如上海博物馆藏“乾隆五年”大花觚，国家博物馆藏“乾隆六年”大花觚等等。

唐英不仅在学术上有重大业绩，在管理制度上也有贡献。

第三，制度贡献。陶务繁杂，千头万绪，督陶官员管理与应付起来颇为吃力，哪顾得上总结经验、反思教训，又怎么想得到建章立制、泽被后人？唐英的过人之处就在于此。在他任内，人事、财务、生产、瓷艺，方方面面，都立规矩，不仅约束下级，而且约束自己。这里着重阐述御窑财务制度，就是《烧造瓷器则例章程册》。

在唐英督陶之前，御窑开支浩大，财务制度不清。钱花了多少、花到哪里去了，缺乏统计；什么钱该花、什么钱不该花，缺乏标准。制度有漏洞，办事人会钻营牟利，朝臣就会议论汹汹，皇帝就会猜疑不止，窑官就会动辄得咎。事情缘起，有过教训。乾隆六年(1741)，皇帝朱批唐英，口气十分严厉：

---

① 江建新《唐英〈陶成纪事碑记〉及其出土残碑遗文校释》，《督陶官文化与景德镇学术研讨会论文集》，第304页。

> 不但去年，数年以来所烧者，远逊雍正年间所烧者。且汝从未奏销。旨到，可将雍正十、十一、二、三等年，所费几何、所得几何；乾隆元年至五年，所费几何、所得几何，一一查明造册，奏闻备查，仍缮清单奏闻。①

烧造瓷器，不合帝意，皇帝就要查账，怀疑臣属贪腐，实在不好伺候。唐英由此意识到：皇帝信任靠不住，陶官监督靠不住，下属操守靠不住。靠得住的是制度。而后，唐英拟定了《烧造瓷器则例章程册》。

《章程》就是造价标准清单："将圆、琢瓷器所需泥土、釉料、工饭等项银两，按造法、尺寸，分别贵贱、高次，逐一详查，核造制价则例章程册，呈送核定奏明，永远遵行。"② 比如，御窑烧造一件映青（影青）大圆盘，应该花多少钱呢？根据《章程》查得，开支分为物料、人工、器具三类：

——物料每尺：泥土银一厘六毫，釉料银七厘，颜料银八厘，柴价银二厘五毫，炭价银四厘五毫。

——人工每尺：做细工饭银五厘七毫，旋削工饭银二分三厘，锥拱工饭银二分四厘，烧炉工饭银八厘，杂用人夫工饭银四厘一毫。坯工工饭银论件计算，每件一钱六分；款字银也按件计算，每件五厘。

——器具每尺：杂项器具家伙银九毫。③

章程所列，凡 336 条；各项开支，有凭有据；标准精到，细至厘毫。有了造价标准，可以核算成本。如果超支，皇帝就可以追究督陶

① 《清宫瓷器档案全集》卷二，中国画报出版社，2008 年，第 61 页；《遵旨敬谨办理陶务折》，《唐英全集》第 4 册，第 1176 页。

② 唐英著，铁源、溪明点校《烧造瓷器则例章程册》，《唐英与唐窑——国际学术研讨会论文集》，华龄出版社，2016 年。

③ 傅育红选编《乾隆朝〈烧造瓷器则例章程〉》，《历史档案》2015 年第 2 期。

官失察或贪腐的责任；没有超支，工匠心里有了底细，陶官报销有了依据，大臣非议无以凭据，皇帝疑心可以消去。

唐英在两百年前就实施成本核算，观念超前；制度完备，切实可行，他贡献斐然。

为了有效进行御窑厂管理，经唐英奏请，乾隆六年（1741）十二月十一日，乾隆帝派老格到景德镇，先任催总，后任协造，最后赏给七品衔。唐英与老格，二人协合，精勤任事，加之其他有利条件，御窑得以发展，出现乾隆御窑继康熙、雍正之后的新高峰。清代御窑的历史说明：御窑管理，要由好的人来建立制度；好的制度，要由好的人来贯彻执行。到乾隆二三十年以后，随着唐英的故去、老格的病休，以及其他种种因素，御窑开始走向衰落。

唐英在“仿古采今”、制造精品，加强制度管理的同时，也有内心的灵动与肺腑的心语。

四、风尘学者　冠盖陶人

唐英——千年一瓷人，虽有事业的巨大贡献，也有心灵的深邃纠结。打开其心灵之窗，剖析其陶人心语，既有助于了解唐英瓷业贡献之心灵动因，也有益于挖掘唐英瓷艺创作之心灵源泉。

唐英的诗文集《陶人心语》，收录他的主要作品，其诗文，朴素无华，恬淡自然，展现心扉，袒露心声。如他在墨彩云龙三现纹笔筒上，有七律一首：“指日春雷震太空，甲麟头角动英雄。乘云带雨飞千里，吸雾呼风上九重。掷杖葛陂仙法大，点睛僧壁巧人同。思波挑浪溶溶暖，一任遨游四海中。”又云：“陶镕一发天地秘，神工鬼斧惊才雄。文章制度虽各别，以今仿古将毋同。”①

唐英的人生，自谓“蜗寄”。具体分析，有八个字：任劳、任

① 《陶人心语》，《唐英全集》。

卷五 五言七言絶句 詩餘附 二百七十二首
卷六 雜著 附可姬傳 二十六首

陶人心語卷一
瀋陽唐 英俊公
五言古詩
爲方亮書廣文畫百歲撫孫圖
雪霽簷溜鳴春和回萬里山鳥喧南枝披衣人
早起晴日半窗紅天涯欝客喜三五集虛堂團
圞列床几說鬼評荒唐談玄脈譎詭惟此筆墨
癡與日爭寸晷筆彩吐奇葩墨香結芳芷世眼
重燕支真賞察神髓方君天下才春風來泗水

《陶人心语》

怨、任贫、任贱。唐英身为督陶官，不仅任劳任怨，而且任贫任贱。

一是任劳。雍正年间，窑务由年希尧统管，唐英只是协理。但年希尧远在淮关，窑务鞭长莫及，一副重担全压在唐英身上。“一切烧造事宜，俱系奴才经营。”① 雍正帝去世以后，唐英接过统管之职，却很难找到得力的协理之人。他只好不辞辛劳，每年两地奔波，春秋巡厂，督办窑务。

唐英积劳成疾。乾隆元年（1736），唐英短暂卸去窑务，赴淮关履新，却大病一场；乾隆十一年（1746），唐英已 65 岁，不辞劳苦，巡视窑厂，却患上眼病，在镇上疗养两个月才痊愈。长此以往，不是办法。唐英奏请辞去九江关职务，专管御窑，谕旨不准。后调任粤关，气候不适，患了重病，调回景德镇。乾隆二十一年（1756）七月二十七日，唐英“气血日衰，医药不能奏效”，② 才准他辞职。唐英寻于当年七月二十九日，在九江关署中病故。

① 《陶人心语》，清刻本。
② 《瓷务事宜示谕稿序》，《唐英全集》，第 145 页。

二是任怨。唐英尽职尽责，乾隆帝并不体谅，反而经常指责。瓷器的数量少了、质量差了、破损多了、工期迟了、花钱超了，不管唐英是否有责，都会受到责斥。乾隆六年（1741）四月十二日，因瓷器釉水不满意，“着怡亲王寄字申斥唐英”[①]。乾隆十三年（1748），唐英经历了一次连环催逼。四月初十日，乾隆帝命唐英烧造观音瓷像。刚到五月初一日，乾隆帝就问：“烧造的观音如何还不得？”唐英据实禀报，皇帝不听，却生气了：“想是唐英不至诚，着他至至诚烧造。”[②] 六月二十三日，唐英入京觐见，乾隆帝当面盯对了烧造观音之事。才过七天，皇帝就又耐不住了——“着问唐英祭器做得几成，赶得来赶不来？着伊声明回奏”。唐英承诺冬至之前一定造好，这才幸免于难。

除了挨骂，还要挨罚。皇帝对御窑不满意，瓷器照收，罚钱照办。如乾隆元、二两年，“以所烧造瓷器钱釉水、花纹远逊从前，又破损过多，因分条核减，共银二千一百六十四两五钱五分三厘三丝五忽二微，奏令赔补，奉旨依议”[③]。这一笔赔偿金相当于唐英四年多的工资。他上奏说：“奴才伏念从前管理淮安关税，与窑厂迢隔二千余里，不能与协造之员及时见面细加讲究，致瓷器未尽妥协，实有鞭长莫及之势。”[④] 皇帝不仅不听，后来干脆把赔补变成了制度：“次色瓷器变价亏折原制价定以三成，破损瓷件定以二成。倘浮于此数，即着落唐英赔补。”[⑤] 重罚之下，唐英憋屈得要死，却并未“扑责一人、贻误一事”，也没有泄火属下、委责于人，一切委屈，自己忍受。

三是任贫。历朝历任陶官，督陶都是肥差，因为可以贪占。清人

---

① 《清宫瓷器档案全集》卷四，第 298 页。

② 《清宫瓷器档案全集》卷三，第 188 页。

③ 《唐英督陶文档·遵旨赔补烧造瓷器损失等事折》，第 66 页。

④ 《总管内务府事务和硕庄亲王允禄等为议定烧造瓷器章程事奏折》，中国第一历史档案馆。

⑤ 《清宫瓷器档案全集》卷二，第 77 页。

尝谓“御窑所制御用之物，必须加数倍制成，拣选其中毫无班点痕及裂文者始能进呈；余则谓之赢余，官吏共分，道员实占多数。故凡任九江道数年，赢余磁器甚多”。唐英不仅不损公肥私，还自掏腰包赔补。如多用银、变亏银、釉糙银、破损银等，旨令“着落唐英赔补”。[①] 他揣摩上意，试制新器型，生怕皇帝不满意，怪他乱花钱，就用工资垫付烧造费用。所有新样瓷器，“皆奴才自出工本试造进呈”。[②] 进项少、开支多，捉襟见肘，自然要穷。唐英曾多次吟诗叹贫：“心为情缘热，家随宦况贫”，“六十五年半贱贫，贱贫琢练老精神”。

四是任贱。督陶官既非朝廷大臣，又非封疆大吏，位卑职低，身为包衣，唐英深知自己的一切都是皇帝给的，也随时可能被剥夺，唯有“冰兢自持”可保平安。半个多世纪的宦海沉浮，唐英“渊深临战栗，冰薄屡彷徨”，从未办过出格事、说过出格话。即使是这样，遇到位高权重之人，他还要“冷热面前赔色笑”，指望对方伸手不打笑脸人。这种低贱卑下的身份，必定使其身心备受煎熬。

风尘学者，冠盖陶人。唐英曾作《书怀》诗云：“风尘中学者，冠盖里陶人。”道出了自己内心的憋屈：虽为学者，却染风尘；虽有冠盖，却是陶人。如此纠结，焉不苦恼？

所谓风尘学者，学者之称，唐英当之无愧。他不仅在御窑建功立业，而且工诗、善画、能书、能篆刻，还会制瓷，于戏曲也有贡献。唐英平生最快乐之事，大概是悬赏征诗。他在九江任职时，捐俸重修纪念白居易之琵琶亭。史载：

> 乾隆中，唐蜗寄英，榷九江，置纸笔于亭上，令过客赋诗，开列姓名，交关吏投进。唐读其诗，分高下以酬之。投赠无虚

① 《唐英督陶文档·内务府查核唐英乾隆七年分瓷务用度折》，第80页。
② 《唐英督陶文档·恭进御制诗瓶及自拟新样瓷器奏折》，第66页。

日，坐是亏累，变产以偿，怡然绝不介意。去官后，过客思之，为建白太傅祠，肖唐像祀其旁。①

文人骚客，纷至沓来，真是“一角琵琶亭，千秋翰墨丛。公今既往矣，何人继高风?”②。著名文人袁枚曾躬逢其盛，多年后旧地重游，对于当日置酒高会、琴歌酒赋的盛况，仍然记忆犹新：“贱子当年系短棹，也曾援笔赋鹪鹩。”记曰：

一纸诗投两手迎，敲残铜钵几多声。
姓名分向牙牌记，宾主重申缟纻情。
酒赋琴歌听不足，风警晨乌夜秉烛。
才子高擎鹦鹉杯，侍儿争进防风粥。③

可叹的是，这种乐趣对唐英来说极为奢侈。从文人雅趣之中回到现实，唐英又变得风尘仆仆，甚至灰头土脸。俗雅之间，纠结不已。

所谓冠盖陶人，唐英的艺术成就与高尚品格，在陶人中是翘楚、佼佼者。他体恤民苦与私免额银，在景德镇，受到敬重。他从粤海关调回九江关，首次巡视御窑厂，民众诚朴，夹道欢迎：“抵镇日，渡昌江，阖镇士民工贾，群迂于两岸，靡不咨嗟指点，叹余之龙钟老惫者，且欢腾鼓舞，颇有故旧远归之意。”④ 唐英感泣万分，赋诗说：“青丝染霜回故地，何劳镇民夹道迎。衰翁有负众家恩，关外孑身吾陶人。”⑤

百姓的热情，令唐英感动，却未必惬意。从唐英《陶人心语》

---

① 梁绍壬《两般秋雨盦随笔》，上海古籍出版社，1982 年，第 293 页。
② 冯询《子良诗存》卷二一，清刻本。
③ 袁枚《小仓山房诗文集》，清刻本。
④ 《重临镇厂感赋志事》，《唐英集》，辽沈书社，1991 年，第 103 页。
⑤ 《陶人心语续选》，清乾隆古柏堂刻本，第 8 页。

来看，他并不甘心终生埋首陶务，却怀有治平天下的宏愿。唐英曾努力证明陶务的重要，发出“孰谓陶为细务”之问。到了晚年，唐英经常有壮志未酬之叹：“矍铄宁忘老，生成报未伸。”①

既然自己的人生已经定局，唐英就把希望寄托在后辈身上，指盼儿子考功名、走正途、立奇功、成重臣。唐英长子文保，继承父职，在内务府造办处当直供奉。次子寅保，先中举人，寻中进士，仕途一片光明。唐英欣喜万状，以为后辈从此可以摆脱包衣身份，不料乾隆帝却让寅保学习陶务，准备接班。眼看两个儿子都走上自己的老路，唐英黯然神伤。他去世以后，二子寅保任内务府郎中，官至江宁织造，还负责过福建关务，也和唐英一样工诗，人生轨迹确与乃父相似。《八旗通志》谓其诗清思清雅，又工书画。有《秀钟堂诗钞》传世。其《盘山漫兴》诗云：

> 盘中到处六朝松，夭矫离奇翠盖浓。
> 只恐夜阑风雨疾，破空飞处尽成龙。②

唐英一生，酷爱读书。他说：“予性喜读书，每漏下四五，披阅不休。”所留诗文，今人编入《唐英全集》。其诗作，据一种版本统计，达590首，实际有600余首。

唐英终其一生，脱不掉包衣旗分，洗不掉俗务风尘，换不掉陶人身份，忘不掉心灵宏愿。雅趣不常有，冠盖实卑微，鸿志未能酬，如寄蜗壳中。他乾隆十四年（1749）大年初一的《元旦试笔》诗曰：“白发青衫兴宛然，江湖时序任推迁。读书人笑寒酸性，教子天成翰墨缘。”白发、青衫、人笑、寒酸，多么悲凉，多么凄苦！

唐英心身如寄于蜗牛壳中，其内心矛盾与情愫郁结，一个自然吐

---

① 《陶人心语》续卷二《书怀》，《唐英全集》。

② 寅保《秀钟堂诗钞》，清家刻本。

露是他在友人汪南桥所雕石像座后石壁上题写的33个字："官耶？民耶？陶耶？榷耶？山林耶？城市耶？痴耶？慧耶？贵耶？贱耶？或曰：蜗寄耶？余曰：否，否，石也。"① 正是这种内心的纠结和潜隐的心痛，才凝化成《陶人心语》，也铸成为瓷艺大师的内动力。

人心有郁结，不得通其道，振奋神志，发愤而为。司马迁《史记·太史公自序》曰："昔西伯拘羑里，演《周易》；孔子厄陈、蔡，作《春秋》；屈原放逐，著《离骚》；左丘失明，厥有《国语》；孙子膑脚，而论兵法；不韦迁蜀，世传《吕览》；韩非囚秦，《说难》《孤愤》；《诗》三百篇，大抵贤圣发愤之所为作也。"唐英何尝不是如此？唐英困于包衣身份，内心郁结，发愿砥砺，终成一代瓷艺大家。

"真清真白阶前雪，奇富奇贫架上书。"② 唐英为官："浮梁城下水，清照使臣心"，"未能随俗惟求己，除却读书都让人"。③ 唐英为人：品正行正，心正器正。④ 唐英功业，灿烂辉煌。在帝制时代的宋元明清时期，纵观瓷器千年史，瓷人优于、胜于、高于、超于唐英者，分解而论——诗书大家有之，绘画大家有之，瓷胎大家有之，色釉大家有之，烧造大家有之，瓷艺大家有之，清廉陶官有之，能干佐贰有之；然而，唐英既有论著又有剧作、既通文史又通艺术、既能画样又能篆刻、既懂管理又懂窑火、既做官员又做工匠、既诚于人又敏于事、既会设计又会烧造、既能仿古又能创今，其高尚精神，其正直品格，其勤慎敬业，其知行合一，其清廉情操，其顽强毅力，其高超

① 《唐英心语手稿·题石镌小照小序》，《唐英全集》，第653—654页。其原本由国家图书馆藏。

② 《唐英督陶文档·唐英去世》，第209页。

③ 《陶人心语续选》卷五《暮秋独坐口占其二》，清乾隆古柏堂刻本，第10页。

④ 《陶人心语·李绂序》云："公之陶政，即公之心为之也，心正则器亦正矣。"

瓷艺，其文化涵养，总合而论——“御窑千年史，唐英第一人”[1]。

总而言之，北宋、辽、南宋、金、西夏、元、明、清，八朝千年历史，向世人表明：唐英——千年一瓷人。

① 阎崇年《御窑千年》，第255页。